图 1　拍摄于 1934 年左右,大学时期　　图 2　拍摄于 1940 年左右

图 3　1944 年于重庆女子师范专科学校(左 2)

图 4　1944 年于重庆白沙

图 5　拍摄于 1943 年,重庆北碚

图 6　1948 年于无锡省立教育学院

图 19　1978 年率队赴淮安考察调研(右前 4)

图 20　1974 年会见外国专家

图 21　1975 年参加全国辞典出版规划会议。左起:严世瑢、张焕庭、徐福基、孙瑜

图 15　拍摄于 1961 年　　图 16　1964 年于北京

图 17　1969 年解除关押后,
于南师句容农场

图 18　1973 年与南师"教育
革命组"成员合影(右前 4)

图 12　1958 年于江苏师范专科学校(右前 3 肖毓秀,左后 3 张焕庭)

图 13　1961 年与在宁子女

图 14　1963 年在北京与教育理论编写组合影(前中)

图7　1951年苏南文教学院毕业生合影(右前7)

图8　拍摄于1952年

图9　1957年时任江苏师专筹委会主任，接待省教育厅负责同志到校调研(右1)

图10　1958年于北京，左1杨巩，左2张乃康，左3王韦平，右1张焕庭

图11　1957年于镇江金山

图 29　1982 年在昆明考察参观（右前 2）

图 30　1982 年与夫人肖毓秀教授在内蒙师院讲学（右 1）

图 31　1981 年《中国大百科全书·教育》卷编委合影。主编：董纯才（右前 4），副主编：刘佛年（右前 5）、张焕庭（右前 3）

图27　研讨工作,拍摄于1981年(右3)

图28　1981年在曲阜师院讲学(左5)

图 24　1980 年接待国外心理学专家（左前 4 张焕庭,右前 2 高觉敷）

图 25　1980 年主持美国生物反馈学派创始人 N.E.米勒（左前 5）、诺贝尔获得者 H.A.西蒙（左前 4）学术交流活动（左前 6）

图 26　1981 年接待国外生物学访问团（左前 3）

图 22　1972 年陪同美国大学代表团参观南京长江大桥(左后 2)

图 23　1978 年张焕庭(右 2)、肖毓秀(左 1)与陈鹤琴(左 3)、高觉敷(右 3)等

图 32　1982 年与姜椿芳（左 3）、董纯才（左 2）等同志研究工作（右 2）

图 33　1984 年底张焕庭病愈恢复期间，教育部董纯才副部长专程来宁探望

图 34　与词典编写同志合影（左前 8）

图 35　1985 年与中文系吴奔星教授

图 36　1985 年与《教育辞典》编写成员合影（左前 2）

图 37 在江苏省法制心理第一届学术年会上讲话

图 38 1985 年在苏州市心理学会成立大会上发言

图 39 1985 年在江苏省陶行知研究会上发言

图 40 1986 年教育学审稿会成员合影（左前 6）

图 41　1986 年省出版系统高评委合影(右前 2)

图 42　1986 年在省心理学会"弗洛伊德学说讲习班"上发言

图 43　1987 年与江苏省心理学会负责同志合影(中)

图 44　相濡以沫、伉俪相得

图45 与李执中、杨巩等同志在南师随园(左2)

图46 1986年张焕庭夫妇(右1,2)与北师大同学、山东大学校长吴富恒夫妇及秦宣夫教授

图47 九十寿辰与子女

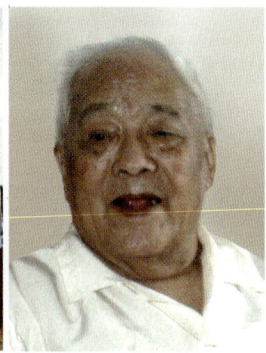

图48 九十寿辰　　图49 拍摄于2003年,时年93岁　　图50 拍摄于2004年春节,时年94岁

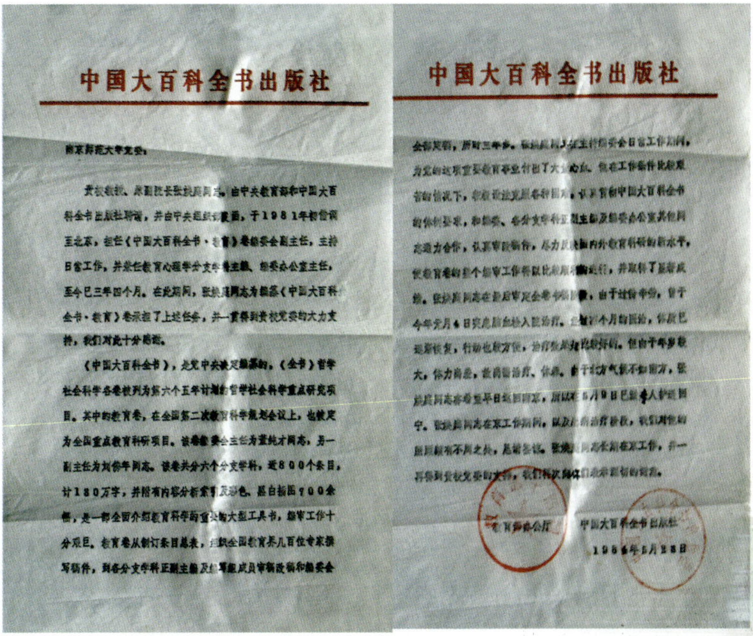

中国大百科全书出版社

南京师范大学党委：

贵校教授、原副院长张焕庭同志，由中央教育部和中国大百科全书出版社聘请，并由中央组织部[illegible]，于1981年初借调至北京，担任《中国大百科全书·教育》卷编委会副主任，主持日常工作，并兼任教育心理学分支学科主编、编委办公室主任，至今已三年四个月。在此期间，张焕庭同志为编纂《中国大百科全书·教育》卷承担了上述任务，并一直得到贵校党委的大力支持，我们对此十分感谢。

《中国大百科全书》，是党中央决定编纂的，《全书》哲学社会科学各卷被列为第六个五年计划的哲学社会科学重点研究项目。其中的教育卷，在全国第二次教育科学规划会议上，也被定为全国重点教育科研项目。该卷编委会主任为董纯才同志，另一副主任为刘佛年同志。该卷共分六个分支学科，近800个条目，计180万字，并附有内容分析索引及彩色、黑白插图900余幅，是一部全面介绍教育科学的重要的大型工具书，编审工作十分艰巨。教育卷从制订条目总表，组织全国教育界几百位专家撰写稿件，到各分支学科正副主编及编写组成员审稿改稿和编委会

中国大百科全书出版社

全部定稿，历时三年多。张焕庭同志主持编委会日常工作期间，为党的这项重要教育事业付出了大量心血。他在工作条件比较艰苦的情况下，[illegible]各种困难，认真贯彻中国大百科全书的编写要求，和编委、各分支学科正副主编及编委办公室其他同志通力合作，认真审阅稿件，努力反映国内外教育科研的新水平，使教育卷的整个编审工作得以比较顺利地进行，并取得了显著成绩。张焕庭同志在最后审定全卷书稿[illegible]，由于过度劳累，曾于今年元月6日突患脑血栓入院治疗。经过两个月的医治，病情已逐渐恢复，行动也较方便，治疗效果比较好。但由于年岁较大，体力尚差，需要继续治疗、休养。由于北方气候不如南方，张焕庭同志希望早日返回南京，所以于5月9日已派专人护送回宁。张焕庭同志在京工作期间，以及[illegible]治疗期间，我们对他[illegible]不周之处，是请多谅。张焕庭同志长期在京工作，并一再得到贵校党委的支持，我们再次向你们表示深切的谢意。

教育部办公厅　　中国大百科全书出版社

198[illegible]年5月28日

图 51　教育部文件

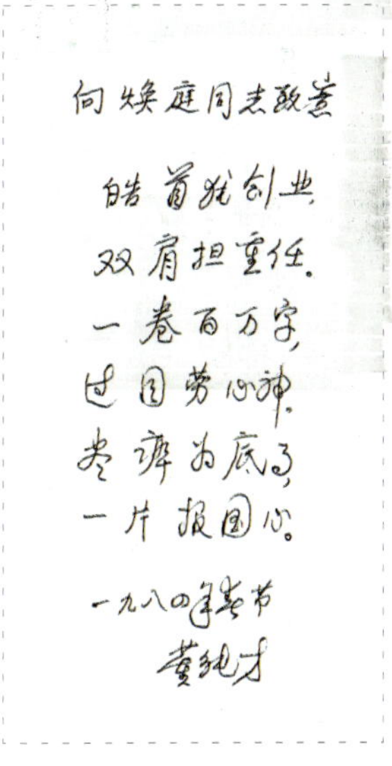

向焕庭同志致意

皓首犹创业，
双肩担重任。
一卷百万字，
过目劳心神。
老[illegible]为底马，
一片报国心。

一九八四年春节
董纯才

图 52　董纯才手书

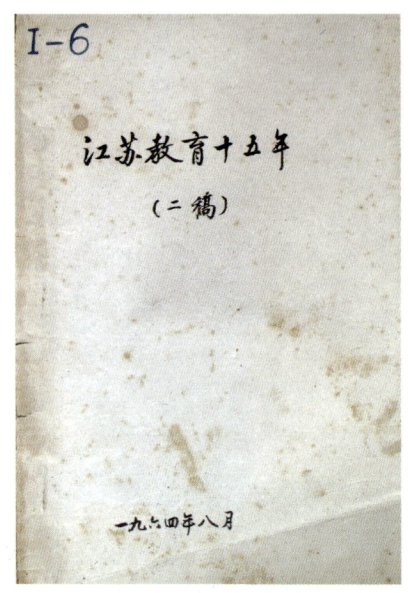

图53 《江苏教育十五年》(二稿)封面

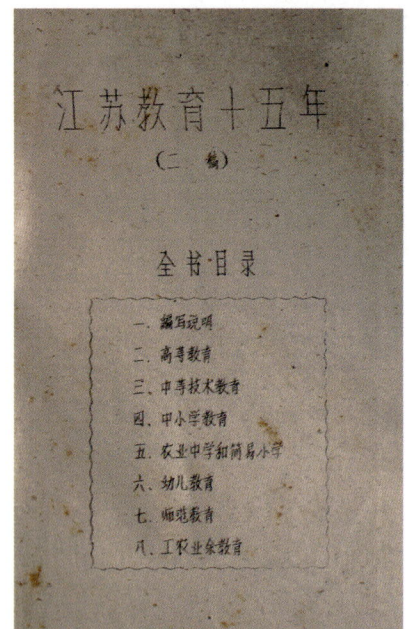

图54 《江苏教育十五年》(二稿)目录

南京师范大学出版资助金资助出版

张焕庭 著　高谦民　张五力 主编

张焕庭文集

随园文库

南京师范大学出版社

图书在版编目(CIP)数据

张焕庭文集 / 张焕庭著. --南京:南京师范大学出版社,2014.12

(随园文库)

ISBN 978-7-5651-2016-9

Ⅰ.①张… Ⅱ.①张… Ⅲ.①教育学－文集 ②心理学－文集 ③老年学－文集 Ⅳ.①G40-53 ②B84-53 ③C913.6-53

中国版本图书馆CIP数据核字(2014)第306897号

书　　名	张焕庭文集
作　　者	张焕庭
主　　编	高谦民　张五力
副 主 编	卞少之　刘艺婷
责任编辑	张　莉
出版发行	南京师范大学出版社
地　　址	江苏省南京市宁海路122号(邮编:210097)
电　　话	(025)83598919(总编办)　83598412(营销部)　83598297(邮购部)
网　　址	http://www.njnup.com
电子信箱	nspzbb@163.com
照　　排	南京理工大学印刷照排中心
印　　刷	江苏凤凰通达印刷有限公司
开　　本	850毫米×1168毫米　1/32
印　　张	13.375
彩　　插	8
字　　数	327千
版　　次	2014年12月第1版　2014年12月第1次印刷
书　　号	ISBN 978-7-5651-2016-9
定　　价	48.00元
出 版 人	彭志斌

南京师大版图书若有印装问题请与销售商调换

版权所有　侵犯必究

《随园文库》编委会

主　　任：宋永忠

副 主 任：朱晓进　田立新　傅康生　唐万宏
　　　　　彭志斌(常务)

委　　员：(以姓氏笔画为序)
　　　　　方晓红　王小锡　王永贵　田立新　朱晓进
　　　　　汤卫东　吴康宁　宋永忠　张　杰　张连红
　　　　　李　力　李　浩　李天石　杨　光　汪永进
　　　　　肖振军　陈永高　陈金如　俞子正　胡建华
　　　　　赵　阳　钟振振　问国年　唐万宏　徐　蕾
　　　　　秦国荣　袁　生　高洪俊　曹意强　傅　宏
　　　　　傅康生　喻　平　彭志斌　董志翘　蒋伏心
　　　　　戴志晖　魏少华

执行编委：徐　蕾(兼)

总　序

公元 1998 年。21 世纪的钟声,已经在人们的心头敲响。

踩在新世纪的门坎上,我校领导立足于建设教学科研型的新型一流师范大学的高度,经多次研究决定,汇集本校历史上以及当今知名教授的学术著作,编辑出版《随园文库》;选择颇见功力的青年教学研究人员的力作,编辑出版《青年学者文丛》;资助出版若干本本校教师编写的优秀教材。这项举措,受到了全校广大师生的欢迎。为保证这三个系列图书的出版,由学校和校出版社共同出资,设立了"南京师范大学出版资助金",成立了以校长为主任委员的"南京师范大学出版资助金管理委员会",其职能机构为"南京师范大学出版资助金管理办公室"。同时,还专门成立了由数十位高水平专家学者组成的《随园文库》编辑委员会,以保证《随园文库》、《青年学者文丛》这两套丛书的学术质量。教材资助项目,则直接由出版资助金管理委员会把关。

《随园文库》所收学术著作,须是南京师范大学著名教授的代表性作品。南京师范大学的历史,可上溯至 1902 年由清末名臣张之洞奏请创办的"三江师范学堂"。百年沧桑,几度分合,时序交替,迭经变迁,这所学校终成南京乃至全国高等教育的重要发祥地之一,成为许多名校之宗。各校取其所取,彰其所彰。唯师范主脉,绵延而下,为今南京师范大学所承继。近百年间,多少学界巨子,讲坛精英,举师范薪火,耀群星而璀璨,传万姓以燎原。尤其是中华人民共和国成立以来,大江南北,教育事业空前发达起来。处在江苏省师范教育龙头地位、在全国颇有影响的南京师范大学,越来越显示她巨大的作用和夺目的光彩。历史表明,要振兴教育,尤其是振兴高等教育,绝对要凭借一代又一代的名师硕儒,学术巨擘。否则,即使学校规模再大,也难免空头学府之讥。代表性学者的创造精神和他们的名家风范,对于文化的传播,对于科学的发展,对于学风的垂范,实在有无可估量的价值。出版他们的著作,虽然是求其学识品行于万一,但对于后学诸子,仍然弥足珍贵。

文库取名"随园",盖因南京师范大学之老校区,是在原金陵女子文理学院的院址上扩而大之,其地在南京城内清凉山东,小仓山下,据考证乃清代文学家袁枚"随园"之故地。"随园"早湮灭难考,袁枚在此所著《随园诗话》却久传不衰。青年大学生们常喜以"随园学子"自称。昔日"随园",亭台楼阁,堪称海内名园之最;今日校舍,雕梁画栋,享有"东方最美丽的校园"之誉。可见"随园"二字,内含多少文化信息!以"随园"来命名这套文库,既发思古之幽情,又达传世之美意,更挟后学之襟怀,岂不善哉!

《青年学者文丛》所收著作,多为本校40岁以下之青年学者的扛鼎之作。他们正负重登山,不上则下。为他们出书,无疑是提供一点促进的助力。他们的著作,也许不如《随园文库》那样圆润周至,精辟老辣,但是他们敢立一家之言,敢树独家之帜,在知识创新的呼声日甚一日的今天,正顺应着时代的方向,代表着学术昌盛的未来。他们是学校学术发展的希望之所在。新一代的学界巨子,将从他们中间走出来。如果说,南京师范大学在过去一个世纪里,曾经风光过,靠的是《随园文库》的作者那一批精英;那末,要风光未来的一个世纪,靠的将是这一代青年和他们的承继者!

《随园文库》和《青年学者文丛》要通过多年才能臻于完成。

总　序

现在采用的是逐年申报、逐步实施的办法。每年申报的选题,经《随园文库》编辑委员会认真评选、投票表决而确定。出版费用由南京师范大学出版资助金全额资助或部分资助。从筛选书稿,到编辑校对、装帧设计,直至印刷包装,均严格按照出版精品的要求来对待,务求使其成为精品。这些书稿凝结着我校几代学者的心血汗水、聪明才智。为了确保这两套图书得以精品的面貌问世,我们对书稿本身的要求是比较高的。为此,作者或者其亲友传人(《随园文库》的作者有的已经作古),在出版图书的过程中,付出了辛勤的劳动。在出版活动的各个环节,都有许多同志不辞辛劳、精益求精。谨此,我们一并表示衷心的感谢!

编辑出版这两套大规模的系列图书,我们尚缺乏经验。选题时间跨度较长,又涉及多种学科,有些书稿又需后人整理,客观上存在许多困难。我们一定通过自己不懈的努力,尽可能高质量地完成任务。但是,在编辑出版的过程中,肯定还会存在一些不足之处,祈请作者及读者海涵,并不吝赐教。

《随园文库》编辑委员会
1998年12月

目 录

总序 …………………………………………………（1）
前言 …………………………………………………（1）
自传 …………………………………………………（1）

一　教育学类

成人心理特征与教育 …………………………………（3）
实践教学方法试论 ……………………………………（10）
苏联的成人教育 ………………………………………（19）
师生关系与提高教学质量 ……………………………（26）
略论教师在教学中的主导作用 ………………………（33）
谈谈教育孩子的方法 …………………………………（39）
坚持把教育与生产劳动结合起来 ……………………（44）
谈谈教育与生产力的关系 ……………………………（53）
论"结构主义教育" ……………………………………（57）
教育哲学研究中的几个问题 …………………………（64）
谈谈教育本质问题 ……………………………………（77）
培养人才要采取多种形式 ……………………………（89）
"教育工作者在建设社会主义精神文明中担负着
　特别重要的责任" ……………………………………（90）

德育问题刍议 …………………………………………（92）
教育 ……………………………………………………（102）
略谈职业教育问题 ……………………………………（131）
谈人才学问题 …………………………………………（136）
碎语教育学 ……………………………………………（142）
《中等学校美术教学法》序言 …………………………（148）
"五四"以来美育思想与实践发展的历史回顾 ………（151）
《中国小学各科教学史丛书》序 ………………………（164）

二　心理学类

冯特心理学简评 ………………………………………（171）
瓦龙学派关于心理发展基本观点简介 ………………（183）
关于心理学科学体系问题的一点看法 ………………（193）
淡谈意识问题 …………………………………………（199）
关于意识的几个问题 …………………………………（210）
心理与实践的面面观 …………………………………（220）
个性形成与发展问题刍议 ……………………………（229）
江苏省心理学会的35年 ………………………………（238）
漫谈心理健康问题 ……………………………………（248）
个性心理问题的探讨 …………………………………（257）
我对弗洛伊德精神分析心理学的一点看法 …………（270）
服装心理学初探 ………………………………………（278）

三 老年学类

老年心理刍探……………………………………（289）
人口老化与老年学问题…………………………（299）
谈谈老年人心理健康问题………………………（313）
老年学……………………………………………（319）

附录1 怀念文章
 回忆在四川省江津县白沙镇二三事………张大力（327）
 我们的爸爸……………………………………张三力（330）
 回忆父亲………………………………………张四力（334）
 张焕庭老师的革命事迹………………………林又常（341）
 怀念张老焕庭
  ——纪念张焕庭同志诞辰一百周年………周立人（361）
 纪念张焕庭老师………………………………朱菊芳（369）
 细微深处见真情………………………………程昌柱（371）
 身体力行的学会元老
  ——张焕庭理事长理事小记………………郭亨杰（373）
 满庭芳
  ——敬献张焕庭先生………………………尹宗利（376）
附录2 张焕庭生平大事年表……………………（378）
附录3 张焕庭主要论著目录……………………（388）

后记…………………………………………………（391）

前　言

　　张焕庭先生是我国著名的教育学家和心理学家,他一生从教,为我国的教育事业做出了重要贡献。早在学生时代,他就积极参加宣传、普及教育活动。在北平师范大学学习期间,他利用课余时间在平民学校中义务教学;同时创办了《教育短波》期刊,免费发送给郊县乡村小学教师。大学毕业后,他担任莱阳师范学校教员并兼附小校长,经常举办展览会、学生表演、家长座谈会等,来校参观者络绎不绝。1936—1949年,他先后在济南乡村建设专科学校、聊城师范学校、湖北中学师范部、遂宁师范学校、重庆女子师范专科学校和江苏省立教育学院任教。1952年他参与筹建江苏师范学院,草拟了《师范学院组织规程》《专业设置计划》《科学研究计划》《学生实习计划》等,对该校的系科、专业、课程、设备、师资等均作了周密的规划。1957年他奉调筹建江苏师范专科学校(现更名为江苏师范大学)。1959年他又参与筹建江苏省教育科学研究所,积极制定科学研究计划,认真开展调查研究。以后他又协助创办了闻名全国的农业中学,对农业中学的课程设置、教学活动等加以研究。在此基础上,他组织编写了《农业中学丛书》。1961年他参加了全国高等学校文科教材编选会,参与制定教育系教学方案和课程设置,并承担了主编《西方资产阶级教育论著选》的任务,该书于1963年出版,1978年再版。这是一部以开放的视野介绍西方教育理论观点的书籍,它为我国的教育改革提供了有益的借鉴。1962年后在担任南京师范学院副院长期间,他关注中学教学质量的提高,试图改革中学结构,进行了五年一贯制的试验。同时,他对中文系和数学系的培养目标开展了调查研究,制定了中学语文、数学教师的具体规格要求,对提高高师的教育质量具有推动作用。

张焕庭先生不仅积极参与教育实践,而且重视理论研究,他在教育学、心理学和老年学等多个学科领域中均有建树。在教育学领域,他批判传统教育理论,指出以往的教育是"重视少数人的教育,忽视大多数的教育;重视消费教育,忽视劳动生产教育;重视个别发展的教育,忽视团体训练的教育;重视口说的教育,忽视行动的教育;重视文凭资格的教育,忽视人才的教育;重视升学的教育,忽视基本生活所需要的知识与技能的教育;重视读书的教育,忽视思想的教育;重视权威的教育,忽视自由的教育"。因此,他竭力主张实施新教育,指出这种新教育"是与实际生活有密切关联的",它"以实验的方法去体会自然与社会","在劳力上劳心",使"每个人都有享受平等的教育机会",它"是自由、博爱、平等的教育",其目的"是培养社会的主人"。为此,他特别倡导实践教学方法。他认为,这种方法"根据实际生活需要、环境以及学生学习进程与心向等情形,师生共同拟定教学活动大纲、学习纲要及分工合作进行程序等,每一个活动都有其中心和实践的方法"。"无论教师、学生大家都在实际工作中学习,教师在'做'上教,学生在'做'上学,教者与学者不分。一切实践的活动是共同负责,相互学习,依照共同决定的工作分别担负其所应负者,有计划有组织地自己学习,学习别人,教育自己,教育别人,彼此互助,彼此合用。教者与学者像朋友一样,没有不可接近的界限。"这种方法"须注意学生的能力,正确的估计他们的知识和程度,以便取舍教材。同时在实践时的分工也必须估计他们的学力、体力,办事才能等予以合理的分配,太难与太易的工作与学习,在心理上都能产生一种不良的现象。唯有适应个别的能力,才能产生努力与兴趣的心向"。它"一方面给学生以实际的机会去体验事物,另一方面给学生以极大的自由去运用双手和大脑,因而创造出新的东西来"。在这一过程中,"先生创造学生,学生创造先生,又共同创造出新的生活、新的社会来"。①

张焕庭先生十分重视德育,他指出,这些年来,我们"忽视了全面发展,片面的强调智育。在智育又猛抓智力,以智力代替一切。教师、学生、家长都单纯地追求高分数,追求升学率,致使学生负担过重,损害了他们的健康"。然而,"德育在与智育和体育的关系中,是带有方向性的,是具有一定的指导意义的","一个人德育的水平低下,就容易失去前进的方向,走到邪路上去,从而败坏了智育,损害了体育,后果是不可设想的"。因此,一定要重视德育,要"使家庭、学校、社会三方面结合起来,统一对儿童和青少年进行共产主义理想教育和道德品质的教育"。德育具有渗透性,"在教育内容和教学方法中,应当渗透着道德观念、道德判断和道德行为的东西,使学生于无形中受到道德教育的熏陶"②。

张焕庭先生对成人教育也非常关注。他认为:"教育成人应从事社会制度的改造,使人人都能利用它的智慧和意志,把社会一切习俗更新起来,同时也更新了自己。""应着重生活的改造,即从成人生活的需要而又能改善它的生活方面着手,这样的教育才是有用的教育,才是进步的教育。""要运用各种新工具,如

---

① 张焕庭:《实践教学方法试论》,《教育与民众》,1948年第1—2期。

② 张焕庭:《德育问题刍议》,《教育丛刊》,1983年第4期。

电影、幻灯、画片、话剧等,这些工具能够帮助了解,增加兴趣。这样,才能发挥教育最大的效用。"①

此外,他还对教育本质、师生关系、教师主导作用以及职业教育和美育等问题,发表了很好的见解。

在心理学领域,张焕庭先生提出"建立心理学的科学体系"。他认为:"不论从社会主义建设发展的趋向,或者从科学进步的前景来看,都迫切要求心理学以辩证唯物论的观点、方法为指导,把人们生活实践、社会实践引进心理学,彻底地改造心理学,建立具有中国特色的心理学科学体系,使心理学切实有效地为我国社会主义四个现代化服务。"②

那么,怎样建立心理学的科学体系呢?他说:"要建立心理学的科学体系,首先应深入研究心理现象、心理活动的实质问题,弄清它与哲学、高级神经活动和生理机制之间的联系与区别;第二,要研究心理发展的动力问题,用矛盾统一、质量互变、否定的否定原则,分析研究它的内部矛盾与外部矛盾及相互转化的情况,从而理解它的整合性、系统性;第三,要研究大脑机能的多样性和心理现象、心理活动的多层次、多序列的表现;第四,要研究心理与意识的关系和联系,搞清意识的本质、特点及其作用;第五,要研究心理学的方法,心理学是一门边缘科学,所采用的方法是多方面的,比较重要的是观察、实验的方法;第六,要认真汲取现代科学技术中出现的一些带有普遍意义的新学科和新技术的成就。控制论、信息论、系统论、微电极技术、脑化学分析等,是现代科学中带有普遍意义的新学科、新技术,这些学科为

---

① 张焕庭:《成人心理特征与教育》,《教育与民众》,1947 年第 9—10 期。

② 张焕庭:《心理与实践的面面观》,《教育研究》,1982 年第 10 期。

心理学研究提供了新的工具,它可以帮助我们深入地探索人的心理的奥妙。如果我们把以上这些带有根本性的理论问题弄清楚了,就有可能把心理学的科学体系逐步建立起来。"①他还指出,由于"实践是心理活动、认识活动及意识活动的赖以产生和发展的基础",因此,"要改造传统的心理学,提高其科学性,就必须从实践的观点出发,密切结合实际,建立新的心理学科学体系"。②

此外,他还专门论述了意识、个性等问题,并对西方心理学家如冯特、瓦龙、弗洛伊德的思想作了较详细的介绍和评价。

张焕庭先生还很关注老年学研究,他认为:"老年学的主要任务,是阐明老年人的身心发展、变异、衰退、消亡的规律,探讨人的寿命的秘密及其进入老年时期的序列,研究老年人的思想、意识、情感、意志和行为表现的特点,以便采用相应的措施防止或减缓进入老年时期某些器官和功能的衰退、变异等出现的时间,激发老年人达观、理智、创造力,同时解决好老年人的生活、保健、学习、工作等问题,使其于健在之年,充分发挥他们的作用,做到老有所为、老有所学、老有所乐、老有所养。"③

为了纪念张焕庭先生诞辰 100 周年,我们选编了这本文集,从作者 20 世纪 40 年代至 90 年代的作品中选出 35 篇,按其内容分为三类:一是教育学类,二是心理学类,三是老年学类。这些文章是张先生一生教育实践和理论研究的结晶,对我们很有启发和教益。

---

① 张焕庭:《关于心理学科学体系问题的一点看法》,《江苏心理学通讯》,1980 年第 1 期。
② 张焕庭:《心理与实践的面面观》,《教育研究》,1982 年第 10 期。
③ 张焕庭:《老年学》,《教育丛刊》,1985 年第 4 期。

张焕庭先生指出:"旧中国办教育的有三类人:一是教育官,不务正业,专门追求官位,把办教育作为升官之阶,谄上欺下发号施令。二是教育商,总说外国月亮是亮的,每谈必是美国、日本、德国的制度与生活方式,对于中国的实际则不闻不问。三是教育家,不计名利,不怕艰苦,为改革和发展教育事业而鞠躬尽瘁,如陶行知、晏阳初等人。他们是踏踏实实的教育改革家、创造家。"张焕庭先生以陶行知为榜样,不为名利,不怕艰难,为发展我国的教育事业,建立适合中国国情的教育科学,踏踏实实地奋斗了一生,他是一位真正的教育家。

编　者

自　传

我 1910 年 7 月生于山东省新泰县羊留乡董家庄一农民家庭。家有五亩土地，七间草房，一头牛。祖父、祖母年迈多病，父亲、母亲和我三个姐姐、两个妹妹、一个哥哥，十一口人中只有父亲能劳动，哥哥只能做个帮手，因此家境贫寒，每年春、冬季节，多吃野菜、山芋叶，生活艰辛。

1917 年 8 月父亲送我到本村新建立的四年制初级小学。我感到很新奇的是老师高声朗诵课文：人、手、足、刀、尺、大山、小石等，我们也照他的腔调读。四年读下来，国文、算术、写字、唱歌学了很多，特别是写大字和唱歌是天天有的。到目前还记得幼年在初小唱的歌词："功课完毕太阳夕，收拾书包回家去，看见父母行敬礼，父母对我笑嘻嘻。"初小毕业了，学习成绩名列前茅。父母说："再去高等小学念几天书，多学点知识，将来对生活有好处。"乃于 1921 年秋季考入了离家十二里的羊留县立第二高等小学。这是所学制三年的高等小学，在一座关帝庙里，增建了四间教室，学生住宿在关公的大殿内，床铺紧靠着关平、周仓塑像，到晚上我们都蒙头睡去，害怕关平与周仓的大眼睛。学校没有伙食，只供应开水，每星期六下课后各自回家，备置煎饼、窝窝头、咸菜。星期天下午背着回到学校。给我印象最深的是徐老师，他是国文教员，有一肚子的学问，讲话都是四六字句。每次上国文课，他先用古文的声调念一遍，接着点名叫学生背诵或讲解。当有学生站起来干瞪着眼而背不出来时，徐老师说："清水白面、火候一到,一锅浆糊。"说完了这些话后歪着头指着我:"张焕庭你起来背背吧。"我就照着他念的口气背出来,常常得到他的表扬和鼓励。这样,我就更加用心听讲,学期考试我名列甲等第一。

由于生活所迫,父亲信了耶稣教,戒除了烟、酒。劳动之后,读读圣经(新约、旧约),得到泰安浸信会的美国布莱拉克牧师的赏识,邀请他到泰安教会当传教士。父亲是聪明、厚道的人,不久便升为牧师,成了浸信会的唯一的中国牧师。这时我就离开了羊留的县高等小学,随父到了泰安,进入了教会创办的新学制的高小一年级下。那所小学的校长是美国青年牧师纳约翰,教英语、算术的老师是两位年轻的美国姑娘。校长、老师喜欢排球、篮球,我们也跟着玩起来,每天下课后就打球,非常有趣。时间很快,两年就高小毕业了。在毕业考试中,我的成绩最好,为全班之冠,我感到高兴,父亲也觉得有培养前途,乃于1924年考入泰安美以美耶稣教会创办的完全中学"萃英中学"。这所学校设备周全,师资力量强,学费高,一般贫寒子弟难以进入。校长是美国哈佛大学毕业的韩逊博士,教师也多是美国人。学制六年(初中三年、高中三年),课堂、书房、食堂、操场以及卫生设备等都很考究,也很舒适。学校重视文科,尤其对外语和体育更为强调。学校布告、通知、课表、作息时间表及平时对话都是以英语为主。校内体育设备全、老师多,有三位美国体育老师担任篮球、排球、网球及田径指导。为贫寒教徒子女就读专门设有勤工俭学,熟皮革、打扫庭院、拖刷地板等,我就是靠拖地板而免交学费的学生。在当时军阀混战的年代里,公立学校都关闭了,只有靠外国教会势力办的学校不受影响。泰安萃英中学,在山东是全省唯一一所高级完全中学。

1927年4月间,国民革命军北伐到了泰安,日本帝国主义侵占了济南,烧杀掳掠中国民众,迫使山东省政府暂迁泰安。泰安召开群众大会,高呼打倒列强除军阀,把日本军队赶出去等口号。"国家兴亡匹夫有责",我感到热血沸腾,受到了爱国主义的思想教育。同年暑期,山东教育厅在学校举办暑期讲习班,召集全省中小学教师受训,我也考入这个学习班成为整个班上最年轻的一员。在这一个月训练班上我获得了许多新知识,大开眼界。学习了孙中山的三民主义、建国大纲、建国方略,还学习了教育理论、教育测量、革命史等学科。最有趣的是一位教历史的老师,他反对传统的教学方法,他用"说书"的方式教学。例如讲到"大同书"时,他说"这个书,不是孙悟空一个跟头滚来的,不是关二爷一刀劈来的,也不是毛张飞一口喊来的,乃是有历史的",引得哄堂大笑。讲习班结束后大家都回到自己岗位去了,我便回到学校继续读高中二年级。同学们看到我受过新思想的训练,知识多了一点,大家就拥护我组织学生自治会并选我为主席,催促学校当局向中国政府备案。同时发动同学上街宣传抵制日货,打倒日本帝国主义,把日本强盗赶出去。这引起了学校当局的注意,学校对向中国政府备案的问题颇有反感,校长借口学生以学习为重,不能到校外活动,再三劝说。我们没有听他的话,仍继续上街宣传,高呼取消一切不平等的条约,要求外国人在中国土地上办的学校、医院、慈善机关等均应向中国政府备案。这样,惹起美国校长、教师的愤怒,下令停止学生自治会的一切活动,不准上街宣传,并张贴通告开除张焕庭等人的学籍。我迫不得已,乃联合五十几位志同道合的同学签名退学,在《山东日报》上刊登声明。因怕身为牧师的父亲责备我叛教,就自己改名为张超,使他在报上找不到张焕庭。

1928年冬季我离开了萃英中学,次年2月考入了山东省立第二师范学校即曲阜师范。进校不久,被编在后期师范二级文科,当时轰动全国教育界的《子见南子》案,就是我们二级为了欢送一级毕业公演的,在演出时我被指派为前台监视员。在这所学校一年多,我接触了许多思想进步的同学与老师,如楚图南、陶纯、钱杏邨、陈湘鹤、张郁光、马非白等老师都给我留下了深刻的印象。阅读了许多思想新颖的书刊,例如《彷徨》《呐喊》《出了象牙之塔》《徘徊于十字街头》《奔流》《共产党宣言》等,我的思想开始有了新的发展,初步理解到中国贫穷落后受欺侮的原因是教育不发达,科学技术水平低,文盲众多,民众政治觉悟低,要改变这种困境,首先要发展教育,推动科学技术的发展,增强生产力提高生产水平,使国家独立富强起来,这种教育救国的思想在我心灵深处扎下了根。

1930年7月师范毕业了,校长张郁光留我到附小当教员,父亲认为是好差事,家贫无力升学,劝我去教小学吧!我觉得自己的科学知识太少,需要趁年轻的时候多学些科学知识、技能,将来对教育救国、科学救国可能起着更多的作用。因此,没有就任附小教师,而向亲朋凑了十几元钱奔向北京图谋升大学。无奈到北京已是9月,各大学招生日期早已过去,见报纸上登有铁路大学续招铁道管理系学生,我就考进了这所大学。进校之后,感觉与自己的志趣不合,而且无宿舍,加上费用太高,于是在1931年7月又考入北京师范大学教育学院心理专业和文学院外文系读书。

这一年的9月18日,日本帝国主义侵占了我东北,三千万中国人民惨遭日本军队屠杀、掠夺,中华民族陷于水深火热之中,危亡就在旦夕,全国人民与爱国志士莫不义愤填膺、同仇敌忾、坚决抵抗,而国民党反动政府却执行"先安内而后攘外",制止一切爱国活动,实行不抵抗主义。他们秘密与日本帝国主义妥协,搞什么《塘沽协定》《天津何梅协定》等,其用意已是"司马昭之心，人人皆知"，就是集中军力物力围剿共产党，企图消灭共产党。这时，北京学生热血沸腾，坚决反对妥协，反对投降，誓死抵抗日本军队的侵略。团结一切爱国力量推动南京政府急起抗战，组织了浩浩荡荡的爱国学生队伍南下请愿，我积极地参与了这场爱国运动。南京国民党反动政府不但没有应答，反而派了一师兵力把学生押送到浦口推上火车，一路轰鸣回到北京。国将不保，个人安在？时常愤恨国民党反动派排除异己、专横独裁的政治，但又一时无力推翻它，只有暂时苟全性命于一时，待到来年东方红。当我看到共产党部队北上抗日宣言、上海进步人士的国难声明和全国青年学生爱国力量的团结以及广大爱国民众的积极支援所凝聚的力量，我相信中华民族是不可辱的、战不败的。心情平静下来，一面学习一面宣传教育与科学救国的道理。

在教育理论上，我读了苏联革命后最早的《教育学》，看到了马克思提出的全面发展，但不十分理解，只是认为同欧美的儿童学、体智、体群发展差不多，作了很幼稚的解释。在心理学课上，我觉得心理学的理论、实验、例举都是西方的，与中国的实际情况不对头。系里所开设的心理学课有十几门，也都是介绍冯特、詹姆斯、铁钦纳、浩尔、桑代克、瓦逊、麦独孤、吴伟士、弗洛伊德、荣格、阿得勒、勒温及巴甫洛夫等心理学家的学说，对中国古代、近代哲学家的一些先进的心理学思想却没有提及，也没有人去研究。我总是感到有些心理学家的观点多半是从主观出发的，只有行为主义与巴甫洛夫的条件反射和高级神经活动学说是比较客观的。对弗洛伊德的关于意识、潜意识学说、梦的解释更感神秘莫测，没有科学根据。1934年春，美国生理学家卡侬到苏联开国际学术会议路过北京，我们请他演讲了《情绪的生理机制》。他说："人最甜蜜的时候是当肝脏分泌出液体时，因液体是甜的。"我作记录并整理成文，刊登于《文化与教育》刊物。接着我就意识问题展开了钻研,我的学士毕业论文就是《意识之研究》。

在外文系我读了十九世纪英国文学、浪漫诗人、语音学、小说史及莎士比亚的一些剧本和散文,看到了那个世纪资本主义兴起及资产阶级的浪漫派、颓废派知识分子的生活情况。在讲台上,老师讲到诗人的悲痛时他会泪流满面,而讲到快乐时,他又会喜笑颜开甚至哈哈大笑。每周一三五晚上,由教授在他的办公室里专门给我们三个选修莎士比亚课程的年轻学生授课,他能闭着眼睛述说莎士比亚的剧本,如:《哈姆雷特》《哈雷纳》等,甚至剧中主人公的衣着打扮、言行举止等细节都说得很具体生动,我十分惊讶和佩服这位外国文学专家的渊博学问和爱护学生的精神。后来我去国立北京图书馆,看到了一本《莎士比亚注解》,才知道专家对那本书熟透了,课程结束进行口试与笔试,我得到他的表扬。我觉得外文是研究心理学和教育学的工具,要能够阅读外国资料才行。毕业实习时,我在师大女附中教了高中英语课。

在宣传教育救国问题上,我努力做了两件事:一是义务创办《教育短波》期刊,搜集报刊上有关小学教育的资料,编排起来不收分文寄发给北京郊区和乡村的小学教师,为他们的教学作参考,得到广大小学老师的赞扬。二是参加师大学生义务办的"平民学校",招收附近家境贫寒子弟免费入学。校址、课堂,都是利用师大下午和星期天空闲的教室,学制六年,半日制。各系热心教育的同学都不计报酬积极参加,有的同学还用自己的钱给小学生买纸张、笔墨用具。我也仿效裴斯泰洛齐的精神与儿童朝夕相聚,讲说爱国故事与科学知识。从大学一年级起直到四年毕业,才离开那所常挂心怀的"平民学校",临离开学校时,北京社会局与师大校长为我颁发了"服务热心"的奖状。

在旧社会毕业就是失业。我于1935年7月毕业,浪迹社会,很久才经同学介绍到山东省立莱阳乡村师范学校当专任教员兼附小校长。临行前与同班同学肖毓秀女士结婚,同去就职,她也被聘为教育学科教师。在那所学校一年多,讲授了心理学的发展及其在教育上的运用;谈了儿童心理学的特点。在教育概论课上,讲授十八世纪末西方社会的结构、资产阶级兴起与普及教育、航海事业的发达与小学各科的设置及其内容的变化。介绍当时国际教育的三大潮流,一是杜威的民主主义教育,即资本主义教育学,二是以意大利的香第尔、德国克拉克为首的法西斯教育学,三是苏联的社会主义教育,同时讲到中国民族出路与教育出路问题。因此,我这个青年教师引起校内许多学生的爱戴和拥护,尤其是思想进步的爱国学生待我如亲友。但我只是觉得自己作了一些革命的启蒙工作,指引他们走向救国救民的科学的革命道路。在莱阳师范,我看到学校订有英文版的《莫斯科日报》,我便翻译了《苏联教育政策》、《列宁论文化教育》、《巴甫洛夫生平及其实验》、《巴甫洛夫条件反射与高级精神活动》、《巴甫洛夫的实验和猩猩》,刊登在北京《文化与教育》杂志上。

1936年7月国难日深,日本帝国主义变本加厉地侵略中国,山东省政府不得不表示准备抗战,乃命令全省中等学校级任教员以上的人集中于济南辛庄第三兵营受一个月的军训。我积极地参加了训练,学习"步兵操典""射击教范""防化防空""实弹射击"及"马术"等,获得了一点军事知识。8月底,我受聘到山东省立济南乡村建设专科学校,讲授心理学、教育行政和教育概论。讲述了行为主义心理学派主要内容和生理基础,讲述了教育的本质,抨击了"为教育而教育"的虚伪性,结合时局批判法西斯独裁教育,根据在莱阳师范一年的教学经验,决心要努力成为青年学生的良师益友。由于学生和我的年龄相近,学生感到讲的内容新颖有进步的东西,他们受到鼓舞,经常和我谈话,找我参加他们课外活动和时事座谈会,我成了学生的知心朋友。这所专科学校是在原来的高级农业职业学校、济南乡村师范学校(省立第一师范)及其附小合并的基础上,招聘了十名大专学生而命名为山东省立乡村建设专科学校,有校长、教务主任与各部主任,唯独缺少训育主任,于是推我为训育主任,认为我年轻有为,受学生欢迎和拥戴,又是位教学质量好的老师,迫不得已我承担了训育主任后,更加积极地与学生打成一片。记得每周晚上参加学生主持的《1929年世界经济恐慌》《西班牙内战》《洛桑会议的结局》《爱国运动的发展》《中国革命的前途》等座谈会,听到青年学生的言论,看到他们对问题的分析入情入理感人至深,我也深受教育。不久,国民党特务突然搜查共产党和嫌疑分子,校长找我到办公室,他说:"谁是共产党,你经常接触学生,你把名字开出来。"我回答说:"经常接近学生、了解学生是我的本职,谁爱睡懒觉,不出早操、不上自习的人我知道,但不知道谁是共产党。"他生气地说:"训育主任应该知道。"我说:"学生脸上没有共产党三个字。"他冒火了,大吵起来,我忍住气离开了办公室,学生听到了包围了校长,他却托词溜走了。接着反动派特务逮捕了几位学生,我就趁他们不注意时离开了学校。那几位被捕的学生后来都成为了领导干部,有的还是部长级的高级干部,现在还经常通信问候或者来看望我——他们心目中的革命启蒙者。民族灾难的革命重任使我们师生倍加亲密起来,并感觉到无比欣慰和自豪。

1937年2月到了山东聊城师范即山东省立第二师范,当了半年教育与心理学教员,专为师范生学习小学教育写了一本《小学教法》,聊城印刷局出版。"七七"抗日战争爆发了,我与一位知己同事商量要有两手打算:一是回到老家山区组织小学教师打游击战,日本只几千万人口,钢铁也不过三四百万吨,武器装备比较强,但是我们有四万万同胞,如果村村为营,齐心上阵,我们一定能战胜它。二是如果组织不起来,咱们就到延安抗日军政大学学习军事,回来拉起队伍再干。10月间就按照这个计划开始进行活动,回到了老家才知道,山区一带的小学老师早已被国民党反动派拉拢去加入了什么"复兴社",只好另打主意。一天看到伪军张步云部从村南过路,要驻扎羊留镇,我天真地想去说服他发几支枪给我们打游击,我就化装成农民向着羊留走去,途中巧遇临村的老表冀焕椿,他过去在张步云部下混过,与之比较熟悉。同他谈了我的想法,他很同意,不过他说:"多年不见张了,不知他还能认得我这个老朋友,如果他认得,就好办,不然,可能对我不客气。咱们去试试看吧。"到了羊留镇门口,查问了一番才让进去。老表对我说:"我先去见张一面,你在附近茶馆等,若两小时后我不回来,你设法快离开这里。"果然,他没回来,我就急忙由小巷转出了羊留,心惊肉跳很烦恼地回到家,也不知那位老表下场如何?这一计划失败了,便与爱人商量带着一岁的孩子走出,先到西安然后设法去延安。经过一周的步行到了河南商丘,挤上西去的火车到了开封,往西的铁路已被敌人炸断,只好绕道南阳出龙驹塞再去西安。12月辗转到了南阳,正是冰雪多的天气,租了一间民房住下。忽然在街上碰到莱阳师范毕业的进步学生林英纯,他身无分文只身跑到南阳,住在一座破庙里,每天和我聚在一起谈论时局,他也是想去延安,听他的言谈和看他的行为似乎已有了线索。我们议定过了冬天即徒步走,哪知在南阳住了一个多月,带的钱已花得所剩无几,怎么办?人生地疏又值荒乱年景,敌人的飞机天天轰炸南阳,在郊外躲避轰炸时遇到山东教育厅的朋友,他看到我们生活潦倒,就告诉我们快去湖北老河口(光化县)、无县一带,教育部成立国立湖北中学师范部,到那里当教员可以暂时解决生活问题。乃与林英纯商量,我去教书,他去当学生重读师范,搞到一点路费再走。

就这样,1938年春天到了均县师范部,结合战时群众心理、宣传心理,讲述了心理学,阐明战时教育内容与实施,得到爱国学生的一致赞扬和拥护。同时我指引林英纯团结所有思想进步的学生,把他们组织起来成立抗日救国宣传队,以歌咏、话剧、茶馆、大鼓、夜校、街头剧等方式,宣传动员城乡各阶层民众投入抗日救国活动。如此一来,城乡、学校内外的抗日救国工作活跃起来,同仇敌忾的浓厚气氛形成了。正在这时,学校当局在均县国民党、三青团反动派指示下,扬言学生课业重不能出校宣传,软硬兼施要取消宣传队,进步学生同他们说理斗争,他们更加凶恶。在学校内外和大街小巷张贴侮蔑我的大标语,说我是"洪水猛兽"、是"破坏军民团结"的共产党。这引起了进步学生愤怒,时时维护我,并联合十八个班级写出十几米长的壁报,大标题是《替张老师辩侮》。接着林英纯告诉我,反动派要下毒手,赶快离开这里。反动派还造谣说张焕庭要带着四百学生赴延安。看来延安一时去不了,可先到四川北部去。与林商定:我即刻只身离开均县,他随学校迁往四川梓潼,到那时再来接我。我就沿着汉水徒步走了18天,一路托钵求食到了安康,劳累不堪,稍事休息,又辗转了两个月,1939年3月到了四川三台(潼川),在教育部第五服务团《战时教育》编辑部挂了编辑的名字,到时领生活费。

1940年1月初,经林英纯、吴兆光介绍,由三台川北地下党负责人黄又凡同志批准我参加了共产党。心情振奋,抗日报国的意志更加坚强。遵照党的指示到中江、射洪、盐亭一带开展活动,来到三台、射洪、盐亭三县搭界荒凉的山沟富宝场,在一所无门无窗的阎王殿里住下。虽然生活十分艰苦,但思想感情上十分兴奋,积极协助办理联立小学、中山中学班,与贫农顾国全等联系。半年不到的时间,三台地区党组织突遭破坏,组织上及时通知:赶快疏散、隐蔽精干、保持革命力量、断绝通信。我同爱人和孩子及时转移到遂宁县境的桂花园,在那里一所师范学校教书。期间撰写了《遂宁小学教师生活待遇的调查研究》,送进了教育部国立编辑馆。1941年6月,学生因抗议学校当局的高压手段爆发学潮,当晚驱走了校长及其亲信的教师。遂宁专员、县长、三青团负责人认为是异党暴动,怀疑我是幕后指挥者。但是,学潮起时我不在学校,他们一时难以找出任何理由来,学生自己管理学校,印发快邮代电坚决斗争下去。一天夜晚,遂宁专员突然派了一营士兵包围学校,驱散师生,抓捕了三十位学生和两位教师,危急时刻幸蒙一位当地的女学生设法掩护我乘船悄悄走出。同年8月到了江津白沙,在重庆女师等校当教员,由于白沙国民党反动派的追查,被迫暂时离开学校,乃随国立编译馆到了北碚,在馆内负责编写中小学课本(语文、公民),又称为《国定课本》。当时的语文教材大半由古文中选出加上新编的故事,在公民课本中,我写了一句民主集中制,又遭到馆内的反动分子追问。1944年5月我又回到川南,恢复了教书生涯。1945年抗日战争胜利了,我便去了重庆上清寺第十八集团军代表团办事处,找到顾问李澄之同志,他对我说:"快设法回山东老解放区,那里需要干部和教师。"我就开始筹办路费。同时,山东大学要复原于青岛,校长也邀请我去教书,我就想趁此机会跟他们复原的船去青岛再转入解放区。

1946年9月离开四川,到南京时已是10月中旬。当时的政治气氛使我觉得即使到了青岛,反动派特务也不会让人轻易去解放区。于是改变主意,经朋友介绍到了无锡省教育学院,院长聘我为普通心理学、教育心理学等课程的教授。在授课之余,我编写了心理学、教育心理学讲授提纲,撰写了《实践教学法》,翻译了《列宁论文盲》等文章刊登在《民众教育》杂志上,还写了一篇《哲学的用途》刊登于《大公报》。同时积极参与进步学生的反内战、反迫害、反饥饿的三反运动,抨击学校当局以成绩差为名斥退进步学生,竭力反对反动当局逮捕和迫害思想进步的学生。于是,1948年冬国民党教育部曾密令学校对我解聘和监视,由于政局变化反动派仓惶逃离,学校当局看形势大变,未及执行。1949年4月23日南京与无锡解放了,多少年的苦难日子结束了,反动派的统治一去不复返了。我一面高呼共产党万岁!解放军万岁!一面手举红旗同全院师生走上街头,扭秧歌,高唱革命歌曲,欢天喜地庆祝解放。

全国解放了,新中国的新天地、新生活使我心情欢乐,精神振奋,深深地感到中华民族觉醒了,压在头上的三重大山(帝国主义、封建地主阶级、官僚资产阶级)被彻底推翻了,中国人民在共产党的领导下,独立自主地建设自己的国家。我想,在这样伟大的新形势下,每个公民的迫切任务是全心全意为社会主义革命和社会主义建设服务。我作为一个教育工作者更应该积极地做好自己的岗位工作,忠诚党的教育事业,一心一意地钻研心理学、教育学的理论,提高质量教好学生,使其在社会主义革命和建设中发挥积极作用。我埋头学习新的理论知识,尤其是从苏联新介绍过来的捷普洛夫心理学、凯洛夫教育学,我是认真地学习并将自己所能理解的讲授给学生。1949年秋,苏南行政公署教育处任命我为学院的总务行政部主任,此类工作我没有经验,但是为了党的事业是不能推辞的。硬着头皮干了半年,感到事务工作太多并影响到备课和教学,便提出当专任教授。恰巧山东省筹建山东师范学院派人来邀我回山东教书,我就想趁此机会摆脱总务行政部主任的职务。但苏南教育处不肯放我回山东,要我承担教育学院、国立社会教育院、中国文学院合并工作,筹建苏南文化教育学院,并派我担任教导部的副主任,我不但不能回山东,反而任务更加重了。有人称我为教授兼行政工作是"双肩挑"的干部,我也乐得其名。这时,全国初解放,百废俱兴,各方面需要人安定下来。人民给我许多荣誉:人民代表、政治协商委员、苏南教育工会副主席兼无锡市教育工会主席、全国首届教育工会代表大会主席团委员、全国首届思想政治讨论会的代表,还参加苏南土地革命运动等,给我很大的鼓舞和鞭策,使我下定决心把行政工作与教学工作两不误地做好。我时常想到旧中国办教育的有三类人:一是教育官,不务正业,专门追求官位,把办教育作为升官之阶,谄上欺下发号施令。二是教育商,崇洋媚外,总说外国月亮是亮的。每谈必是美国、日本、德国的制度与生活方式,对于中国的实际则不闻不问。三是教育家,不计名利,不怕艰苦,为改革和发展教育事业而鞠躬尽瘁,如陶行知、晏阳初等人。他们是踏踏实实的教育改革家、创造家,给我做了一个学习的榜样。

1952年,中央教育部进行大学院系调整,改进高等学校,将苏南文化教育学院与无锡的江南大学、苏州的东吴大学合并,在东吴大学校址上建立苏南师范学院。不久江苏建省随即更名为江苏师范学院(现为苏州大学)。在筹建中,我担任心理学、教育学教授,副教务长兼外语系主任,苏州市教育工会主席。对系科、专业、课程、设备及师资配备等工作,竭尽心思努力做好工作,达到调整的目的和要求。同时,草拟了《师范学院组织规程》《专业设置计划》《科学研究计划》及《学生实习计划》。撰写了《杜威教育思想批判》《全面发展的学说》《科学研究与交流》等,均先后登载校刊和学报上,《光明日报》也转载了"全面发展"一文。在苏州市教育工会给全市中小学教师开办了18场教育学讲座,提高了他们对凯洛夫教育学的认识。1957年秋,江苏省委组织部调我到无锡筹建江苏师范专科学校,任命我为筹建委员会主任。我怀着行政工作与教学工作矛盾的心情去筹建、招生、上课,次年8月迁往徐州,不久改名为徐州师范学院。学校初建师资不足,我便一面管理学校一面教课。1959年初,被调至南京中国科学院江苏分院,筹建教育科学研究所。这时,我的心情很愉快,因为教育科学研究所是个学术机关,有机会去研究心理学与教育学的科学理论,我作为研究员兼副所长积极地制定科学研究计划,开展调查研究。在省委书记陈光和教育厅厅长吴天石的指导下,协助创办全国闻名的"农业中学",研究农业中学的课程设置、教学与实践。编写了《农业中学丛书》、《江苏教育十年》、《毛泽东教育思想学习参考资料》、《中小学十年一贯制各科教科书》、《师范教育史》等。1961年春在中央宣传部召开的高等学校文科教材编选会上,参与制定教育系教学方案、课程设置,评议了凯洛夫教育学的优缺点。接着承担了《西方资产阶级教育学论著选》一书的主编,该书编选的目的在于使学生了解西方资产阶级教育家论著的观点主张的社会历史背景,结合中国教育实际批判地吸取其精华,为教育系外国教育史课本,1963年北京人民教育社出版,1978年再版。在这期间,在省教育学院讲授《青年心理学》,做了教育学的报告,并接受海军学院聘请,教授《心理学》,前者手稿"文化大革命"中丢失,后者由海军学院出版。还在省委党校讲述了数次《意识的发生与发展》,参加全国第九届工人代表大会,在《江苏教育》杂志上发展了若干篇论文,如《提高教学质量问题》、《如何进行儿童教育问题》、《量力性与可接受性问题》、《如何全面贯彻教育方针问题》。我所以这样做,目的是使教师业务上有所前进,在培养人才上有所贡献。

在学习苏联先进教学经验和先进科学成就的过程中，我是一面执行，一面抱有疑问。他山之石只作借鉴，不能全盘照搬，它不但不完全符合中国教育科学的实际，可能相对地影响中国教育的迅速发展。在自然灾害、国家经济困难期间，机关精简下放，领导安排我带着教育科学研究所到南京师范学院担任教授、副院长兼研究所所长、教育系主任。为了提高附属中学的数学教学质量，我连续听了由初中一年级到高中三年级的数学课堂教学，同教师学生共同评议了教师的业务水平、教学方法；也评议了学生的学习态度，对数学教育提出了改进意见。以此为据，试图改革中学结构，进行了五年一贯制的实验。同时，对师范学院中文系、数学系的培养目标开展了调查研究，制订了中学语文、数学教师的具体规格要求，对提高教学质量有一定的推动作用。1963年冬，在反对修正主义教育问题上，中央宣传部与高等教育部调集了师范学院有关教授、讲师、处长及院校长和译员近三十人，成立"反修正主义教育小组"，派我为党支部书记、组长。在北京一年的时间，集体编写了有关教育理论、儿童心理与教育、爱的教育等三篇论文（均未出版）。1964年10月我国原子弹发射成功，农村社会主义教育运动即将进行，两种教育制度与两种劳动制度急于开展。在这种情况下，部领导要求我们各自回原单位，准备参加农村社会主义教育运动，相应地推行两种教育和两种劳动制度。我回校后立即找半耕半读的基地，这是教育改革的重要步骤。随后积极准备系科教师、学生下农村开展社会主义教育运动。在农村一年，我对农村广大干部一律靠边站的做法甚为不安，难道没有一个好干部吗？同时，预感到这样发展下去，我们这伙做工作的人将来也可能受到同样的待遇。

果然，1966年5月从农村回来，就受到"文化大革命"的批斗，造反派横扫一切的野蛮行径令人一时难以理解，严厉的无理由的批判和斗争使人难以忍受。一天晚上,突然来了群似虎如狼的造反派把我与省教育厅厅长夫妇揪出,泼了全身污墨,连骂带打地上街游斗,途中一人被迫害致死,次日教育厅厅长也去世了,只有我一人幸存。之后被关进"牛棚"边批斗边劳动,一弄就是三年,我心急如焚,恨自己走错了路,不应该从事教育工作,命将何如?辛辛苦苦努力工作了几十年,最后得到这样悲惨的下场,实在令人寒心。头脑里时常想,这场"文化大革命"为什么从教育界开刀?为什么广大的优秀干部和教师不论青红皂白都受到迫害和批斗,甚至被迫害致死?每次政治运动的对象绝大部分是知识分子,又是为什么?我实在想不通,越想越悲伤,越心灰意冷,干脆从此改行,下农村,到祖国的边远地方去劳动。1969年,恢复了自由,便卖掉了大部分心爱的心理学、教育学的书籍。"四人帮"骂心理学是伪科学,把书与人一起砸烂,我心一横一本也不留,准备轻装上路,走向内蒙古大草原了此一生。

　　十年动乱,"四人帮"倒行逆施,打倒一切,残害人民,篡夺党和国家的领导权,使国家沦落到万劫不复的境地。1976年党领导全国人民一举粉碎了"四人帮",及时提出了拨乱反正、正本清源,肃清了"四人帮"的毒害,对"文化大革命"作出了科学、正确的结论,复苏了各行各业,全国人民欢欣鼓舞地迎来了"春天"。在这样振奋人心的大好形势下,我沐浴着温暖的春光,忠诚党的教育事业的心灵又活跃起来。回忆五十几年来,从农村到城市,从小学到大学,从教授到"双肩挑"的干部,从旧社会的苦难日子到建国后的幸福生活,感慨万千。虽然经历了艰难困苦,但是教育救国救民的意志没有动摇。八年抗日战争,三年解放战争,加上十年动乱近三十年无暇从事科学研究,贻误了一生的最好时光,而为挽救国家民族的危亡竭尽自己的绵薄之力,是完全值得的,也是责无旁贷的。沧桑迅变,人生易老,几十年的坎坷遭遇不知不觉中我已过古稀之年,但仍感到尚有余力,应该为教育事业的改革和发展,为社会主义建设多培养人才尽上自己应有的力量。

1975年在全国词典编写会议上,我承担了《汉英实用词典》的主编,1983年由江苏人民出版社出版。1981年担任《中国大百科全书》教育卷主编、编写委员会副主任、编写办公室主任兼教育心理学的主编。该书于1985年中国大百科全书出版社出版,1988年2月出普及版。1984年回到南京师范大学主编了高等师范院校教科书《心理学》,1985年江苏教育出版社出版。1986年受华东七所师范大学委托主编师范院校公共课教材《心理学》,1988年5月河海大学出版社出版。

最近十几年中,除主编书籍外,我撰写了数十篇心理学与教育学的论文,试图改革心理学、教育学的理论体系,建立适合中国实际的心理学和教育学。由于篇幅所限,论文的题目,就不一一列举了。(心理学方面的论文30余篇、教育学方面的论文近30篇)另外,还于最近主编了《教育词典》约百万字,已交江苏教育出版社。目前还编著了一本《老年心理学》尚待出版。

1983年退掉学校的行政职务后,任校学术委员会文科主任、教师职称任职评审委员会主席,江苏省出版总局高级职称评审委员会副主席。在社会活动方面是江苏省心理学会理事长、省老年心理学会会长、省老年学会筹备组长、省政协委员教育组长、省陶行知研究会顾问、省行为科学学会顾问、中国老年学会理事,《教育研究》编委、《中国教育大辞典》顾问。

教育学类

成人心理特征与教育

在一个人生的全部历程中,成人时期确是一个最悠长而最重要的时期。发展心理学家说:"人生自诞生以至青年之终结,普通不过二十年,在这二十年间,儿童与青年期几各占半数,即儿童期与青年期各占十年左右。然而一踏入成人期之后,我们便踏入一个很悠长的时期。……大都以二十岁左右为这个时期的开始,而以七十岁左右为其终结。换言之,一个人如果能活到七十多岁而他的发展是正常的话,则他的成人时期所占的时间约等于其儿童或青年期的五倍。无疑的这是人生的最重要的时期。"在实际上,青年期可以说是各种适应能力的准备时期,到了成人时期便把他过去所获得的知识与经验应用到日常生活方面,担负起政治、经济、家庭及各方面的任务来。宗教上的坚信礼及法律上的结婚年龄,都是由青年进入成年的标志。一个成人倘若他在青年时期,发育的很正常而又受到良好的教育,他对于社会必有很大的贡献,其对于社会的成就,远超过人生发展的任何时期。历史上或传记中,我们可以发现许多伟大人物的记载,如科学家、文学家、艺术家以及其他事业有成就的人,其年龄大都是在二十岁到六十岁之间。例如唐代名诗人杜工部,他留在人间的诗约有一千一百余首,其中百分之八十以上是在他四十岁以后写的。可见成人时期无论是对于社会事业方面或个人成就方面皆有很大的贡献,这是我们不可否认的事实。

成人时期对于社会的贡献既然如此重大,我们应如何发挥他的能力,使其负起社会所给予他的责任呢?这要靠着教育的全部实施,然而教育实施尤须明瞭学习者的心理背景,因势利导,教育才能发挥其最大的效力,否则是徒劳而无功的。成人心理在本质上与青年心理无大差异,因为人生的发展是继续不断的,不是跳跃式的。但是成人身心逐渐成熟,对于其周围情境的反应形式与途径显然与青年时期有些区别。

第一,成人的习俗化。青年时期是迅速生长和变化的时期,他的骨骼、腺体、内脏及脑部都有一种极复杂的变化。在这种复杂的变化中,往往使其对于社会和其本身缺乏瞭解,不能妥帖的适应环境。可是一个逐渐成熟的成人则不然,他必随时注意其周围环境的改变,控制自己,力求自己的行为符合当时社会习俗。个人的成分减少,公民的成分增加。他的思想行动以及情绪表现也因遵循着社会上的习俗而固定化。因为当一个人发育到成人的时期,无形中受到法律、政治、道德及一般社会上的习俗的限制,使其不能不向着社会所规定的标准发展。否则,法律要制裁他,舆论要批评他,团体要对他怀疑,他便不能继续生活下去。这种习俗化的现象,有人说是本能的倾向,其实本能何以使人如此?例如我们的服饰,从诞生到死亡都必须穿着衣服,而且必须随着习俗而变化服饰的形状和样式。倘在一个考究服饰的社会里赤身露体,法律与道德是不容许的。所以我们不能承认服饰是一种本能,如同我们不承认"靠右边走"是本能一样。浩利渥刺说得很对:"父母的胚胎细胞决定其体格的一般形式,同时社会的组织则规定其心理结构的一般形式。要逃避社会的影响正如他不受胚胎细胞的影响一样。"浩氏这段话足以说明成人必须习俗化的道理。

第二,控制能力的加强。青年时期因着身心生长发生了急剧的变化,各方面显露出一种不稳定的现象,虽然他已经有了相当控制自己的能力,但是每遇新的情境,他仍然是手足无所措,对于事务的处理,几乎全靠着直觉和情感作用,缺乏理智的分析,所作所行易招谴责,不为人所赞许。到了成人情形就不同了,身心发育逐渐成熟,生活的磨练增加了他许多社会经验,懂得运用理智控制自己适应社会的必要。在这个时期中,儿童时代的冲动和自我表现,青年时代的暴躁、傲慢、过激等个性,渐渐被抑禁所掩覆,一变而为沉静、小心翼翼、和平满足的人。职业的野心、穷困的恐怖、妄诞的幻想、父母的责任,以及信仰的转变等,都随着时间和空间压在自己的肩头上,并且逐一把它实现出来。在这个过程中,成人是时时刻刻的在控制自己,使自己依循这历史的范型生活下去,尤其在情绪的发展方面,更为显著。作者仅就人类的基本情绪爱、怒、怕三方面加以说明。成人的性爱是与理智相配合的。他与她都能冷静的考虑到彼此的生理和心理的品质,细心分析,不像青年时期那样尽情的热恋,浪漫从事。杨格说:"浪漫爱的模型,很显明地属于青年及儿童时期之幻觉生活。"可见与理智相配合之性爱的模型是属于成人时期了。其次,我们再看成人忿怒情绪的表现,也是和青年时期不同。一个青年人一旦被人辱骂,他必叫嚣怒吼,不可遏止,甚而挺身殴击,而成人则能抑制或转化他的情绪,避开社会的评议以笑置之,或以讥笑、暗射、讽刺等方法实行报复。这种持续或转化的情绪反应,显然是由于控制能力加强的结果。成人的惧怕情绪的表现,亦有这种现象。据柯尔的研究,他以为"从六年级的儿童到大学最后一年期内,平均可以减少四十五种惧怕"。柯氏这个研究正是说明成人的控制能力逐渐加强,因而使其惧怕的数量减少了。总之:成人时期无论对于爱、怒、怕及其他刺激的反应,都因控制能力的加强而简约了。

第三,家庭与财产的重视。一般的说来,成人是比较重视家庭与财产的。因为一个发育成熟的人,他必要求成立家庭,生育子女,担负起种族延续的任务来,同时为着家庭生活安定和教育子女的负担,又须依照社会的习惯置备财产。这种情形,在一般成人生活中,非常普遍。我们时常看到成年男女终日忙碌,勤快工作,考其原因,大都是为了家庭,为了与家庭相关联的财产。所以成人时期是职业与家庭生活时期,假使把青年时期看做游戏时期,那末成人时期可以说是工作时期。青年时期或儿童时期对于家庭和财产是不重视的,虽然家庭和财产的事实自始至终的存在着。因为儿童和青年对于社会的关系具有一种显著的个人意味。他们只是家庭或学校的一员,并非是国家的赋税者。他们所重视的是人与人间的关系、个人权威的畏惧。他们所追求的也不是成人所说的是非、正义,乃是自己的快乐。他们对于法律、道德,无所畏惧,所惧怕者是暴烈现象或不利的社会现象。简单的说,儿童和青年所重视的是个人的满足、个人的权威,而成人所重视的大多是家庭、财产和工作等实际生活方面的问题。

第四,学习能力不弱。说到成人的学习能力,必先知道成人智力的事实。据迈尔士等研究,"智力的发展,自达到最高的成人水准之后,至三十岁上为高原期,三十岁以后开始衰退,五十岁以后,衰退的情形更为显著"。然而三十岁以后学习效果如何?桑代克对于这个问题的研究是有价值的。桑代克研究十五岁到四十五岁期间的学习能力,并且特别着重二十五岁到四十五岁的成人学习能力。他认为成人学习能力之达到最高水准是在二十岁至二十五岁之间,从这最高的水准到约四十五岁学习能力的衰弱不过百分之十三到百分之十五。桑氏发现成人的学习能力即在这些微降落期内,也超过儿童时期的学习能力或等于青年时期的学习能力。至于二十五岁以后至约四十五岁期内学习能力的降落，原因很简单，就是因着成人有了家庭、政治、经济等负担，影响了他的学习，不像儿童和青年时期有充分的时间专门从事学习。同时一般成人因生活问题的牵连，学习意志非常薄弱，大都抱着年龄大了不易学习的成见。假使予成人以良好的环境和时间，我们相信，他的学习能力必定很强。由此可见成人的学习能力并未减弱，只是社会环境影响了他的学习，使其不能集中意志充分的利用他的天赋能力。

由上面简单的分析，使我们知道成人心理是非常复杂而且因循习俗重视现实生活问题的。这种现象，我们从教育方面看来，这便是成人教育不易有效的结症所在。所以要想使成人教育推行顺利而有效，就必须着重成人的心理背景和需要，使教育与其生活发生密切的关联，成为生活上的必需用品。一个人受了教育以后，不仅获得许多谋生的基本东西，而且能够改造经济状况，走向比较充实而又完善的生活。譬如教育农民，我们就把教育与农民实际生活配合在一起，如何改良技术增加生产，如何运用合作贫富相济，诸如此类的问题都是农民切身的问题，他们迫切的需要得到解决，倘若从这些实际问题去教育农民，则不仅为农民所乐意接收，教育的形式与内容也必因之日渐丰富、日渐进步，否则，单单的教其识字、读书、记账是不够的，必会有相反的结果，教育的效用也就更谈不到了。基于上面所说的一点，我们对于成人教育提出下列几点意见：

（一）教育成人应着重社会习俗的改造

前面我们已经谈到成人所以习俗化的原因，乃是受社会制度的影响。要想改变成人的习惯和行为，就非得从事社会习俗的改造不可。我们知道一个良好的社会制度，不但使人的行为逐渐标准化、科学化,而且能够涵养博大、诚实、公平、节制等美德。每遇任何的事物,都能从全体社会福利着眼,"飞开自己","择善而固执之"。相反的一个腐败的社会所给予人们的熏染,也必是堕落、无耻、贪婪、阴谋,使其重视自利,择"损人利己"而为之。所以教育成人应从事社会制度的改造,使人人都能利用他的智慧和意志,把社会一切习俗更新起来,同时也更新了自己。这种更新的过程。也就是教育成人的过程。

(二)教育成人应着重生活的改造

上面所说的社会习俗的改造,目的是在给人以"范型",使人逐渐顺序前进。这里所谓生活的改造,乃是说教育成人必须从成人生活的需要而又能改善他的生活方面着手。过去的成人教育,因着与其生活隔离太远,不为一般成人所欢迎,甚而拒绝教育。今后我们应该把这错误改正过来,使成人乐意接受教育,如同乐意接受日常生活上的必需品一样。这样的教育才是有用的教育,才是进步的教育。

(三)教育成人应运用新方法

所谓新方法,就是在学习上费的精力和时间都少而获得的效果很大。过去的成人教育大都着重文字教学,与生活脱了节,结果所学非所用,白白的浪费了许多时间和精力。新的教育方法则不然,一方面从实际生活入手,无论教学种田、纺纱、做生意等都是先由实际活动而后涉及到所需要的文字。这种方法不但超越了文字的限制,而且缩短了学习时间,很快的使其获得谋生的基本知能并能改进生活。在另一方面我们应当运用各种新工具。例如电影、幻灯、画片、话剧等。这些工具能够帮助了解,增加兴趣。因为"中国文字太难了,学习起来固然不容易,而交通不便,出版业不发达,就是文字教育普遍了,无论政令的推行、生产技术的改进、健康知识的普及,要利用文字作传达的工具,不容易而又难限时效"。所以教育成人需要运用新方法、新工具，才能发挥教育最大的效用。

(原载《教育与民众》1947年第11卷第9—10期)

实践教学方法试论

教育是以社会为基础的,当社会由个人主义、权威主义转变到民主主义和社会主义的时候,教育上的一切理论和方法都因而发生了质的改变。一方面批判的吸收了过去教育的特点,同时依照新的社会条件创造新的教育理论与方法;另一方面则重视团体的组织和训练,使个人与个人之间彼此沟通起来,成为一个活动的整体。在这样的社会条件之下,教学的方法必然是新颖而适合时代的,它与过去传统的教学法在本质上是差异的,因为传统的教学法是与传统教育理论相适合的,我们要理解它必先理解它的理论。概括的说传统教育理论的特点:① 重视少数人的教育,忽视大多数的教育。② 重视"四体不勤,五谷不分"的消费教育,忽视劳动生产教育。③ 重视个别发展的教育,忽视团体训练的教育。④ 重视口说的教育,忽视行动的教育。⑤ 重视文凭资格的教育,忽视人才的教育。⑥ 重视升学的教育,忽视基本生活所需要的知识与技能的教育。⑦ 重视读书的教育,忽视思想的教育。⑧ 重视权威的教育,忽视自由的教育。因此传统的教育方法是主观的、形式的,虽然有时或多或少的在形式上去与客观事物接近,发现问题讨论讨论,看看摸摸,设计一番,似是而非的向实际生活扮演几个空姿势,但是在实质上仍与现实的事物缺乏内在的关联,仍然是一种观念性的教学,诱导学生学习一套与实际无关的东西,不着边际的空教空学。试问这样的教育,对于人有什么用处呢?我国施行新教育以来已经有四五十年的历史,为什么仍然民贫国弱社会不安呢?我敢大胆的说这就是传统教育在作祟。所以我们要想改造教学的方法,必先将传统教育的理论及其方法打破不可。时代进步了,这种以个人为中心的教育面临着一个深渊,它的理论与方法必随着时间而消失了。在这新的时代中,新的教育茁长起来,它不再因袭过去的旧路。一切以个人的利害、认识、努力及行为为中心的教育被扬弃了,而变成以集体的利害、认识、努力及行为为中心的教育。换句话说,在新的社会中,教育的全部内容起了变化,使劳力与劳心的界限逐渐减少,从共同的劳动生活中,消减了个人与集体的对立,而有着彼此接近融化于一个集团的性质。简单的说,新教育的内容具有下列几个特点:① 劳动化,"在劳力上劳心",手脑并用。② 科学化,创造进取,不崇拜偶像,不信传统的说教,它是以实验的方法去体会自然与社会。③ 民主化,完全是自由博爱平等的教育,不是培养奴才而是培养社会的主人。④ 普遍化,每个人都有享受平等的教育机会。总之,新教育内容是与实际生活有密切关联的,因而它的方法也必是与实际有联系。这种方法我们可以称它为实践的教学方法。这种实践的教学方法虽然在实施上有待于试验,但是我们相信,一定是会有效果的,因为它与实际生活是联系在一起的。无论学校教育或社会教育倘能利用这种方法去进行教育,必能获得经济而有效的结果。

然而我们要知道教学方法是一种求达教育目的的手段,是处理材料的一种态度,它不能离开正在进行中的活动而存在。教育目的与教育内容不同,所用的教学方法也因之而异。从教师的立场而论,方法是教师与学生间活动的选择与排列,并以最少的时间和精力获得活动所期望的效果。因此实践的教学法也必须有缜密的组织与计划,才能发挥它的作用。一般的说来,这种实践的教学方法就是一种教学组织,它包括行政、课程、教具及一切教学上的情境,要想使教学方法能够成为一种有效的工具,不能不考虑到行政与课程问题。因为教育是个整体,它的实施必须注意到周围的客观条件及其内容上所关联的各种事实的统一,分开来说,行政组织是教育实施的重要条件之一,倘若有了富有修养而具实践知识和能力的教师来负行政之责,他必能把握正确的理论,机敏的应用种种可能的材料与方法,组织学生,领导学生走向实践的道路。其次,关于课程问题也是实践教学方法的重要的前提,因为课程是教育的全部内容,必须有实践的教育内容,才需要与教育内容相一致的实践教学方法。过去的课程,只给学生听的、读的、想的、看的,而不给学生做的。如果仍旧以这些观念符号作为教育基本的内容,实践的教学方法便不能有所贡献,同时方法与内容也必然发生不能调和的矛盾。所以必须建立一种实践课程的体系,实践教学法才能有所凭借,才能发挥其所能发挥的力量。

由上面所述,我们知道实践的教学方法是吸取过去教学方法所留下来的最宝贵的遗产,依据社会具体条件而产生的一种新的方法,这种方法必有其行政与课程的理论基础,正如道尔顿制之有其理论与方法一样。

一、行政组织

实践教学方法所根据的行政组织与一般学校行政组织不同。一般学校的行政组织与工作都是由教师负责的,教师发号施令,学生只有唯命是从,而实践教学方法的行政组织则是师生共同组织,依照实际工作的状况而分工合作。这种组织正如一个生产合作社,凡是参与这个合作社的社员都有过问的权利及负责的义务。经理业务的人,一方面听取社员的意见,另一方面要负责报告各部工作的情形。随时举行各种讨论会,把每人的经验与学习上的困难报告出来,加以讨论并指示下次的工作。这种行政组织是民主的,相互负责,相互合作的。

二、课程编制

实践教学方法所依据课程与过去的课程也是不同的。过去的课程与实际生活脱了节,所采用的材料都是些观念性的抽象东西,不能适合人类自然的兴趣。而新的课程是根据实际生活所需要的东西,以科学的方法把它组织排列,成为最生动而最具体的东西。这些课程在编制和排列上,是适合学生各种主观和客观的具体要求,适合各种不同能力的学习,同时依照教学活动上各种情境和需求,富有弹性的分做若干的学习单元,以利于团体的、个别的学习。所以这种新的教学法所根据的课程,不但是有永隽的趣味,而且都与实践关联起来。

三、实施要点

(一)有组织的学习

实践教学法并非是盲目的胡乱的活动,相反的乃是有计划有组织的活动。在这种活动中,教者与学者都是以实践工作为出发点,这就是说无论教师学生大家都在实际工作中学习,教师在"做"上教,学生在"做"上学。教师不仅能够组织学生,与学生生活在一起,而且能够把握一切理论与实践的方法。所以有组织的学习它具有下列几种特点:

1. 教者与学者不分。一切实践的活动是共同负责,相互学习,依照共同决定的工作分别担负其所应负者,有计划有组织的自己学习,学习别人,教育自己,教育别人,彼此互助,彼此合作。教者与学者像朋友一样,没有不可接近的界限。

2. 个人与团体统一。在传统的教育里个人与团体往往是矛盾的,重视了个人就不利于团体,重视了团体却又埋没了个人。有组织的学习没有这种毛病,因为它重视分工合作的学习,能力强的补助能力弱的,进步慢的跟着进步快的学习,彼此鼓励,共同研讨。

3. 教学与实践统一。在进行教学的时候,教师应能彻底了解所学习的教材内容,指导学生从事实践工作,并能使学生在实践中获得所要学习的东西。不仅是从实践中获得理论,而且要依照理论去指导实践。自然在理论的学习上有时需要讲解或参观访问调查等活动,不过这些活动都是以实践为前提的。

4. 分组学习与个别学习。依照工作与学习的情形,把学生分为若干学习小组,并规定每人应学习的分量,分别举行个别的学习与分组的学习,但是这种划分,只是为了学习便利而已,在实际上是共同的,应该机动的运用。

(二) 有纪律的学习

所谓有纪律的学习,就是使学生如何遵守所规定的学习程序,努力实践。这种有纪律的学习与过去的训育管理的纪律是不同的。过去所说的纪律是外铄的,被动的,而新教育中的有纪律的学习是自动的,自觉的了解自己的学习及其所负的责任,在实践中批评自己,克服自己的错误,接受他人的意见。凡自己所应负的责任,都能切实负起,完成学习的任务。有纪律的学习应当包括以下几点:

1. 守时刻。有纪律的学习在使每个人自觉的知道时间的可贵,爱惜时间,甚至一分一秒的时间也不轻易放过,换句话说就是把握时间,把一分一秒的时间,都能应用在学习上或团体的活动,紧张的负责的工作。

2. 守公约。有纪律的学习可使每个学生习惯于遵守并实行共同所决定的事项,养成勤劳负责而又有团体感觉的精神。

3. 自我批评与团体批评。在实践中要发挥自我批评与团体批评的精神,了解个人生活与团体生活是密切关联的。一方面各个人在团体中懂得个人的行为与团体的行为是一致的,另方面由于团体的刺激在学习生活上有一种责任感,彼此纠正,彼此观摩,养成良好的学习风气。

(三)有计划的学习

根据儿童或成人实际生活需要、环境以及学生学习进程与心向等实际情形,师生共同拟定教学活动大纲、学习纲要及分工合作进行程序等,每一个活动都有其中心和实践的方法,或以生产工作、社会活动作为活动的中心分别进行。在活动的进行中,教师拟订指导计划,依照学习工作轻重、繁简具体的予学生以有效的指导。同时学生也根据教学活动的纲领和教师的指导,讨论如何参与活动,并拟定具体的工作学习进行计划,准备工作条件和工具,作有目的的学习。在这种教学活动的计划中,教师要做到下面几点:

1. 要把教学活动的中心明确指出,并把握正确的理论与技术,使学生有一种清晰的认识,以俾努力完成工作与学习。

2. 要提示各项活动的关键和要点,使学生易于领悟。

3. 要确定工作与学习的程序,使学生遵循。

4. 要把个别的或小组的工作与学习具体的指出,并把个别的小组的或团体的活动分别指出,并说明应该进行的办法。

5. 指出工作与学习所应注意的事项,并把参考资料列举出来,以便学生自动的进行活动。

（四）有重心的学习

"每一个实践有每一个实践的要点,有的在于知识的获得,有的着重情感的陶冶,有的则集中于意志的锻炼,在教学活动的时候,不允许忽视重点,和各方面教学平列起来,等量齐观,成为平行的教学"。所以在教学活动中,实践与学习有着密切的关联,在这种关联内不仅有主观的要求,而且有客观的基础,我们必须把握教学的重心,顾及全局,才能达到"完全学习"的目的。每于一种教学的进行都能细细的找出学习的重心及其所关联的细节,分别轻重加以学习,这样才是真正达到教学上的"同时学习原则"。倘若我们只把握重点而不重视全面的教学,那必重陷于形式逻辑的教学方法,使学习成为孤立的东西,只见树木,不见森林。

（五）有弹性的学习

实践教学方法既以实际活动为中心,在教学进行中我们必须注意学生的能力,正确的估计他们的知识和程度,以便取舍教材。同时在实践时的分工也必须估计他们的学力、体力、办事才能等予以合理的分配,太难与太易的工作与学习,在心理上都能产生一种不良的现象。惟有适应个别的能力,才能产生努力与兴趣的心向。因此在实践教学活动中,所作所学不能超过儿童或成人所处的社会环境。在他们的现实环境内,使其参与环境的改造是很容易的。例如农人的生产教育活动,便可以配合当时当地的生产活动,参加种植、灌溉、饲养等实际工作,都很便利于教学。有时为了加强理论的学习而向学生讲述理论,但是所讲述的理论,乃是与实践有关联,不能看做与实践无关的活动。因为在教学上有两种形式,我们必须注意的:第一,在同一时间、空间的条件下,教学和实践紧密的打成一片,这是最基本的一种形式,例如从实际工作中学习。第二,便是使学生先获得正确的知识、技能和理想去指导实践的教学活动。这两种形式在教学上相辅而行,才不致使教学陷入空洞而无意义。因此我们应当利用种种科学的方法来发挥他们的力量,便能充分自由的表现他们智能。

(六)有创造的学习

实践教学方法既然是着重实际的行动,它必能指导学生去学习创造。陶行知说:"行动是老子,知识是儿子,创造是孙子"。这说明了人类知识和创造皆由实际行动中产生出来。实践教学方法不但教学生由实际行动中体验事物的形状,而且教学生从体验中进而理解事物的道理。在这种过程中,教师一方面给学生以实际的机会去体验事物,另一方面给学生以极大的自由去运用双手和大脑,制作、思维因而创造出新的东西来。换句话说,在实践教学方法中,教师能够创造出自己所喜欢的活人,先生能够创造出自己所崇拜的学生,先生创造学生,学生创造先生,又共同创造出新的生活、新的社会来。这与过去的教学显然有很大的区别,过去的教学则往往忽略了这一点,只教学生"坐而言",不教学生"起而行",因此缺乏自动的创造精神,不能获得真正的学习效果。

(七)有结果的学习

当实践教学活动完成的时候。教师必须整理保存在工作中所造成的物质的或精神的结果。在这些结果中,有些是属于物质的,有些是属于文字记载或者用绘画、文学、表演等表现的。教师和学生应当依预定的学习要求和学习计划,总体的个别的进行检查,并用图表、统计数字以及其他种种方法记载表明个别与团体学习的具体情况,进步的快慢和各个人在工作中的具体行为,使学生深切的了解。关于理论及文字的学习结果,自然也需要用文字来考查,不过这种考查办法与过去一般学校的考试是有区别的。一般学校的考试是含有一种惩罚性的意味,只重分数而不重真实学问的获得。实践教学方法则不然,它重视具体学习结果的获得,一面重视平日学习活动成绩的考查,一面使学生真正了解考试的真实意义,不但不畏惧考试,反而乐意接受考试。换句话说,在实践教学法中,教师和学生都把考试看做改正学习错误和缺点的工具,不把它看做一种点缀品。

总之,实践教学方法是一种切实有效的教学方法,今后教学方法的发展必然走向这个方向。因为惟有这种教学方法才能使进步的教育理论和内容成为具体的事实。笔者以时间与篇幅所限,把实践教学方法粗略的轮廓,简单的提出来,难免有些不完备的地方,希读者予以指教!

(原载《教育与民众》1948年第12卷第1—2期)

苏联的成人教育

当一九一七年苏联革命的时候,全国有三分之二以上的人民是目不识丁者,沙皇政府对于这广大的文盲群众是根本不予以注意的。在大的百业组织或工厂方面,虽然也设有为工人教育而办理的星期日夜校,但是这些措施大多是由于私人或慈善团体所举办的,而非是政府所举办的。

苏联革命以后,情形就不同了,在成人教育的实施上根本的起了变化,不再是由私人或慈善机构来办理,而是把成人教育列入公共教育体系中,成为公共教育系统中的重要部分。

一九一九年十二月二十六日,苏联政府颁布了一条强迫教育法令。苏联人民凡年在八岁至五十岁而不会读不会写者,都须进入公立学校,依照他们的需要,学习他们本族语文或俄文的读和写,同时这个法令也说明了实施扫除文盲的目的,并非单单的使人民识字而已,其目的乃在使全体人民都能享受苏联共和国的政治生活。在那个时候列宁说:"我们不能只以扫除文盲使人民会读会写为满足,因为苏维埃的经济建设,必须在这扫除文盲的工作中建立起来,我们不要忘记识字以外的远景……我们必须利用读和写的能力来提高全体人民的文化水平。"

一九二〇年,全俄扫除文盲特种委员会组织成立,专门负责主持这个扫盲的工作。现在这个工作直属于人民教育委员会,该会单设一部(成人教育部)负监督指导的专责。同时城市和乡区的苏维埃、共产党党部以及少年先锋队等机关联合一致,组织

"肃清文盲"协会,集中大部分力量为成人教育而努力。

在一九三六年,约有四千万文盲和半文盲受了初等教育。在成人教育实施中,苏联于一九三六年到一九四一年之间,特别出版了一种刊物,叫做"成人教育",在这个刊物中,除有许多关于成人教育的专论外,还有许多关于实际的叙述,论及由于扫除文盲和半文盲的组织,教学的方法,所获得的经验,以及成人中等教育,课程的适应与师资调练等问题,在那个刊物上也论到苏俄成人教育及其他国家的成人教育发展的历史。这个刊物所论及的问题,包括历史的事实和目前成人教育的学说。

一八九七年,俄国户口编查记录,有百分之二六·三的人民似乎是识字的,妇女识字者仅有百分之九·六,那时在乡区的人民识字者与此数目相似。据一九三九年苏维埃联邦的统计,识字者占全体人民百分之八九·一,妇女则占百分之七九·二,在乡区的人民都已受了教育。

在一九四〇年苏联决定于一九四三年一月一日前完成扫除文盲计划。在一九四〇年十一月间,苏联人民教育委员会的主持人包特姆金特别通知所有高级学校的教师和学生,请求他们一齐动员协助人民教育委员会从事于扫盲工作。到了一九四一的三月一日有三十万教师和学生志愿协助教育文盲和半文盲的工作。在工人联合会方面也有大批的志愿工作者来协助人民教育委员会,完成这个工作。因此,早在一九四一年间苏联约有一百个县区数千个乡村已经完成了扫盲的工作。

在过去二十六年中,因着乡村文化水准的增高,教育事业的扩充,以及适应大部分学生的要求,在成人教育的组织与实施上,产生了若干变化。

一、文盲学校与半文盲学校

在一九三六年初期的文盲学校,为期三个月,课程采用初等教育的读、写、算,与正式的初级学校读写算的课程相似。这样的学校在城市里授课时间是十个月(每月授课十一次,每次三小时),乡区则是七个月(每月授课十二次,每次四小时)。第二期便是半文盲学校,在这样的学校里,所采用的课程,完全与普通初等学校的课程相同,所学习的分量亦相当于正式初等学校的四学年的课程。

文盲学校的学科与学习时间,计有一二〇小时的本族语文,一三〇小时的算术。半文盲学校则有二〇〇小时的本族语文,一二五小时的算术,六〇小时的地理。这些学校的课程,在城市里与文盲学校的课程相似。城市的学校是十个月(每月授课十一次,每次三小时),乡区的学校是十四个月(每月授课十二次,每次四小时)。

教学是分组织进行的,依照学生的知识水准相近者分为若干学习小组,每组学生三人至五人,每组除普通教学外,并时常依照个别的能力和需要,分别予以指导,分别指定个别学习的功课。学习年级的规定是依据平日留心注意学生进步和精确的考察。对于日常许多问题的讨论和解说,大多采用集体的方式,例如读书,阅报等,都是以有听众的阅读方法去进行,借以提高学生一般的文化水准。每位教师对于成人教育所采用的教学方法,不论其为志愿的教师或为非志愿的教师,都是由于对于成人教育极有素养的专家所提供的。

苏联人民教育委员会成人教育部,曾为了志愿为成人教育而努力的教师,特别刊行一种关于成人教育方法的参考书,以备应用。

在这一次世界大战期间,文盲学校和半文盲学校的实施和教学,因战事的影响,或多或少的有些减少,但是实施成人教育的基本的纲领,始终没有变更。

二、成人中等学校

苏联为成人所举办的中等学校,在实施上也有若干变化。所谓工人学校,包括成年的劳工和乡村的农夫。这种学校最早成立于一九二〇年,为期三年或者四年,其目的不仅在使正在工作中的青年过去失去中等教育的机会而不能进入大学或专科者,使其准备进入大学或专科,而且这些学校也同样教育青年农夫学习准备升进大学或专科的课程,以便进入大学或专科学校继续读书。

苏联成人中等学校的形式可分为两种:一种是初级成人中学,一种是高级成人中学。这两种成人中学的组织程序和课程与一般正式中学相同。所用的教科书也与普通中学一样。

一九三九年的初期,就有七五〇〇〇〇人进入这样的成人中学读书。大部分工厂的工人和商店的店员都注意这些成人中等学校,因为他们希望在七年的工作与学习以后完成了他们的中等教育。这就是说,他们希望在这种成人中学中,能够完成他们的中等教育。这种学校的授课时间,大多是在晚间举行,因学生白天忙于工作,晚上有余暇的时间,每周授课四次,每次五小时。

到了一九四一年的末期,初级成人中学和高级成人中学又有一种新的规定,决定每周授课十小时或十二小时,并规定加授一部分关于家庭工作的课程。

学生如果完成上述成人中学的功课，即可获得证明书，证明他们已经完成了中等教育，并且享有正式中学毕业资格而升入专科或大学的权利。

在战争期间，苏联还有一种新型的学校成立——这学校是为着工厂的少年工人而设的。其目的在使许多因战事参加工场的实际工作未能完成其中等教育的少年们，再能受到中等教育，学生的年龄大多是十五岁或十六岁的少年。苏联这样的新型学校有一〇〇五所，进学校的学生一五三七一〇人。

这种新型学校的授课时间是每周三次，一次连续授课二小时。教法采用循环制。例如一学期的四分之一的时间，学习普通课程，又四分之一的时间则学习理科的课程，如此轮流教授。普通课程包括语言、文学、历史等学科。理科一类，则包括物理、数学、几何、三角等学科。学生在学习完第一次的学科后，必须经过考试，及格后再学习第二次的学科。这样轮流循环的教学，要在一年的时间内，学习完毕一般正式学校的学科。

在这次战争以前，苏联的中等教育是一种网状的，他们要把所有应受中等教育的青年及成人等都使其受到中等教育，成人中学的发展，也是配合了网状的中等教育。那时进入成人中学的学生有二〇〇〇〇人。

在配合网状的中等教育之下的成人中学的学习制度是与一般正式中学相符合的。在学习上，大部的教材是适应个别学习的，分组与个别的讨论，都是为着辅助学生的学习而进行的，在一般正式的中等学校里都承认集体学习可以达成学习的目的。所以在成人中学的教学中，也多采用个别的学习与集体讨论的方式来学习。

苏联教育部说明最优良、最健全的中等学校的教师，不但能够指导学生集体学习，把握集体学习的重心，而且能够运用他们所选择的教材指示学生做集体的学习活动。在这以集体活动为学习重心的全部工作中,能够使人民学习各种学科,获得各种的知识和技能。

考试的办法,除采用在固定的时间内口述出所学习的材料外,笔试学生家庭作业、笔试下列各种学科:俄文文法与文学,外国语、数学、物理、化学等(平均每个学生考试十二种学科),在五年级六年级和七年级中每周有八小时的小组讨论,八年级九年级和十年级每周则有五小时的小组讨论,平均每组学生二十人。这种学校的学期,自九月一日开始,至次年的七月三十一日止。

三、成人学校的课程

在第二次世界大战开始的前一年,苏联网状的普通教育的实施是收费的,这种教育大部施行在比较大的城市里,所学习的课程包括若干不同的科目——外国语、速记和打字和准备升入专科或大学的科目,以及准备中学毕业考试的科目等。在这次战争前一年内有四〇〇〇〇人进入这种学校。这种学校的学年是从九月一日至次年的六月三十日止。寒假是由一月二十日到一月三十一日。

课业学习的时间是由六个月到两年。教学进行的办法,不准学生摆脱他们一定的工作,所以他们授课时间,每周每次不得超过十二小时。

在这种学校里,外国语的课程分为两部分,一部专为初学外国语者而设,学习时间是两年(共有六〇〇小时),一部为一年的课程(共有三〇〇小时),此种课程是为着曾经受过中等教育者而设。无论是两年的课程或一年的课程,这些课程的决定都是由外国语翻译专家所提供的。速记和打字的教学是采用轮流的学习办法,速记是一年的课程,打字则是一年半的课程。前者是训练普通公务处的速记员,所要求速记的速度,每分钟能速写七五到九十个字。后者训练政府和议会机关的速记员,所要求的速度更高。这些学校的课程也与普通中学的学科相同——俄文、文学、书法和苏联宪法。

战争期间,这类课程亟感需要,因为一般的学生都需要结束他们的中等学校的考试。从前大部分的少年们,因战事关系而离开学校(在敌人占领区或因撤退必须参加工作)。现在这些年处在十五岁到十八岁之间的青年,都集合起来,希望完成他们失去的中学教育。在这些成人中学中,所学习者除与正式中学相似外,同时规定学生两年课程要在一年学完,每天授课五小时,每周三十小时。

在战时,苏联这种网状的成人教育的实施,不久便停止了。因为大部分的学校在德国人占领区或者被德国兵破坏了,成人教育也就被迫停止了。总而言之,为了战争的需要必须延长入厂的工作时间,同时又需要安置由战区撤退的大部分人民,致使许多工作人员无法继续读书。

总之,苏联由过去二十六年的扫除文盲和成人教育的工作中,获得极大的经验和教训。这些经验和教训对于今日复员工作和教育的开展有极大的帮助,如学校的重新建立,地方教育的重新发展。尤其是专科学校和大学的学生以及没有被敌人占领区域的教师与各种社会团体的会员等,他们都能直接间接的对于复员工作予以最最大的协助,使复员工作迅速的完成。学校虽然停顿于撤退的时候,但是仍然能够很快的重新恢复起来,继续他们的工作。

(原载《教育与民众》1948 年第 12 卷第 3—4 期)

师生关系与提高教学质量

一

自从贯彻执行党的教育为无产阶级政治服务,教育与生产劳动相结合的教育方针以来,我国教育事业发生了一种极为广泛而深刻的变化,在数量和质量上,都有了飞跃的发展,获得了惊人的成绩。取得这种成绩的主要原因,是由于党对教育工作加强了领导,贯彻了群众路线,调动了教育工作者的积极因素,发挥了广大师生员工的积极性和主观能动性,从而改进了学校中的领导与被领导、教师与学生、青年教师与老年教师、政治与业务、学习与劳动,以及个人与集体、学校与社会等方面的相互关系。经过这些关系的调整,使绝大部分的教育工作者进一步服从党的领导,明确了党的教育方针的深远意义,不同程度地清除了旧的教育思想,心情舒畅地在社会主义建设总路线的光辉照耀下,为无产阶级的政治服务,为工农业生产服务。

但是,贯彻执行党的教育工作方针是教育上的一个大革命,是一个比较长期的复杂细致的艰巨工作,特别是像如何才能使教育与生产劳动结合得更好,如何才能迅速有效地提高各类学校的教学质量等问题,我们还没有取得一套完整的经验,还有待于我们在实践中作更大的努力,周总理在第二届全国人民代表大会第一次会议上所作的政府工作报告中指出:"去年一年,各级学校有了很大的发展,现在需要在这个大发展的基础上进行整顿、巩固和提高的工作。在各级全日制的正规学校中,应当把提高教学质量作为一个经常的基本任务,而且应当首先集中较大力量办好一批重点学校,以便为国家培养更高质量的专门人才,迅速促进我国科学文化水平的提高"。这一指示,明确的告诉我们,当前教育工作的主要任务应该在普及与提高相结合的原则下,克服平均主义思想,集中力量,提高教学质量,使我们教育事业的质量与数量相适应,能够真正达到多快好省的要求。

二

提高教学质量是一项特别复杂而又特别细致的工作。我们要完成这样一个重要任务,既不能空喊又不能采取简单急躁的办法。我们必须以实事求是的精神,分析研究提高教育质量各方面的问题,区别哪是主要的,哪是次要的,针对不同情况,采取不同措施,踏踏实实地把教与学两个方面的工作做好。去年,我们做了很多工作,取得了很大的成绩。贯彻了党的教育方针,明确了工作方向;加强了党的领导,发动了群众办学的积极性;实行了在党委领导下教师学生三结合;教学生产劳动与科学研究三结合的办法等等。这就为我们现在进一步提高教学质量的工作,创造了极为有利的条件。我们必须在已有成绩的基础上,在党的领导下,走群众路线,鼓足干劲,力争上游,进一步解决各种问题,特别是关键性问题,来保证教学质量的不断提高,为国家培养较高质量的人才。

在许多问题中,带有根本性的是师生关系问题。为什么?因为提高教学质量主要是通过教学来实现的,而教学是包括教师与学生两个不可分割的方面的。教学目的的实现和教学过程中各个环节的进行,都是教师和学生在教学过程中共同活动的结果,实质上也就是教师与学生相互关系的反映。譬如说,如果教师与学生对党的教育方针,对社会主义教育事业有一种共同的认识,共同的信念,教师有高度的责任感,热爱学生,循循善诱,因材施教;学生尊敬教师,虚心接受教师的指导,同时又能本着"吾爱吾师,吾更爱真理"的精神,热诚的向教师提意见,这就会形成一种亲密的师生关系,对于迅速提高教学质量就有极大作用。反之,如果师生缺乏统一的认识,没有共同的信念,师生关系就不可能正常,即使天天讲教师的主导作用,讲教学相长的师生关系,也无济于事。所以,归根结底,提高教学质量的关键问题,是一个师生关系问题。

三

师生之间的关系是一种社会生产关系的反映,是以生产关系为转移的,人类社会发展经过原始共产主义社会、奴隶社会、封建社会、资本主义社会几个历史阶段。作为社会关系之一的师生关系,也随着各个历史时期的生产关系的改变而变化着:在原始社会里,因生产水平的限制,没有建立学校,对儿童和青年一代的教育,是长辈或有劳动经验的人在劳动过程中传授生产知识,只有长幼关系,没有师生关系。及至奴隶社会,出现了学校这一特殊组织形式,入学者是奴隶主的子女,教师是奴隶主的代理人。这个时期,教师多由奴隶主兼任,具有极大的权威,学生对老师极为尊敬而畏惧。教师是所谓"天降下民,作之君,作之师"的。到了封建社会,统治阶级为了维护其阶级的利益,选拔统治人才,采取了科举制度,学校多为贵族子弟而设,平民受教育的权利受到极大限制。封建权威与等级制度也反映在师生关系上,教师与天地君亲并称,师生不能同席吃饭,背书不能面对教师,经常用体罚规戒学生,教师说的话是"金科玉律",不能违背。这就是封建的"师严道尊"。到了资本主义社会,资产阶级唯利是图,人与人的关系以金钱为准。学校为有钱的人而设,教育商业化,知识商品化。教育的内容是要看资产阶级能否获得利润而定的。学校的师生关系也反映了这种情况。一般说,教师对学生是只教不导,上课来下课去,不负责任,师生关系很不密切。有的则把资本主义社会的混世方法运用到这上面来。如那些所谓"名师"、"高足"相互标榜者就是。所以,资本主义社会的师生关系,是一种知识与金钱的交换关系和相互利用的关系。

今天,我们社会主义的社会,与历史上任何一种社会有着本质上的区别。在我们社会主义社会里,早已粉碎了人剥削人的制度,经济上实行了集体所有制并正在逐步向着全民所有制过渡。政治上实行着社会主义的民主平等的原则。教育上,实行了教育为无产阶级政治服务,教育与生产劳动相结合的方针。人人在劳动,个个都受教育。总起来说,我们这里人与人的关系,完全是一种新的社会主义的人与人的关系。人们的理性、情感和意志都浸透着社会主义和共产主义的意向,具有共产主义的风格。民主平等、大公无私、互助协作、团结友爱、诚挚勤恳、正直谦逊成为人们自觉的要求。在这样一个社会基础上所建立起来的师生关系,也完全是一种新的关系。

四

新的师生关系的具体内容是什么呢?首先,我们应该明确社会主义事业是以集体利益为原则的。个人与集体的关系是辩证统一的关系。马卡连柯说:"集体不只在共同目的和共同劳动中把人们团结起来,并且要在这个劳动的共同组织中把人团结起来。这里所说的共同目的并非象在电车上或在戏院里个人目的的偶然巧合,而是整个集体的目的。在我们这里共同的目的和个人目的的关系不是对立的关系,而只是整体对局部的关系,而这种局部一方面只是我的,同时它又以特殊方式归纳到整体里面。"今天,在学校里,我们的共同事业、全体师生的集体利益,就是正确地贯彻执行党的教育工作的方针,实现培养有社会主义觉悟的有文化的劳动者的目标。对于这一点,师生双方必须有共同的认识,共同的原则。在教学上,教师和学生的任何一种活动,都应当与我们的共同事业和远大理想密切联系起来。教学工作的成功与失败,都应对国家、对社会主义教育事业负责,不能斤斤计较个人的得失。只有以党的事业,人民的利益为出发点,一切从贯彻党的教育工作的方针着眼,才能建立起正确的新的师生关系。

第二,我们应该明确在党委领导下和教学相长的原则下建立新的师生关系。党是正确、伟大、光荣的,它最能洞察事物发展规律,指出方向,并及时正确地解决问题。事实证明,哪里没有党的领导,哪里的矛盾就不得解决,就干劲不足,工作落后。有了党的领导,情况就完全不同了。因此,只有在党的领导下,才能正确处理教与学的双方面的矛盾,才能建立新的师生关系,才能做到教学、生产劳动和科学研究三结合,充分发挥教师与学生的积极性,提高教学质量。

第三,我们应该懂得人类历史发展,总是愈来愈好的。人类的成就也是愈来愈大。我们这一辈比上一辈好,下一辈又比我们这一辈好,可以说是每况愈上。正如刘顺元同志在共青团江苏省委扩大会议上所指出的:"每一个新的社会形态,与过去相比,不论是在物质方面还是精神方面,都是越来越好。这些都说明:后来居上,这是主要的一面,谁不这样认识,就不符合社会发展规律,就会犯错误。"因此,我们应该认识到,学生应当比我们好。但是他们比我们好不是自发的,还需要我们这辈人很好的对他们进行教导,正如前辈教导我们一样。当然,我们的前辈是处在那样悲惨的剥削社会里,给我们这一辈教育是极不够的,而我们今天已经处在这样一个伟大的幸福的时代里,接受了党的教育和培养。就应该更加热情地把自己已经掌握的科学知识,毫无保留地教给学生,使他们把国家建设的更美满、更幸福。从这一点看来,做教师的人应该用最大的努力使青年一代"青出于蓝而胜于蓝"。应该看到学生超过先生是件好事,是符合发展规律的。应该感到莫大的光荣,把它作为鼓舞自己继续前进的力量。同时还应当懂得教学相长的道理,热爱学生,欢迎他们对教学上提出意见,积极支持和帮助学生各种学习活动,欢迎他们的成长和成就。从学生说,也应该明确自己的学习任务,分析自己学习上的困难和缺点,热忱地请求教师的指导和帮助。既要严格要求自己,刻苦钻研,又要虚心向教师学习,同时还要热情地帮助教师改进教学,改造思想,共同实现我们的教育目的。

第四,应该理解,教与学是对立的统一。在传授和接受知识的过程中,变化多,情况复杂,师生之间会发生一系列的矛盾。教与学的矛盾是经常存在的,要解决这个矛盾,对于教师来说,必须有极大的耐心和毅力,必须有冷静的头脑,从热爱学生出发,从自己的责任出发,仔细地分析原因,找出主要的问题,加强自己的理论和业务修养,发挥在党委领导下、教学相长原则下的主导作用,认真改进教学,提高教学质量。能够这样,矛盾就会逐步得到解决。

总之,新的师生关系是一种社会主义社会里的人与人的关系;是民主平等、相互促进的关系。教师应该在党的领导下,教学相长的原则下,发挥主导作用,担负起"传道、授业、解惑"的全部责任,教好学生,学生应该在教师的指导下,虚心踏实,努力学习,依靠教师充分掌握前人和外域的知识,完成学习任务。这样,教师就能教得更好,学生就能学得更好,在实现党的教育方针,提高教学质量的过程中,共同发挥作用。

(原载《中学教师》1959年第4期)

略论教师在教学中的主导作用

在党的领导下,在教学相长的原则下,发挥教师在教学过程中的主导作用是提高教学质量、完成教学任务的一条基本规律,这里想就教师在教学中为什么必须发挥主导作用,应该怎样发挥主导作用的问题,提出一些个人的看法,就正于同志们。

唐朝韩愈说过:"师者,所以传道受业解惑也。"(《师说》)《学记》里也有这样的话:"君子之教,喻也","善教者使人继其志"。虽然,韩愈所说的"道",所给学生的"业",所解的"惑",及《学记》上所说的"志",其要求与内容和我们今天所要求于教师的有本质的区别,但却说明了教师是干什么的和应该怎样教导学生的问题。

在教学过程中要达到传道受业解惑的目的,做到"君子之教喻也",善于使学生"继志",不是一件轻而易举的事。教学,它包含着教师教的活动和学生学的活动,这是同一过程中两个密切联系着的方面,没有教师的教的活动或者没有学生的学的活动,就无所谓教学过程。很明显,学生的学习活动在教学过程当中是占着主要地位的;但是,学生的学习积极性主要是在教师的热情教导和启发下唤起的,没有教师的指导,就只能称作"自学",无所谓"教学"了。所以教师的活动,也是教学过程的一个主要方面,并且在整个教学过程中应当起着主导作用。

教学过程中存在着一系列的矛盾。例如教师和教材、教法之间的矛盾;教师的讲解和学生接受能力之间的矛盾;教材的深浅、难易和学生智力水平之间的矛盾;教学进度的快慢和学生的理解、消化、巩固的矛盾,以及理论和实践、学与用之间的矛盾,等等。这些矛盾集中表现为教和学的矛盾。教师既处于教的一面,学生既处于学的一面,这就形成了矛盾对立统一的两个方面。毛主席教导我们说:"任何过程如果有多数矛盾存在的话,其中必定有一种是主要的,起着领导的、决定的作用,其他则处于次要和服从的地位。"(《矛盾论》)在教学过程中教师的教是矛盾的主要方面,也就是矛盾起主导作用的方面。学生学习质量的高低,主要的是决定于教师的质量。有人说,"良师必出高徒",这句话是有一定的道理的。教好、学好,首先要由教师负责,为了保证教学质量的提高,教师必须在教学过程中充分发挥主导作用。

再说,教学过程本身的性质和特点,也规定了教师必须在其中发挥主导作用。教学过程是教师和学生在一定的教育目的和要求下,教师积极引导学生掌握系统科学知识和技能技巧,形成学生一定的观点、信念与道德品质的过程。这是一个复杂、细致的过程,其基本特点是:第一,学生的学习不是自己去发现人们未知的新东西,而是在教师的引导下,认识科学上已经知道的东西,接受前人已经概括出来的各门科学知识和各种经验。经过前人高度概括出来的各门知识和总结出来的各种经验,其连贯性、系统性、逻辑性是很强的,这就要求教师缜密、审慎地对待教材,组织教学,在一定的教学要求下,于一定的时间内,把一定范围内的系统科学知识传授给学生,指导学生认真读书,使学生在较短的时间内,有系统地、合乎逻辑地掌握这些间接知识和经验,并能运用。

第二,人类认识世界的过程是实践、认识、再实践、再认识……这是一般的规律。教学过程中,教师指导学生认识客观事物是以这个规律为依据的,但是,决不能硬套这个公式,因为学生在学校里既然主要是学习和掌握人类以往积累起来的间接知识(或者说是书本知识),那就不需要课课或事事都从实践开始。有些课,有时是可以从理论讲起再去实践的,有些课(比如历史)甚至就无法去实践。在这里,就需要教师发挥主导作用,从学科的性质、教材的具体情况出发,有时必须通过实践(如实验、实习、参观或参加生产劳动和社会活动,这些都是经过教师事先设计的)来印证,把理论讲得更深更透,使学生得到完整的知识;有时,遇到不必通过实践的,就需要善于借助学生已有的知识和生活经验,帮助学生多快好省地掌握所要学习的新的知识。

第三,教学是负有特殊任务的。如前所述,在教学中,不只是要传授知识,还要培养学生革命的思想、观点和道德品质,养成学生的技能,发展学生的知识能力。教师要在教学过程中完成这些任务,就必须遵循教育方针、教学计划、教学大纲、教科书来规定整个的教学过程,确定每一学科和每一堂课的教学任务,教师对于自己所任学科的教学目的和任务越明确,越能顺利地安排教学过程中的每一环节和每一组织形式,及时地完成任务。显而易见,这又需要教师具有高度的责任感,充分发挥主导作用。

第四,教学是为了教人。普通教育的教学对象是儿童和青少年,他们正处在长身体、长知识的时期,各方面的知识和经验都很不足,但是他们对外界事物的感受很敏锐,真挚热情,生动活泼,可塑性很大。如何迅速有效地把他们培养成为社会主义革命和社会主义建设所需要的新人,却是一个比较复杂的问题。这就要求教师长期地付出很大的精力,发挥主导作用,细致地做好教学中各方面的工作。没有这些,要把儿童和青少年培养成为共产主义接班人是很难设想的。

在教学过程中,教师应该怎样充分发挥主导作用呢?

首先,教师在思想上要明确自己的主要任务是教好学生。教师的职业是一种光荣的、重要的职业。党和国家把教育儿童、青少年一代的重大责任托付给教师,要求教师根据党的教育方针、教育目的,培养出符合社会主义革命和社会主义建设要求的又红又专的新人,这是对教师的一种极大的信任。教师应该认识到自己责任的重大,从而积极学习政治,学习业务,学习党和国家的方针政策,不断提高自己的思想政治水平和教学工作能力,逐步精通本门业务,学而不厌,诲人不倦,教好学生。要注意帮助学生明确学习的目的,启发学生学习的自觉性和积极性;帮助学生端正学习态度、改进学习方法,同时,对学生要全面负责、热诚关怀,做到言行一致、表里如一,处处以身作则,作学生的表率,使学生受到熏陶感染,潜移默化。

第二,按照教学大纲的要求,结合学生的实际水平,深入细致地钻研教材、教法,认真教学自己所担任的课程,保证上好每一堂课。课前,要认真备课,根据教学目的和任务,把所要讲授的教材进行深入的分析,明确重点,找出关键问题,拟定讲授的顺序和教学方法,仔细研究学生的智力水平,对照所讲授的教材内容,权衡其深浅、难易及学生的负担,最后考虑语言表达的方式和教具的运用。讲授时,教师要重点突出,用清晰生动的语言和亲切的态度,把一些基本道理深入浅出地讲透,把知识之间的前后关系和联系交代清楚,使学生不仅知其然,而且知其所以然。同时启发学生开动脑筋,积极思维,领会教材,考虑问题,提出疑问,使教学有观点有资料,有分析有综合,有生动的叙述,有简明的概括,做到既有教师的活动,又有学生的活动。讲授后,教师应考虑到学生接受、消化和巩固的情况,有意识地安排复习、作业和实验等,作为教学的延续。

第三,要经常地、深入地掌握学生智力活动的规律,相应地、有意识地进行一系列的工作,使学生的智力活动获得好的效果。教师应当认识到学生掌握系统科学知识是一种智力活动的过程。这种活动,主要是在课堂教学中进行,但也体现在学生的课外活动、社会活动,等等之中。这种活动发展的愈正确、愈完全,学生就愈能比较顺利地获得知识,对问题的认识也就愈深刻,并且对于革命思想、观点和道德品质的培养也就愈加有利。为了使学生的智力活动进行和发展得更正确、更完全,教师就有责任给学生以有计划的指导和加工。如何做好指导和加工的工作呢?最要紧的,是教师需要掌握学生智力活动的规律。从教学过程来看,学生的智力活动各个环节的发展规律,一般说,是在教师的指导下,领悟教材,形成正确的概念,并用适当的词句表达出来,经过反复练习得到消化和巩固,再通过教师所给的作业和实验等,将知识运用于实际,形成技能和技巧。在课外活动、社会活动等等场合,学生智力活动的具体情况与教学过程中的虽不尽相同,但其发展规律则基本上是一致的。教师掌握了这个规律,指导和加工就有了科学的依据。至于指导和加工的本身则不外乎是教师在学生智力活动的过程中,及时给学生提供必要的知识和资料,多方面给予关怀和爱护,多方面活泼学生的思想,给予启发和诱导。当然,这种指导和加工,教师要防止包办代替,要防止主观主义,更不能以惩罚来强迫学生接受。道理很清楚,如果不是这样,那对学生的智力发展只能有害,这其实是算不了教师的主导作用的。

第四,要了解学生,严格要求学生。教学中教师对学生的学习逐步提高要求是推动学生不断上进的一种动力。教师无微不至的关怀学生的成长和严格要求学生及时完成学习任务并不矛盾。教师要求学生认真读书,刻苦钻研,及时完成所应完成的学习任务,是完全必要的。因为学生的学习是在一定的条件下进行的,学习的内容、范围和时间等都有一定的限制,必须作有组织、有秩序、有纪律的学习。教师对学生严格要求,不仅使学生学得好,能完成学习任务,而且能养成他们良好的学习习惯和风格。当然,教师的严格要求,也不是单凭自己的主观愿望,而是以学生的知识水平和认识能力为制约的,如果教师的要求能符合学生的实际水平,那就会获得好的教学效果,过低和过高的要求,都不能达到这个目的。因此,教师要严格要求学生完成某项学习任务,就必须深入地了解学生的思想、学习、生活及性格特点,等等情况。《学记》提出教师的教,必须了解学生的学,了解"学者有四失":"或失则多,或失则少,或失则易,或失则止。"这就说明了学生的学习情况,往往是因人而异的,教师必须了解学生中存在的这种差异,然后对症下药,"长善而救其失",因材施教,只有这样,才能获得好的教学效果。

　　总之,不管是从教师的工作实质出发,还是从教学过程的特点出发,教师在教学过程中必须发挥主导作用是责无旁贷的,不容忽视的,我们必须明确这一点,有意识地在自己的日常工作中正确、积极而且艺术地发挥主导作用,把我们的学生教得更好些。

(原载《江苏教育》1961 年第 22 期)

谈谈教育孩子的方法

儿童是革命的后代,是社会主义和共产主义事业的接班人。因此,教育孩子要从社会主义的需要着想,要从无产阶级革命事业着想,按照党和国家的教育方针和要求来进行,用正确的态度和方法引导孩子从小就树立革命的理想,不怕任何艰难困苦,全心全意为人民服务,为人类的解放事业服务。

怎样才是教育孩子的正确态度和方法呢?我想主要的有以下几点:

(一)明确培养目标

这就是说要明确把孩子培养成什么样的人。我们的教育方针是使受教育者在德育、智育、体育几方面都得到发展,成为有社会主义觉悟的有文化的劳动者。其中培养劳动者是教育方针的核心。培养劳动者与培养剥削者,是无产阶级教育与一切剥削阶级教育的根本区别。我们进行社会主义革命和社会主义建设,就是要消灭一切剥削阶级和剥削制度及其残余,把我国建成一个具有现代工业、现代农业、现代科学文化和现代国防的社会主义强国。儿童是革命的后代,他们将来要担负起建设社会主义和共产主义的历史任务,所以必须培养他们成为劳动者。那种认为到了社会主义社会,就可以不费力气享受现成的幸福生活的想法,是不实际的,也是资产阶级轻视劳动的思想反映。

简单的说,我们对孩子的培养目标,就是要使他们成为既懂政治又懂文化,既能从事脑力劳动又能从事体力劳动的全面发展的人。

（二）了解和关心儿童

要教育孩子必先了解孩子的生活、学习和个性特点，有的放矢。孩子的任何活动和行为，都有他产生的根源和形成的过程。我们必须从关心和爱护孩子出发，深入细致观察和了解孩子的心理活动和行为表现。找出最适宜的教育方式和方法来培养和教育他们。例如孩子不守纪律，原因往往是多种多样的。有的孩子是由于他们不理解纪律的要求，或者理解得不正确，或者虽然正确理解了纪律要求，但尚未转化为指导自己行为的信念；有的孩子是由于没有养成守纪律的习惯；有的孩子由于意志性格上的缺点，未能履行纪律要求；有的孩子是由于某种特殊爱好没有得到满足，或者旺盛的精力没处发挥而造成违犯纪律。我们要清除孩子已产生的违犯纪律的行为，就必须寻求孩子违犯纪律的那些主要原因和环节，采取亲切的、耐心的、生动的教育。例如有一个学生犯了严重的错误，教师把学生带到自己的办公室，训斥了一阵，但是学生却一言不发，教师没可奈何。第二天，教师又把学生叫来，并给学生倒了一杯水，心平气和地讲道理，可是学生仍然一言未发。学生走后，教师苦苦思索着用什么钥匙把学生的心门打开。过了两天，教师了解到，这个学生的一些亲人都为革命牺牲了，教师想，如果以这个学生亲人的一些事迹，来引导教育他，也许有一些效果，况且学生本人也渴望自己进步。于是教师又把学生找来，慢慢的谈起了他的家庭情况和如何进步的问题。学生这才开了腔，说出了内心的话。后来，学生对那位教师说，你第一次找我谈话，我看你气汹汹的，我就不说话，看你怎么办；第二次，你态度和缓下来，我想你在骗我说出真话来，我仍然不说话；第三次谈话，我觉得你了解我，真心希望我改好，希望我进步，所以我才说出我犯错误的原因。这个事例就说明了教师了解、关心和爱护学生,是对学生进行教育的良好起点。父母对孩子教育也是如此。再举个例子,有个孩子在学校里,写字课上,他画脸谱,体育课上,他翻跟斗,语文课朗读时他唱二簧。看起来他严重地违犯了课堂纪律。经过了解,原来他有个哥哥是京剧演员,他想当一个京剧演员。针对这个思想,通过教育,很快的改正过来了。教师和父母愈了解孩子、关心和爱护孩子,就愈能和孩子建立亲密的关系,从而也就能够更有效地教育孩子。

(三)反复进行教育

孩子的任何行为或习惯的形成,都有一个发展过程,不是一下子形成的。所以,要建立一种良好的习惯,培养一种合乎要求的行为,也必须有一个过程。在这个过程中,教师与父母必须具体分析情况,抓住新的苗头,创造一定的环境和条件,循序渐进的来培养。例如要培养孩子的劳动习惯,首先要对他们说明劳动的重要性,使他们明了进行劳动的意义,引起孩子劳动的动机。孩子认识了劳动的意义,还不等于有了劳动习惯,还需要在多次实际劳动和反复教育中来培养,逐步巩固他们对劳动的认识,克服好逸恶劳的思想,养成劳动的习惯。所以教师和父母应当坚持孩子参加力所能及的劳动,使孩子得到实际锻炼。溺爱、不让孩子参加劳动是违背我们的教育原则的。我们还常看到这样的情况,孩子在学校里劳动得很起劲,很自觉,但回到家里就不自觉了。为什么有这种情况?这是由于父母与教师的要求不一致的结果。我们要注意这种情况,在家庭里,也应当使孩子有一定的劳动机会,如打扫、洗衣服等。只有家庭教育和学校教育密切配合,才能慢慢地使孩子体验到劳动的好处,自觉地养成劳动习惯。

在反复进行教育中,可以由教师或父母形象的讲述一些故事、范例,加强孩子对某些问题的认识,也可以通过集体活动来进行。例如学校的"常规"就是一种反复教育,家庭里也可以建立一种适当"常规"。如孩子在家里,什么时候做作业,什么时候游戏、休息、进行清洁卫生活动等等都可作适当规定,这对养成勤奋学习的习惯,良好的生活习惯,都是有帮助的。

(四)严格要求,以身作则

严格要求不是对孩子凶,凶不能解决孩子内心的问题。如果教师或父母对孩子太凶,就会使孩子产生畏惧心理,挫伤孩子的积极性和主动性。甚至会使孩子产生说谎话的毛病。我们所说的严格要求,是当孩子对某些问题或某些行为已经有一定的认识,而且也明白了为什么应该这样做而不应该那样做的道理时,要求孩子言行一致,说到做到。例如,让孩子学习一种技能或操作,当孩子完全理解后,就要求切实、正确的做法,毫不马虎迁就。孩子的作业,如果符合孩子的负担的,就应要求及时完成任务,并认真进行检查。这样,就能逐步培养孩子认真负责迅速敏捷等良好习惯和作风。

以身作则,就是给孩子示范,也就是做出榜样来教育孩子。榜样对儿童之所以有重大的教育作用,是和孩子年龄特征分不开的:第一,儿童道德信念的确立,是从直接领会周围人们的行为开始的,儿童从具体形象中,深信某些道德标准和规则的必要性;第二,示范的作用是建立在儿童的模仿的基础上,儿童从他所敬爱和信任的人们的榜样中学习到优良的道德品质。例如学习雷锋以后,孩子们就出现了新的精神面貌,做了许许多多的好事。第三,儿童从优秀人物的形象中,了解到应该如何对待集体、国家、长辈、同志以及工作和生活。所以,教师和父母的以身作则,对孩子的影响是很大的。

（五）循循善诱，正面教育

教师和父母要善于发现孩子们的积极方面的因素，及时进行培养，发扬孩子的优点，克服他们的缺点。下面有两个例子很能说明正面教育的重要性。有一个孩子早上经常不洗脸，到校后，又常在班上吵闹，抄别人的作业，班上许多同学都不喜欢他。可是老师却把他的座位排到好学生的中间，让好学生和他接近，帮助他改正缺点；并且每发现他有一点改进，就及时鼓励他，改进大一点，就予以当众表扬。这样不久，这个孩子，每天早上就能把脸洗干净，到班上也不吵闹了。还有一个孩子，由于成绩差又不能遵守纪律，很久不能入队，他的弟弟却早已入队了，每天早上进学校时，他总是走在他弟弟后面，不肯一齐走，放学也是如此。有一天他把弟弟的红领巾，偷偷地带在自己的颈子上在街上走了一趟，恰好被老师看到了。老师认为这是孩子内心想进步的表现，于是就慢慢的帮助和教育他，他很快地进步起来，后来参加了队，功课也跟上去了。所以，教师和父母要善于发现孩子个性的积极方面，发扬他的优点，克服他的缺点。当然，孩子有严重的不良行为，也应当予以批评教育，但这种批评教育是从正面教育入手，在说清道理之后，指出他的危害性及改正的方法。

正面教育是摆实事，讲道理，使孩子明辨是非，引导他走向正确的道路的一种方法。对任何一个问题，只要给孩子讲清道理，说明意义，分析原因，指出办法，让孩子知道做什么，不做什么，应怎样做，不怎样做，孩子就能够正确地接受教育，解决问题。

（原载《江苏教育》1963年第7期）

坚持把教育与生产劳动结合起来

一

教育与生产劳动相结合同教育与生产劳动分离是无产阶级的教育同资阶级及过去一切剥削阶级的教育的根本区别。我们坚持教育与生产劳动相结合,反对劳心劳力分离的一切剥削阶级教育思想是我们教育工作中一项长期的严重的革命任务。认真坚持做好这一方面的工作,对于贯彻执行教育为无产阶级的政治服务、教育与生产劳动相结合的教育方针,培养坚强的革命后代,使他们成为有社会主义觉悟的有文化的劳动者,具有重大的意义。

一九五八年以来,各级学校遵照党中央和国务院的指示,把生产劳动列为正式课程,每个学生依照规定,参加一定时间的劳动,这不但革新了学校教育整个工作,改变了过去那种脱离实际只读书不劳动的旧的传统,更加紧密地适应社会主义革命和社会主义建设的需要和要求,而且通过生产劳动,加强了学生的劳动观点,提高了阶级觉悟,扩大了眼界,增进了科学知识,思想感情受到了锻炼,道德面貌有了很大的变化,这是我们应当肯定的。但是,我们也不能不看到,近两年来,有些学校由于对教育与生产劳动相结合的精神实质认识不足,理解得不够完整,正如《人民日报》社论所指出的,把以教学为主的原则同参加生产劳动对立起来,认为生产劳动占用了一些学习时间,就会影响教学质量,因而放松了生产劳动的工作。也有些学校在安排学生的生产劳动时,往往单从劳动着眼,忽视思想政治教育,不注意提倡与工农打成一片,向工农群众学习,更不注意运用阶级斗争的事实和经验,对学生进行活的阶级教育,因而在一定程度上降低了参加生产劳动的作用和意义。这种情况,应当迅速改正。特别是在我们现实社会中,这个问题,更显得非常重要。因为阶级和阶级斗争还存在着,资产阶级思想和旧社会的习惯势力的影响还很深,我们的国内外的阶级敌人,正千方百计地利用他们的思想、情感和生活方式有意识地侵蚀我们的青少年一代,和我们争夺后一代。因此,我们必须坚持把教育与生产劳动结合起来,重现生产劳动中的阶级教育。应该明确,我们的教育目的是培养"有社会主义觉悟的有文化的劳动者",这个目的,是一个完整的统一体,从这里可以看出社会主义新人的完整面貌。忽视组织学生参加生产劳动,或削弱对学生文化科学知识的传授,实现这个教育目的是不可能的。

二

有人说,教育与生产劳动相结合的思想,不是无产阶级所独有的,在马克思主义创始人之前就有了。事实并非如此。无产阶级所主张的教育与生产劳动相结合同历史上资产阶级所提倡的任何劳动教育具有本质的区别。我们必须分清这个界线,不能混淆。从教育史上看,在原始社会中,人们是在劳动过程中受到教育的,教育与生产劳动是在生产水平极低的原始形式上结合在一起的。自从人类社会上出现了阶级,出现了剥削制度,教育便与生产劳动分离,脑力劳动与体力劳动之间便存在着不可逾越的鸿沟。"劳心者治人,劳力者治于人;治于人者食人,治人者食于人,天下之通义也"这些思想是符合剥削阶级的利益的,也是剥削阶级所要求的。因而也就成为几千年来剥削阶级教育中的指导思想。"万般皆下品,唯有读书高"也正是这种思想的反映。所以,在剥削社会的教育中,根本谈不到教育与生产劳动相结合的问题。固然在封建社会的教育中,也曾有人提倡过劳动,谈论过劳动教育问题,如我国十七世纪的大思想家颜习斋和他的弟子李恕谷等,在他们的言论中,常常涉及到劳动教育问题,并且自己也参加种植、耕作、收获等劳动。但是,他们只是为了反对宋明理学的空疏不切实际,而提倡"实用、实习",才重视劳动的。根本不能因此而得出结论,说他们是主张教育与生产劳动相结合的,也不能把他们的教育思想代替当时占统治地位的封建地主阶级的教育思想。

在资本主义社会里,资产阶级思想家和教育家们,也曾有人提倡过劳动教育,主张对孩子们进行劳动锻炼。如英国的洛克,他认为对青年绅士进行劳动教育是有好处的,对劳动人民的子女应当让他们一面学习,一面从事纺织或毛织品的制作工作。法国资产阶级启蒙思想家卢梭,认为儿童时期正是从事劳动、教导、勤学的时期,应当让他们去劳动,养成劳动习惯,"只有靠自己劳动生活的人,才是真正自由的人"。瑞士的资产阶级民主主义教育家裴斯泰洛齐,一生从事贫儿教育工作,更是不遗余力地提倡劳动教育,他不仅详细地论述了劳动教育的意义,提出了具体措施,而且亲自带领学生种田、纺纱、织布、洒扫等。上述资产阶级思想家和教育家们对劳动教育的这些言论和主张,在当时的历史条件下,在一定程度上对教育的发展是有益的。但是,他们所主张的劳动教育同无产阶级所说的教育与生产劳动相结合也是不同的。他们所以提倡劳动教育是有其各种不同的想法和要求的。有的是为了反对封建教育,主张儿童自由发展;有的是出于对劳动人民的某些同情;也有的是基于资产阶级发展生产和个人发展的要求。他们的出发点,尽管有所不同,但总不是真正从劳动人民的利益出发的。至于现代资产阶级的反动教育家们所主张的劳动教育,如德国凯兴什泰奈所主张的"劳作学校"、美国杜威所提倡的"劳作教育"等,其目的在于训练资产阶级适用的工人,麻痹和欺骗劳动人民。这些反动的东西同我们的教育与生产劳动相结合毫无相同之处。

历史上最早明确提出教育与生产劳动相结合的是欧洲的空想社会主义者。如莫尔、康帕内拉、圣西门、傅立叶、欧文等人,都曾积极倡导过教育与生产劳动相结合。莫尔在《乌托邦》一书中,陈述了在他所理想的社会中,不论儿童和成人,都要参加生产劳动,同时受到科学教育。莫尔这种试图人人都同时受到科学教育和生产劳动教育的思想,是值得珍视的。但是,他把实现这种理想的希望寄托在资产阶级身上,这就必然使他的理想变为空想。到了圣西门、傅立叶和欧文等人,在教育与生产劳动相结合的主张上,比莫尔等人的主张又前进了一大步。如欧文认为在理想的社会制度下,应当是人人从事生产劳动,不但从事体力劳动,而且要从事脑力劳动,这样就有可能消灭体力劳动与脑力劳动之间的对立。欧文所主张的生产劳动,已经不是手工业劳动,而是大工业的生产劳动。欧文为了实现他的主张,还在苏格兰纽兰纳克一所纺织工厂里进行了实验。马克思、恩格斯对欧文的这一思想和活动,给予很高的历史评价。但是,马克思和恩格斯也同时指出,当欧文进行这一活动时,正是无产阶级还处在很不发达的状态,他们还没有成为自觉的阶级,还不知道自己的历史使命和任务;这就是说,当时无产阶级革命还未成熟,欧文看不到只有通过无产阶级革命胜利,才能实现教育与生产劳动相结合。因而,他的主张不能不遭到资产阶级的反对而失败了。同时,欧文也和其他空想主义者一样,企图通过教育的手段消除脑力劳动与体力劳动的对立,甚至企图用教育来改造社会的思想,这仍然是一种唯心主义的空想,不可能实现的东西。

三

马克思和恩格斯在创立无产阶级革命和无产阶级专政的学说的同时,也深刻地论述了无产阶级的教育问题。他们从历史唯物主义的观点出发,阐明了教育与生产劳动相结合的问题。他们认为生产劳动不但是人类社会赖以生存和发展的基础,而且是人类发展的必要条件。在生产劳动的过程中,人们在改变自然的同时,自身也得到改变和发展。马克思和恩格斯在《资本论》和《反杜林论》等著作中,又详细地分析社会劳动分工同人的发展的关系。在剥削制度下,由于脑力劳动和体力劳动的对立,形成了片面发展的社会基础,人的片面发展是同社会分工的发展同时并进的。在资本主义制度大工业生产的情况下,这种片面发展是有增无减的。但是由于大工业生产发展的需要,不仅劳动者全面发展的问题被提出来了,而且也为教育与生产劳动相结合,准备了物质的和技术的条件。马克思说:"象欧文详细说明过的那样,未来教育的胚芽是从工厂制度发生的;这种教育使每一个已达一定年龄的儿童,都把生产劳动和智育、体育结合起来,这不仅是增加社会生产的一种方法,而且是培养全面发展的人的唯一方法。"又说,"……现代工业吸引男女儿童和少年参加社会生产的趋势是进步的,有益的,合理的趋势,虽然在资本主义制度下,这种趋势是极端恶劣的。"马克思和恩格斯认为:在合理的制度下,一切儿童从九岁起都应当毫无例外地参加生产劳动。完全禁止童工是同大工业的存在不相容的,是一种"空洞的虔诚愿望"。因为问题不在于禁止儿童参加生产劳动,如果"按照各种年龄严格调节工作时间的条件下,在其他保护儿童的预防措施之下,生产劳动和教育的早期结合是改造现代社会的最强有力的手段之一"。因此马克思和恩格斯明确指出:无产阶级取得政权之后,所实施的教育必然是教育与生产劳动相结合的教育。通过这种教育,使无产阶级革命的后代彻底摆脱几千年来的脱离实际,脱离劳动的旧传统,消除一切剥削阶级的思想意识,培养他们成为既能从事脑力劳动又能从事体力劳动的全面发展的新人。

十月革命胜利后,列宁在领导苏联人民从事于社会主义革命和社会主义建设中,便具体运用和发展了马克思和恩格斯关于教育与生产劳动相结合的思想。列宁说:"如果不把青年一代的教学和生产劳动结合起来,未来社会的理想是不能想象的,我们不可能把脱离生产劳动的教学和教育或把脱离相应的教学和教育的生产劳动,提到现代技术水平和科学知识现状所要求的那种高度。"因此,列宁主张:"把教学工作同儿童的社会生产劳动紧密结合起来",特别是中小学的劳动教育,更应当使青少年"从小就受到自觉的有纪律的劳动教育",养成参加集体生产劳动的习惯。

中国共产党和毛泽东同志又把马克思列宁主义创始人所提出的这些基本原理同中国革命具体实践结合起来,进一步创造性地发展了马克思列宁主义关于教育与生产劳动相结合的思想。一九三四年毛泽东同志在阐述苏维埃文化教育总方针时,便把"教育与劳动联系起来",列为总方针的主要内容之一。在这个方针指导下,苏维埃区的文化和教育得到了迅速而广泛的发展,对于革命干部的培养和提高也起了很大的作用,有力地推动了革命事业的发展。抗日战争时期,毛泽东同志在《青年运动的方向》一文中指出,延安青年所以为全国的模范,不仅是本身团结,认真学习革命理论,和工农群众相结合,而且还积极从事生产劳动。一九四三年,毛泽东同志号召干部大力开展生产运动,一切机关、学校、部队,必须利用战争、工作的间隙厉行种菜、养猪,打柴、烧炭以及从事农业和手工业等生产劳动。这一运动,收获是很大的,不但解决了当时的财经困难,而且密切了群众关系,改进了工作作风,培养和锻炼了干部。一九五七年毛泽东同志在《关于正确处理人民内部矛盾的问题》一文中又明确指出:"我们的教育方针,应该使受教育者在德育、智育、体育几方面都得到发展,成为有社会主义觉悟的有文化的劳动者。"并教导我们要用自己的双手创造出一个富强的国家。社会主义制度的建立给我们开辟了一条到达理想境界的道路,而理想境界的实现还要靠我们辛勤的劳动。事实证明,只要领导的好,学生参加生产劳动,不但不会影响教学秩序,而且对学生的知识、技能及道德品质的发展和提高,都有很大的作用。从全面提高教育质量来看,这是培养全面发展的新人的一条正确的道路。具体的说,教育与生产劳动正确地结合,能够有助于加强学校与社会的联系,加强学生的阶级教育,有助于理论与实际相结合,有助于脑力劳动与体力劳动的逐步结合,能够提高教学和教育的质量。

  总之,教育与生产劳动相结合只有在无产阶级的先锋队——共产党的领导下才能实现,没有无产阶级专政和无产阶级的社会主义革命,不消灭产生脑力劳动与体力劳动对立的社会基础,就根本不可能实现教育与生产劳动相结合。

四

教育与生产劳动相结合既是我们党的一贯的主张,那末,我们怎样坚持把教育与生产劳动结合起来呢?我们认为:第一,要明确教育与生产劳动相结合是教育工作上的革命。它的深远意义,在于消灭剥削阶级和剥削制度;在于消灭脑力劳动与体力劳动的差别和城市与乡村的差别;在于发展社会生产和培养全面发展人材;在于知识分子劳动化,劳动群众知识化;在于培养坚强的革命后代。因此,坚持把教育与生产劳动结合起来是一场社会主义与资本主义两条道路、先进与落后两种思想的尖锐斗争。在这个问题上,要最终地战胜资产阶级教育思想,消灭劳心劳力分离的旧的习惯势力,完成我们的历史任务,就必须高举毛泽东思想红旗,遵照党和毛泽东同志的指示,贯彻执行党的教育方针,对学生深入地正确地进行劳动教育和阶级教育。

第二,任何一种观点和习惯的培养,总要经过反复实践,不是一次就能形成起来的。这就是说,由认识到实践,由实践到认识,有个不断地反复和提高的过程。学生的劳动观点和习惯的养成,从认识劳动的重要意义到参加具体的劳动实践活动,从不自觉的劳动到自觉的劳动,需要经过一个反复实践的过程。学生劳动习惯养成的重要标志,就是看他是不是自觉的参加劳动,是不是不管劳动所采用是哪种形态,他都感到有劳动的需要,都感到快乐,对待劳动人民是不是热爱,是不是愿意与劳动人民打成一片。我们认为全日制中、小学在组织学生参加生产劳动时,应当根据学生的年龄特点、身体条件,分别予以力所能及的各种形态的生产劳动,有计划地教育他们自觉地认真地从事社会主义劳动,为社会主义集体的劳动。同时也应当有个比较系统的完整的生产劳动大纲,具体规定各个年级学生的生产劳动的形态、形式、组织和要求,以及思想政治教育内容和方法,使学生从小就受到多种形态的劳动锻炼,养成学生热爱劳动、与工农打成一片、向群众学习的风气。

第三,在生产劳动的任务上,既要重视生产劳动中的阶级教育和思想教育,即通过生产劳动培养学生的阶级观点、劳动观点和群众观点,逐步养成革命的世界观和无产阶级的劳动习惯;又要重视生产劳动对理论结合实际、扩大知识领域的作用,使学生获得一定的必要的阶级斗争、生产斗争的知识和技能,用以提高教学质量。

第四,贯彻执行党的教育方针,提高教学质量是一个艰巨、复杂而又细致的工作。我们应当既重视生产劳动,又重视课堂教学,既要实践,又要读书。以教学为主,合理安排生产劳动和其他方面的工作,一面实践,一面读书,才能逐步培养学生成为有社会主义觉悟的有文化的劳动者。

(原载《江苏教育》1963 年第 18 期)

谈谈教育与生产力的关系

教育与生产力的关系,是教育理论上一个亟待探讨的问题。弄清这个问题,对于贯彻教育为无产阶级政治服务、教育与生产劳动相结合的方针,实现教育内容和教学手段的现代化,造就一大批又红又专的建设人才,实现新时期的总任务,具有重大的意义。

马克思主义告诉我们,生产力决定生产关系,经济基础决定上层建筑,生产力不能直接决定上层建筑。教育属于上层建筑,它的性质是由经济基础决定的,所以在阶级社会里教育有阶级性。向年青一代灌输的政治思想、道德原则,都是统治阶级意志的表现。具体说来,奴隶社会的教育,讲礼、乐、射、御、书、数,即"六艺",把奴隶主贵族子弟培养成为新的统治者。封建社会的教育,讲"修身"、"齐家"、"治国"、"平天下"的一套,为封建统治者培养接班人。资产阶级的教育,一方面,培养整个资产阶级所需的大小帮办;另一方面,又用资产阶级思想毒害劳动人民。这些,都说明教育的本质是由经济基础决定的,有什么性质的经济基础,就有什么性质的教育。

但是,教育同其它上层建筑比较起来,有自己的特点,它是通过教育下一代、培养人才为经济基础服务的。对年青一代传授的知识,不仅有阶级斗争的知识,而且有生产斗争的知识。这种情况,又决定了教育工作的一部分即传授生产斗争知识,是和生产力直接发生联系的。在阶级社会里,尽管剥削阶级轻视劳动,轻视劳动人民,奉行教育与生产劳动相脱离,用唯心主义、形而上学世界观歪曲甚至仇视科学,但是科学技术的成就,生产力的发展,都会直接反映到教育活动中去,推动教学内容的革新,这种情况,在教育发展史上,同样是带有普遍性的现象。教育的一部分与生产力直接联系,是客观存在的,这种联系不能决定教育的性质,但它是影响教育发展的一个重要因素。

教育同生产力的直接联系,不只是影响教学内容的更新,而且也影响教育事业的规模和教学工作的变化。拿教育的规模来说,就是由生产力的发展水平决定的。生产斗争是人类社会最基本的实践活动,人们从事教育活动,不论是教育者和受教育者,都得先有吃有穿,奴隶社会、封建社会的教育事业发展缓慢,规模很小,劳动人民完全被剥夺了受教育的权利,归根到底,还是当时生产力的水平低下,社会给教育活动提供的物质条件有限。因此,只能是"学在官府",就是逐步下到民间,出现私人办学讲学,也不过是让中、小地主子弟有点入学读书的机会。资本主义社会,商品生产发展了,资产阶级在不到一百年的统治中所创造的生产力,比过去一切世代创造的全部生产力还要多,这一方面为教育的发展提供了物质条件,另一方面,迫切要求有一支具备一定文化和技术的劳动大军。因而资产阶级在大力举办培养本阶级子弟的学校的同时,又鼓吹"义务教育",于是有各种技工学校、专科学校,适应生产力发展的需要。随着通讯手段的发展,又出现了广播学校、电视学校,不仅扩大了教育的规模,而且推进了教育的普及。

生产力发展对教学内容的变化,更是显而易见的。在漫长的封建社会里,在中国主要是进行封建伦理教育,不少地主阶级的教育家,把生产知识排斥在教育内容之外;在欧洲,更有宗教教育,反对传授科学知识。资本主义的教育同封建社会的教育则有所不同,它除了传播资产阶级的意识形态以外,实证的自然科学成为教学的一个重要内容,把数学、物理、化学、生物、地质、航海等自然科学列为课程,并且随着科学和生产的发展,内容不断深化,专业愈分愈细。与此同时,教学手段也发生了变化,建立起实验室、研究室,普遍使用各种仪器、试剂。通过实验方法进行教学。资本主义教育的发展,使教育与生产力直接联系这个特征,更加突出地显示出来。

工人阶级夺取政权以后,学校由资产阶级的统治工具变成无产阶级专政的工具,教育成为人民的事业。教育性质的根本变化,为教育促进生产力的发展创造更加有利的条件,使加强教育与生产力的直接联系能够更加自觉地进行。

在我们社会主义国家里,工人阶级通过教育给受教育者以德育、智育、体育,使其全面发展,成为有社会主义觉悟有文化的劳动者。教育的观点、理论、方针、政策属于上层建筑,它指引着前进的方向,而科学文化知识的应用是与提高生产力直接联系的。迅速发展生产力,是加强无产阶级专政、战胜资产阶级和资本主义势力的物质基础。因此,为发展社会主义经济服务,就成为无产阶级教育的一项重要任务。

我们都知道,生产力的诸因素中,人——劳动者是最活跃的因素。在当代,科学技术对工农业生产的发展,对劳动生产率的提高,显示出越来越大的作用。提高劳动者的科学文化水平,是他们能够较快较好掌握现代化工农业生产技能的必要条件。因此,提高年青一代的科学文化水平,使青少年从小就养成爱科学、学科学、用科学的优良风尚,应该成为学校教育的重要任务。

现代科学技术的发展,使科学与生产的关系越来越密切。现代生产力的发展,主要靠科学技术。因此,教育为发展生产力服务,一个十分重要的方面是为社会主义祖国造就一大批又红又专的科学技术大军,造成世界上第一流的科学家、工程技术专家,在这方面,办好高等教育的专业教育具有特别重要的作用。

生产力的发展向教育提出了新的要求,也为教育发展提供了新的条件,使我们能够利用各种现代化手段学文化、学科学。实现四个现代化,光靠现有的全日制大学是不能满足需要的,必须办好各种形式的七·二一大学,举办广播大学、电视大学、函授大学,在图书馆设立科学技术学习室,创办供不能进全日制大学学习的学生使用的实验室,等等,这些不仅可以办到,而且可以办好。随着生产建设的发展,各种现代化教学手段日趋完备,教育事业必将有一个新的发展,教育为发展生产力服务也必将显示其巨大的作用。

教育怎样更好地为发展生产力服务,这不仅是教育理论上的新课题,也是教育实践中需要解决的问题。我们一定要坚持教育为无产阶级政治服务,教育与生产劳动相结合的方针,以马列主义、毛泽东思想为指导,不断总结教育工作的新经验,使教育更好地为发展社会生产力服务。

(本文作者还有居思伟,原载《人民教育》1979年第1期)

论"结构主义教育"

"结构主义教育"是当前西方资产阶级国家中比较流行的一种教育思想流派。这个流派的主要代表人物是瑞士的皮亚杰、美国的布鲁纳。早在本世纪五十年代,皮亚杰在研究儿童心理发展过程中,提出了一个"结构"的概念。他认为人认识客观事物的过程,不是什么"尝试错误"的过程,而是在主观上有一定的"认识结构"。这个"认识结构"的内容是以图式、同化、调节和平衡的形式表现出来的。儿童最初的认识活动是以"图式"进行的。"图式"是先天的,或者说是遗传的。皮亚杰称为"遗传性的图式"。以后图式在适应环境的过程中不断变化和丰富起来。在认识过程中,同化是个体把客观事物纳入主体的图式内,引起了图式的量的变化。当主体的图式不能同化客体时,就调节原有的图式创立新的图式,使同化和调节两方面的作用平衡起来。据皮亚杰的观察,儿童每遇新事物,总是试用原有的图式同化它,如获成功,便得到暂时的认识上的平衡。反之,儿童便进行调节,调整原有图式或创立新图式去同化新事物,直到达到认识上的新平衡。这就是"结构"学派的基本理论。皮亚杰认为"结构"的这些基本理论是教育原则的心理论证。教育儿童应按照儿童认识活动的结构的特点去进行,忽视了它,或超越了它,都不会有好的教学效果。因此,称它为"结构主义教育"学派。

到了本世纪六十年代,美国的布鲁纳在皮亚杰的"结构"论的影响下,大力发展了"结构主义教育"的学说,同时,又提出了

"知识的结构论"、"学科的结构论"等观点,并把它推广到全美中小学教育中去。布鲁纳竭力号召中小学教师,不仅要善于发现学生认识事物的结构,而且要善于发现知识和学科本身的结构。只有学生掌握了知识和学科的结构才能在此基础上扩大和加深知识,才能形成学习上的大量普遍的"迁移"。传统教育却做不到这一点,因为它在教学中把儿童和成人一样看待,忽视儿童的年龄特征,不了解儿童认识活动的结构的特点。近来,有人片面强调"操作性条件作用"和"积极强化"在教育上的意义。他们认为人性是完全可以随意设计和塑造的,只要具备操作条件,积极强化,什么样的人都可以培养出来,正如雕刻家塑造一块泥巴一样。因而非常强调"教学机器"、"程序教学",完全抹杀儿童的主动性和他们的认知特点,这是教育上的一种危机。

布鲁纳积极倡导用"结构主义教育"的基本理论改造现行的教学过程,改造现行的课程和教学方法,以期发现人才,培养人才。目前美国一些新兴的所谓"活动学校"、"活动课程"和"开放教育"等,都是以这个学派的"结构"理论为依据的。

这个学派对我国教育界也是很有影响的。近来有许多教育家、心理学家和一些特级教师,为了积极做好基础教育工作,广开才路,也在注视这个学派的积极意义,努力开展儿童和青少年的认识过程的特点及其规律的研究活动。"古为今用、洋为中用"这个原则在我们的教育科学研究工作上,也是很重要的。因此,我们应当实事求是地给这个学派以恰当的评价,取其有益的东西作为借鉴。我们认为"结构主义教育"学派的积极意义表现在以下几个方面:

儿童期的特征在教育上的意义。任何人都知道,在一个人的一生中,儿童时期是充满乐趣和希望的时期,也是最富有可塑性的时期。这就是说儿童时期的意义,就是在逐步适应自然和社会环境过程中,把外部的东西转化为内部的东西。教育工作者应深入了解儿童的认识活动的特点和规律。据此,编选教材,选用教法,组织教学,把一定教育和教学要求,循序渐进地传授给他们,使他们尽快地转化为合乎要求的自己的思想行为。儿童的智力发展是由简单到复杂、由低级到高级的发展过程,具体表现在感知、记忆、思维的活动上。它的发展既有连贯性又有阶段性。在认识过程的每一阶段,各具有不同的特点。经常是运用一定的组织形式,或者说一定的结构,反复重叠的活动,把周围的事物"同化"为自己的认识。教育工作者应密切注意儿童认识发展的特点和活动方式,及时予以相适应的教育。例如小学一年级学生掌握数的运算,开始要把两个数相加,首先是用手指逐个计算,并在计数时出声念出来。经过一个阶段以后,他们进行运算就不需要再数手指,出声的念数也就逐渐以不出声的心算所代替。所以我们要发挥教育的效力,就应按照儿童思维发展不同的年龄阶段,用不同的形式进行教学。不能只顾自己的逻辑顺序和讲解便利。

在学习中,儿童对某项知识的认识和理解,不是一次学习完成的。一般的说,是经过若干时间的复习、操作、试验和应用,才能理解比较深刻,记忆比较牢固。智力发展水平较高的特殊儿童,他们的认识结构可能比较灵活,反映的方式比较简约而又迅速。例如音乐家莫扎特、哲学家穆勒、文学家王勃、控制论的创造者维纳等,他们在四、五岁时就有些成就。但是他们还是由于家长和教师的良好教育的结果。在教学中,一个新词或者一个新概念的出现不是一次学习就能懂会用的,往往需要我们结合儿童的实际生活,灵活多样地精讲多练才行。尤其是比较抽象的概念,更需要了解儿童的形象思维和抽象思维在发展中的关系,把握他们的思维结构,抓住基本环节,深入浅出地讲解清楚。

用皮亚杰的话来说,教学应从学生的立场出发,使"同化"作用和"调节"作用二者的活动不断地取得新的平衡。

智力发展与教育。智力是一个比较复杂的问题,什么是智力,众说纷纭,到目前还没有一个大家公认的科学概念。皮亚杰和布鲁纳对于智力的结构及其发展都做了大量的比较深刻的论述。虽然皮亚杰着重遗传,布鲁纳着重教育,二人有所不同,但是对智力的结构及其发展阶段的解说基本上是雷同的。他们认为智力活动是一种连续不断的构造过程。"智力是最高形式的适应,是事物不断的同化于活动本身和那些同化的图式适应客观事物本身的调节两者之间的平衡"。皮亚杰的智力发展理论渗透着数理逻辑,布鲁纳则基本上是心理的。智力的发展具有个别差异,像短距离的竞赛一样,有的人从起跑就冲刺,有的人最后冲刺,也有的人分步冲刺。因此每个人的成就有先有后。例如达尔文、爱因斯坦等人的智力发展比较后进。超常儿童可能有些例外。最近有人从"三维空间"分析智力结构(即以操作、成果、内容方面分析,叫作三维)并以此提出智力的类型。以上这些解说,对我们来说,启发很大,一方面它可以使我们从多方面去研究智力的结构、性质、特点及其与认识过程的相互关系。另一方面,使我们尽快地改变教育内容与方法,使我们的教育和教学,既能适应儿童智力发展的特点,又能促进它的变化,转化它的形式,以利早出人才,多出人才。同时,使我们看到智力的鉴定,单靠智力测验,或单靠考试是不够的,还需要把二者结合起来从各方面来鉴别。

学习迁移问题。这是一个老问题,大家比较熟悉。在学科或工作内容之间,某些类似的地方都能迁移。布鲁纳说:"已经学会怎样敲钉子,往后我们就更能学习怎样敲平头钉或削木片"。但是把"迁移"当作教学过程的核心,却是布鲁纳的创见。

他认为在教学中,要做好迁移工作,就必须把基础学科的基本理论结构弄透彻。这就是说,把每一学科中的"根本原理"、"基本结构"搞清楚,找出那些既有广泛意义,而又强有力的适用性大的概念的结构,阐述明白,以便用作理解其他类似问题的模式。这样,以后学习起来就能触类旁通,举一反三,从而不断扩大和加深知识。布鲁纳极力强调认知过程的建设性,认为学生的学习是主动的,而非被动的。因此当提出一门学科的基本结构时,要适当安排一些"令人兴奋"的观念,以引导学生自己去发现它。这就是布鲁纳所倡导的"发现法"的由来。

但是,"结构主义教育"学派的基本观点是值得商榷的。首先,把图式作为认识结构的核心,而且这个核心是遗传的,同化、调节、平衡等都要组合到这个遗传的核心中去。这是一种形而上学的观点。他们说:"经验的客观性是调节作用和同化作用协调的成就。那就说,是主体智慧活动的结果,而不是什么原始材料从外界强加给它的"。可见教育对他们的"认识结构"只能提供一些可以"同化"的原料而已。应该看到,遗传的东西,从演化来说也是有获得性的。辩证唯物主义告诉我们,遗传与教育和环境,是辩证的统一。遗传仅仅提供了一种可能性,要把它转化为各种能力,还是要靠教育和环境的影响。虽然,"结构主义教育"者在阐明"结构"的表现形式时,也强调同化、调节、平衡与图式的相互作用,强调主体与客体的相互关系,及"环境造成了认识结构的变化"。其中含有一定的辩证法的因素,但是他们从主观唯心论的立场、观点出发,就不可能对人的认识结构作出科学的解释。"结构主义教育"学派所主张的"图式",并非新创,十八世纪的德国二元论哲学家康德就提倡过"先验逻辑的图式",并以此解说人的认识。可以说这个学派的"图式"就是康德的认识论的翻版。

"结构主义教育"学派,十分强调儿童期的意义。他们以儿童本身为中心,做了大量的试验和研究,取得了很多的成就,他们竭力主张儿童的主动性是受兴趣或需要支配的,同化作用是以兴趣为动力的。智力活动必有赖于兴趣。因此他们断定教育只能发现最适宜的方法和环境,帮助儿童自己去组织活动。"学校一切活动应来自儿童的兴趣和需要",儿童的兴趣和需要趋向那里,教师就跟到那里。换句话说,教育应以儿童为中心。正如美国的实用主义教育家杜威所说:"一切教育活动的基础在于儿童的本能的冲动的态度和活动,不在于外来材料的供给和应用"。杜威这种以儿童为中心的教育思想的影响是极其深远的,这种教育的结果,是学生的程度低落,学生成绩下降,致使美国许多家长和进步的教育家都在感到惊恐。"结构主义教育"学派以儿童的自我为中心的教育主张和片面强调"从普遍观念或基本原理出发,作为理解事物的唯一的模本",那就不可避免地引向杜威的儿童中心教育的险境。

应该指出,儿童的"认识结构"、"智力结构"与成人不同,各个年龄阶段的儿童的思维方式也不同。如何科学地解释这些结构的特点,以及如何划分儿童发展的年龄阶段还需要深入儿童教育实际活动中不断地学习和总结经验。皮亚杰用数理逻辑符号和运算作为划分儿童认识发展阶段的标志。布鲁纳则按照这个标志做了一些补充。无非是说,教育并非是主要的手段,施教应沿着儿童思维的发展阶段进行,教育本身不应有目的地要求他们。他们这种拘于形式的机械的划分儿童发展阶段是不合乎唯物辩证法的。实际上,教育是一种有目的、有计划、有组织地把一定的文化科学知识、技能及先进经验传授给下一代的活动,使下一代培养成为合乎一定社会的政治经济要求的人才。在教育实施中,从儿童和青少年身心发展的实际情况出发,安排教育内容和教学方法，不断地改造他们的认识结构、智力结构、道德结构等，形成全面发展的人是应该的、合理的。但我们不能把教育的一切措施，都以儿童的"认识结构"为准。很显然，作为个体认识过程的一种能力和特性的智力，一方面同产生心理现象的大脑及神经系统的遗传分不开，另一方面同大脑反映的客观现实的影响分不开，二者是密切结合在一起的。一句话，智力是遗传的特性与后天的影响的合金。智力的发展是以掌握科学知识和技能为中介的。教育与教学是智力发展主要契机。虽然智力发展与掌握知识、技能不是等同的，也不是同步的，但是它们是相互依存，互相促进的。把智力及其发展，看作先天的、单纯的"图式"变化是不科学的，把教育当作儿童发展的低音是不符合实际的，因而也是不正确的。

总之，"结构主义教育"学派是从"儿童心理发展"的角度论教育的，它所讨论的中心问题是儿童本身的发展和教育的适应问题。可以说，"结构主义教育"学派是一种新兴的儿童中心教育学派。

(原载《教育研究》1979年第1期)

教育哲学研究中的几个问题

教育哲学在教育理论体系中占有重要地位，是各门教育科学的基础理论。但是，解放二十多年来，教育哲学的研究和宣传十分薄弱，这种情况应当改变。过去的十多年，林彪、"四人帮"在教育方面散布了大量的谬论，唯心主义横行，形而上学猖獗，教育事业遭受空前浩劫，使人们痛感到需要教育哲学这个批判的武器。为了完整准确地宣传马克思主义的教育学说，系统地总结教育战线上正反两方面的经验，使教育更好地为新时期的总任务服务，应当加强教育哲学的研究，以利自觉地按照教育工作的客观规律办事，多快好省地发展社会主义教育事业。

一

马克思主义哲学告诉我们，自然、社会、思维有共同的最一般规律，又有各自的特殊的规律。前者，是辩证唯物主义的研究对象；后者，是自然科学、社会科学、思维科学研究的对象。"由于事物范围的极其广大，发展的无限性，所以，在一定场合为普遍性的东西，而在另一一定场合则变为特殊性。反之，在一定场合为特殊性的东西，而在另一一定场合则变为普遍性。"（《矛盾论》）不论是自然现象还是社会现象，除了有许多具体的规律，还有自己领域的普遍规律。因此，除了有各门自然科学和各门社会科学之外，还有自然辩证法和历史哲学。人们对客观世界的认识愈丰富、愈深刻,科学的分类也就愈细致、愈精密,但是,不论是多么具体的学科,都会碰到自己领域内的普遍规律与具体规律,都需要分别加以研究。作为社会现象的教育也是这样,有自己的普遍规律,也有自己所属各个领域的特殊规律,教育哲学则是研究教育的普遍规律,各门教育科学则是研究教育的特殊规律。因此可以这样说,教育哲学是关于教育的普遍规律的科学,它是具体教育科学的概括和总结,又是指导具体教育科学的专业基础理论。教育与社会基本矛盾运动,教学过程与认识规律,教育与素质……这些教育理论与实践中的普遍性问题,应该是教育哲学研究的对象。

长期以来,为什么很少研究教育哲学,师范院校的教育系为什么不开设教育哲学课程?原因是多方面的。一个很重要的原因,是有些同志认为,只要以辩证唯物主义、历史唯物主义作指导研究教育现象就够了,无需再研究教育哲学。这种看法是片面的。第一,在教育理论研究中,把辩证唯物主义的指导作用同教育哲学对立起来是不妥当的。如同自然辩证法、历史哲学从一般哲学中分离出来一样,专门研究教育哲学决不是取消马克思主义哲学的指导作用,而是为了通过研究教育的普遍规律,更好地坚持辩证唯物主义的指导作用。第二,教育是人类培养下一代的活动,尊重培养人的客观规律,涉及到社会历史规律、认识规律、心理规律以至生理规律,这些规律在教育方面的作用和表现有自己的特点。立足于教育这个领域,研究这些规律对教育的作用,探讨教育的普遍规律,就能够为各门教育科学和教育实践提供比一般哲学原理较为具体的专业理论基础。比如,弄清楚辩证法的三大规律、认识过程的规律在教育活动中的表现,可以指导人们在教育工作中尊重辩证法、尊重认识论,并且避免那种不顾教育特点去贴哲学标签的现象。第三,教育的普遍规律是客观存在的。以辩证唯物论研究教育现象,并不就是研究教育的普遍规律。因此,应该以辩证唯物主义为指导研究教育的普遍规律。

资产阶级教育家曾经把教育哲学当作一个学科加以研究,他们所研究的内容,或者是各国教育制度的哲学基础,或者是某种教育思想的哲学根源。这方面的研究是必要的,我们今天批判继承教育遗产,同当代反动教育思想作斗争,毫无疑问要揭示其哲学基础,但是这种研究的目的是为了加深对某种教育制度、教育理论的认识,并不是研究教育的普遍规律。因此,我们应该跳出资产阶级教育家给教育哲学划定的框框,明确地提出教育哲学的研究对象,以便把教育哲学同各门具体教育科学区别开来,以探讨教育的普遍规律。

二

教育是社会现象,它的发展是同人类社会的进步和发展一致的,因此,探讨教育的普遍规律,首先要研究教育与社会基本矛盾运动的关系。

从"人猿揖别"开始,大概就有了教育活动,尽管那时还是教育的萌芽,但已经担负起把前人经验传给下一代的任务。随着社会的进步,教育日益显示其重要性,在人类继往开来的历史长河中,教育的确发挥了巨大的作用。但是,教育是怎样产生和发展的?为什么会有新旧教育制度的更替?为什么教育的内容会不断丰富,教育手段会不断改善?回答这些问题,当然不能从人们的思想动机去找答案,而只能从社会的物质生产方式的运动去探讨根源,即用唯物史观去考察教育的发展。

马克思说,不是人们的意识决定人们的存在,而是人们的社会存在决定人们的意识。人类进行有意识的教育活动,决不是某个先知先觉的"启示",而是人类社会存在和发展的需要。具体说来,就是人类征服自然的需要,管理社会的需要产生了教育;人类征服自然的水平,管理社会的性质,又决定着不同历史阶段教育的面貌。在阶级社会里,社会管理的性质是剥削阶级对劳动人民的剥削和压迫,教育成为维护统治阶级利益的一种工具,并且在对抗中发展。因此,教育具有社会性、历史性,在阶级社会里则具有阶级性。教育的社会性,把教育同动物的本能遗传区别开来;教育的历史性,说明教育同其它社会现象一样有自己的发展过程;教育的阶级性,揭示了阶级社会里教育的本质。研究教育的普遍规律,研究教育的继承与变革,应该全面考虑这些问题,不能注意某一方面,忽视其它方面。

生产力和生产关系之间的矛盾,是人类社会的基本矛盾运动。它决定着人类社会的存在,推动着人类社会的发展。在生产力和生产关系矛盾运动的基础上,又有经济基础和上层建筑的矛盾运动。生产力、生产关系即经济基础、上层建筑同教育的关系是怎样的呢?对教育的发展起什么作用呢?这就需要进行具体的分析。

先说教育与生产力的关系。纵观历史上的教育活动,教育与生产力的联系,有两种基本情况:一种是间接的联系,一种是直接的联系。所谓间接的联系,就是通过与生产力相适应的生产关系和上层建筑,推动教育的发展,使教育反映生产力的要求,比较好地为发展生产服务;或者是通过与生产力不相适应的生产关系和上层建筑,阻碍教育的变革,使教育落后于生产力发展的要求,不能充分发挥推动生产发展的作用。所谓直接的联系,就是在任何社会条件下,人们已经获得的征服自然的经验,总会通过教育传给下一代。原始社会的教育还不可能同生产劳动分开,在这种教育与生产劳动相结合的原始形态下,教育与生产力是直接联系着的。奴隶社会和封建社会的教育,是培养新一代统治者的阵地,加上统治者鄙视生产劳动,教育与生产劳动分离了,即使这样,仍然有极少数人研究自然现象,特别是与农业生产有关的自然现象。我国古代封建王朝的学府里,就有专门研究天文、历法、地理、水利、数学、医学……的人;还有,如果说从私塾到太学主要是传授封建伦理道德,那末在百工技艺的作坊中,在手工业者的师徒之间,传授生产知识和技能则是教育的主要内容。资本主义是采取大生产进行剥削起家的,大生产促进了科学技术的发展和普及。传授自然科学知识和先进生产经验,是资本主义竞争的需要,是劳动力再生产的需要,因此,资本主义教育和生产力的直接联系比之封建社会前进了一步。到了社会主义社会,发展生产力、提高劳动生产率,已成为无产阶级专政的一项重要任务,无产阶级当然要根据生产力发展的要求办教育,普及科学知识,设置各种专业,举办技术学校,加强业余教育,培养适应现代化建设要求的人才,就是说,教育与生产力的直接联系进入了一个更高的水平。因此可以说,教育与生产力的直接联系,是始终存在的,只是这种联系在不同历史阶段的情况有所区别,被重视的程度有所不同。正是这种教育与生产力的直接联系,使教育能够在生产力的推动下不断向前发展。这个事实说明,教育的一部分属于生产力的范畴,生产力可以直接决定教育的某些方面,可以直接推动教育某些方面的发展。在探讨教育的规律时,不应忽视这个问题。办社会主义的教育,更应该自觉地根据生产力发展的要求,相应地发展教育事业。

生产关系、上层建筑对教育的作用,过去已有很多讨论。概括地说,一是生产关系对教育性质的决定作用,二是政治上层建筑对教育活动的强制作用。人类社会已经经历了五种不同性质的生产关系,相适应的有五种不同性质的教育;随着新旧生产关系的更替,教育的性质都发生一次变化。在阶级社会里,教育与生产关系的联系,集中表现为教育的阶级性。教育虽是上层建筑,但它要受政治上层建筑的制约。政治是经济的集中表现,政治上层建筑对教育有强制作用,它把统治阶级对教育的要求,把教育为经济基础服务,通过政权制定和推行教育制度、教育方针等加以实施,鼓励支持对本阶级有利的教育活动,反对、打击不利于本阶级的教育活动,从而使教育的对象、教育的规模、教育的内容受到极大的限制。因此,研究教育的普遍规律,不能不首先研究教育的阶级性,即为哪个阶级掌握、为哪个阶级服务?只有这样,才能掌握教育的本质,认清阶级社会里教育发展变化的特点。

但是,教育活动的一个重要内容是传授知识,或者叫做知识形态的再生产。不论是社会知识还是自然知识,总会或快或慢地进入教育领域,成为新一代的学习内容,甚至成为新的启蒙运动的推动力量。这是任何反动的阶级,任何暴力的禁锢所阻挡不住的,相反,随着社会经济的发展,政治斗争的激化,这种禁锢总是日益丧失其威力,直到被粉碎。这时,代表新的生产关系的进步阶级的代表人物,就会登上政治舞台,并且常常利用教育这个阵地进行活动,或者改造利用旧的教育机构,或者开辟新的教育阵地,为改造社会制造舆论,培养人才,这些都是教育在阶级斗争发展中屡见不鲜的现象。从这里,我们可以看到,教育不仅同居于统治地位的生产关系、上层建筑发生联系,而且同暂时居于被统治地位的新的生产关系和上层建筑发生联系,正是这后一方面,对教育破旧立新,对教育的发展起着巨大的推动作用。经过生产关系的变革,新的上层建筑建立起来,教育便会发生一次质的变化,出现一个较大的发展。教育也有自己的量变和质变,在旧制度内教育的发展,是量的变化;只有新的社会制度代替旧的社会制度以后,才会发生质变,并在新质基础上开始新的量变。社会主义的教育是建立在公有制基础上的教育,马克思的教育学说揭示了教育的发展规律,因而能够自觉地按照教育的客观规律办事,及时调整教育与经济基础、与生产力发展要求不相适应的方面,使教育得到多快好省地发展。

总之,研究教育的普遍规律,首先应该弄清楚教育同社会的关系。在这方面,有必要研究这样三个问题:① 从教育与生产力的联系,着重探讨教育发展的连续性;② 从教育与生产关系的联系,着重探讨教育的性质及其变革;③ 从教育与政治上层建筑的联系,着重探讨教育领域内的斗争。

三

学校培养年青一代,主要是通过传授科学知识。教育者如何又快又好地传授,受教育者如何又快又好地接受,应该遵循什么规律,是教育哲学应该研究的又一个问题,即教学过程和认识规律的关系。

教学过程,是学生接受知识,掌握知识和初步应用知识的过程,毫无疑问是一个认识过程,但是教学有自己的特点,因而又是认识过程的一个特殊形态。许多年来,特别是"四人帮"横行期间,人们不敢研究这个认识过程的特殊形态,因而在教学法理论上造成混乱,影响教学方法的改进和教学质量的提高。马克思主义的认识论把实践引入认识,在认识问题上坚持辩证法,科学地揭示了认识的规律。列宁说:"从生动的直观到抽象的思维,并从抽象的思维到实践,这就是认识真理、认识客观实在的辩证的途径。"①一定要把马克思主义认识论的普遍原理和教学

---

① 《黑格尔〈逻辑学〉一书摘要》,《列宁全集》第 38 卷,第 181 页。

的具体特点结合起来,去探讨教学的规律,把握教学的规律,从而依据教学规律创造性地进行教学活动。

(一)怎样认识马克思主义认识论对教学过程的指导作用

是套用认识论的公式,还是根据教学特点运用认识论的基本原理?当然是后者。教学有许多特点,例如,教师有计划的传授,学生在教师的指导下进行学习实践,有系统的教材,要根据受教育者的不同年龄特征,以及运用必要的教学手段等等。这些特点说明,它不同于人类认识整个客观世界,也不同于人们认识某种未知的客观事物(即在改造客观世界的过程中逐步由感性认识上升到理性认识,又经过实践检验和发展认识),它主要是学习和掌握前人的间接经验,并且是通过教师有计划的传授和学生的学习实践掌握知识的。因此,教和学的活动,不必要也不可能事事从实践开始,只要教师适当结合学生的已有经验,着重把教材内容讲清楚,使学生知其所以然,同时进行必要的练习、经常的复习,加以巩固。虽然有时需要参观、实践、实习,但仍然是为了掌握教学的内容。要求教师按认识规律进行教学,决不是要教师机械地套用认识论的公式。事实上有经验的教师,总是根据具体教学内容和学生的接受水平,得心应手地安排教学环节,让学生在较短的时间内,较多较好地完成学习任务。所以说,在教学活动中套用认识论的公式,是形而上学的见解,不符合教学的实际;那样做,不仅行不通,而且必然影响教学的创造性,影响学习的积极性,甚至白白地浪费宝贵的学习时间。

(二)在教学过程中怎样贯彻实践性的原则

实践的观点是认识论的首要的和基本的观点,当然应该贯彻于教学过程的终始。怎样贯彻呢?一言以蔽之,坚持理论与实践的统一。把教学说成"死读书,读死书"是错误的,完全背离了理论与实践相结合的原则,因此必须批判。事事实践,放松基础知识、基本理论、基本技能的传授,用参加生产劳动代替学习,用开门办学否定课堂教学,用什么解剖典型产品代替学习系统的理论和有计划的教学实验,都是错误的,是从另一个侧面背离了理论与实践相结合的原则,因此同样必须批判。那么,在教学过程中怎样贯彻理论与实际相结合的原则呢?这里着重指出两点:

第一,坚持观点和材料的统一。讲授基本理论要观点正确,要运用可靠的材料,说明理论观点形成的根据,指出理论观点对实践的指导作用。这里所说的材料,虽然是教师口头介绍的,或者是文字介绍的,但它是别人的实践经验,合理的使用,能够帮助学生从理论与实践结合上领会教学内容,加深理解。

第二,坚持精讲多练。讲,主要是教师的活动。精讲,就是把教学内容中的最基本、最关键的部分讲透彻,引而不发,促进学生举一反三。练,主要是学生完成作业的活动。多练,就是要求学生独立地做好作业,这些作业应该有一定的数量,有一定的难度,有必要的反复,有知识的综合运用。对学生来说,练是一种主要的实践,可以称做学习实践,不多练,就不能切实地掌握知识,更谈不上获得运用知识说明问题、解决问题的能力。多练,当然不只是做作业,还有根据各门课程的特点所必需进行的实验,还有实习,就是让学生自己动手,通过亲身实践,理解和验证教学内容,掌握所学的知识,为独立探讨问题以至创新打好基础。曾经有这样一种议论,说"小课堂"的多练是脱离社会实践。这种见解是不妥当的,实际上是要用"大课堂"冲击"小课堂",否定学习基础知识、基本理论和基本技能,否定系统的教学。学校的教学,当然要结合现实的斗争,学生也应参加必要的社会实践,但是,这不应该是主要的,必须加以控制,使其不影响正常的教学秩序,否则,还要办学校干什么?教学结合现实斗争,首先表现在教学内容结合现实,而不是无限制地搞什么"开门办学"。

学生的实践主要是学习实践,而不是用大量时间去参加工农业劳动。明确这一点,坚持这一点,才能充分发挥学校教育的作用,利于用人类的文化科学知识武装年青的一代。

(三)在教学过程中怎样贯彻"从生动的直观到抽象的思维"

在教学中要不要一无例外地先展示可以感觉的实物,让学生先看一看、听一听、嗅一嗅、尝一尝、摸一摸呢?恐怕没有人是这样做的。不可能这样做,也不必要这样做。我们认为在教学中贯彻"从生动的直观到抽象的思维",应该从讲概念、原理的需要,根据学科的特点,根据受教育者的年龄特征,以及根据学生的生活经验,运用直观教学的方法进行教学。或采取言语描述,或展示实物图表,或组织现场参观访问,或进行示范性的实验,这些直观教学活动,要合理组织、取材,要有典型性和说服力,感性材料要运用适当。不讲直观教学是违背认识规律的,滥用直观教具,课堂异常热闹,那会华而不实。"认识的真正任务在于经过感觉而到达于思维,到达于逐步了解客观事物的内部矛盾,了解它的规律性,了解这一过程和那一过程间的内部联系,即到达于论理的认识。"[①]在教学中,生动的直观不是目的,而是手段,目的是为了帮助学生形成正确的概念,把握科学基本原理。因此,随着学生年龄的增长和学习内容的加深,应着重指导学生学会正确地思维,指导学生进行抽象概括,促进学生抽象思维能力的发展。人们的智力水平,不是看他能否描述客观世界,而是看他能否把握事物的本质,运用规律性的知识观察和解决实际问题。教学要发挥开发青少年一代智力宝库的作用,就必须在培养学生抽象思维能力上下功夫,应该重视这方面的问题,总结这方面的经验。

---

① 毛泽东:《实践论》。

四

教育与素质的关系,是教育理论与实践又一个普遍性的问题,研究教育普遍规律的教育哲学,理应加以探讨。这里所说的素质,是指人类知识才能赖以发展的生理素质。在培养年青一代的过程中,能不能讲素质,如何发挥素质的潜力?

在对待素质问题上,有两种错误的观点。一种是不承认素质在人的发展中的作用,另一种是片面夸大素质的作用,二者都不能正确估计教育的作用,都不能正确处理教育与素质的关系。毫无疑问,在人的知识才能的发展中,起决定作用的是后天的教育,但教育并不是万能的,教育作用的发挥不可能离开素质这个条件。如果说,正常健康状况的素质,蕴藏着发展知识才能的潜力,具有发展知识才能的可能性,那么,把这种潜力挖掘出来,使这种可能变成现实的,是后天的教育。才智非凡的杰出人物,就素质来说同一般人之间的差距不一定那么大,主要是由于教育条件不同,实践的广度和深度不同,因而形成才能高低的悬殊。具有大体相同教育条件的人们,由于素质的显著差异,知识才能往往会有很大差异。一个人的素质较差,但教育条件较好,其知识才能可能得到相当发展;或者,一个人素质较好,但教育条件较差,其知识才能的发展必然受到限制。这些客观事实说明,在教育工作中,一要承认素质的差异,重视素质的作用,这不是唯心论,而是唯物论。二要反对素质决定论。否定教育的决定作用,那是生理决定论,会通过庸俗唯物论掉进"上智下愚不移"的陷阱。在教育实践中,不讲素质必然影响教育的效果,或者由于对素质较差的人提出过高的要求,欲速不达;或者由于对素质较好的人提出的要求偏低,使其学习潜力得不到正确的发挥。要对学生提出恰当的要求,就要掌握素质的特点,从而引导得法。科学地区别人们在素质上的差异,特别是微小的差异,受到科学水平的限制,因而不那么容易。但是,应该重视研究这个问题,力求比较准确地掌握一个人的素质特点,比较好地处理教育和素质的关系,以利改进培养人的工作。承认由于素质差异也会导致知识才能的差异,是不是搞天才论呢?这样的提问题,至少是一个有害的误解。林彪自称"天才",恬不知耻地说自己的脑袋"特别灵",说什么是"爹娘给的",他的儿子林立果居然被说成是"超天才",这些谬论,贩卖的是素质决定论,而且是最反动的"龙生龙"的血统论。命中注定的"天才"、"超天才"的素质,是根本不存在的。他们宣扬这一套,无非是鼓吹知识才能是先天的,为篡党夺权制造反革命舆论。我们在教育中讲素质,是研究影响人的发展的一个重要方面——生理的因素,目的是为了按科学办事,做好后天的教育工作,使教育的决定作用同发挥素质的潜力结合起来,因此,同"天才论"是根本不同的。

一个人的素质,同先天的遗传有关,但后天的条件也极其重要。特别是人的认识器官,需要后天加以爱护,为它提供得以健康生长发育的条件。据说,印度曾发现过一个"狼孩",取名卡玛拉,婴儿时被狼叼去,后来回到人类社会,到了七八岁,智力水平只相当于六个月的婴儿。虽然这一事例非常特殊,但确是一个说明素质离不开后天条件的很好例证。教育怎样对待素质呢?似乎应该考虑这样一些问题:第一,重视素质的保健和培育。婴儿、幼儿、青少年,都处在长身体的时期,应该特别注意保护素质,力求保护得早,保护得好,培养良好的学习和生活习惯,在教育中坚持量力性原则,避免对素质的伤害。第二,注意恰当地发挥素质的学习潜力。如果把人的学习潜力比做一个宝藏,那末可以说,教育是开发这个宝藏的工具。现在,开发这个宝藏的水平还是不高的,在教育工作中如何遵循生理的规律、心理的规律,还有许多未知数,这就需要进行多方面的科学实验,总结教育实践中的经验教训,改进教育的方法,使年青一代的才智得到充分发展。第三,努力弥补素质缺陷对发展知识才能的限制。由于先天和后天的原因,有些青少年在素质上是存在某种缺陷的。教育应该研究这种缺陷,通过有效的措施,使其对发展知识才能的影响缩小到最小限度。第四,把握人的各方面认识能力发展的最佳时期。人的各方面的学习能力的发展,在一生中是有差别的,比如学习语言的能力幼年比较强,学习运用抽象思维的能力成年比较好,等等。人们已经知道,青少年时期是一生中学习的最好的时期,所谓"莫等闲白了少年头",但是在青少年时期的哪一个年龄阶段,开始进行哪一种内容的学习最有利,还有待进一步探讨。如果我们把握了青少年各方面学习能力发展的最佳时期,合理安排教学,教育的效果,才智的发展,一定能够获得更高的水平。

正确处理教育与素质的关系,这就要求因材施教,促进其显著才能的发展,防止不利因素对显著才能的压抑和摧残。历史和现实都证明,较早地发现某方面有显著才能的青年,加意培养,有助于早出人才,有助于培养出各门学科的攻坚队伍。

教育哲学的对象究竟是什么?它到底应该研究哪些问题?还需要进行探讨。本文只是就几个问题发表一点浅见,意在抛砖引玉。我们坚信,只要坚持辩证唯物主义、历史唯物主义和教育领域的实践相结合,教育普遍规律的研究一定会取得新的成果,使教育哲学在社会主义教育事业中发挥其应有的作用。

(本文作者还有居思伟,原载《教育研究》1979年第2期)

谈谈教育本质问题

一、教育的发生及其性质

人们的社会实践是人们认识一切事物的出发点和基础。任何一种概念,都是人们在实践过程中形成的并在实践过程中经受检验和验证。作为社会现象之一的教育,它的性质、内容和形式,都是在人们长期地生活和生产实践过程中产生的,并在实践中不断变化、充实和发展。随着人类社会结构的变化和发展,教育的性质、内容和形式,也起了变化。这表现在由简单到复杂、由低级到高级、由单一化到多样化。在社会发展的每一个历史时期,人们总是根据一定的生产方式,把各该社会的生活、生产经验,进步业绩,凝聚为一定的文化科学知识、道德规范,作为教育的内容,有秩序地以多种形式传递给下一代,供他们成为各该社会所要求的人。正如法国卢梭所说:"植物是由栽培而成,人是靠教育而成的。"德国康德也说过:"人只有通过教育才能成人。"很显然,从人的培养来看,教育的基本素质,类似一种"催化剂",用一定的条件可以把人化为这样或那样的人。古人所说的"春风化雨"、"默化"、"造化"等,可能就是指教育的这种性能而言的。当然,人之所以能转化为这样或那样的人,乃是由于人有极大的可塑性。正因为如此,作为教育的基本素质的催化剂,才有可能发挥它的作用。至于用什么条件去化,把人化成合乎哪样要求的人,那就要看每一个社会历史时期对教育所提出的要求和任务而定了。社会结构不同,要求不同,所要培养的人也就不同。

历史上有许多教育家,根据他们的哲学观点对教育的本质属性曾经作过各种解释和说明。例如:欧文、夸美纽斯认为教育是形成人的过程,或者说是形成人的性格的过程;卢梭、裴斯泰洛齐认为教育是一种适应,是一种生活历程;赫尔巴特、福录培尔认为教育是培养多方面兴趣的过程,是引导人增长自觉的过程;斯宾塞、杜威等人认为教育是准备完善的生活过程,教育是生长,教育是生活。以上这些说法,虽是不同时代不同观点的反映,但他们却有一个共同点,那就是把教育看作为感化、引导、培育人的过程。因而他们的着力点是研究用什么方法和什么内容教导人的问题。他们对于人的自然性论述的较多,对于人的社会性研究的较少,对于教育与社会结构的关系更是很少论及。

近来,由于时代的进步,科学技术的发展,教育事业的发展,人们的认识日益加深、扩大,逐渐理解到,科学的认识首先应当确定所研究的现象的质的规定性,揭示它与其他现象不同的特点。因而教育本质问题,就成为教育科学研究中的一个重要问题。弄清楚了这个问题,对于准确地制定教育计划,建立新的教育体系,大量地培养人才是具有现实意义和深远意义的。目前,教育界对教育本质问题有许多不同的见解,概括起来,主要有以下三种看法:一是认为教育是社会的上层建筑,为经济基础所决定,经济基础改变了,教育的内容和形式也随之而改变。这就是教育的上层建筑本质性的特征;二是认为教育部分属于上层建筑,部分属于社会生产力,生产性是教育的本质属性;三是认为教育是一种复杂的社会生活现象,具有多质性和复合性,但其本质属性不是上层建筑,而是社会生产力。以上这些看法,对于我们进一步认识教育本质问题有很大的启发。同时也说明了我们的教育事业迈进了一个新的历史发展时期,教育科学研究正在步步深入。我们认为要科学地说明教育的本质属性,应当遵照以下四点基本精神:一是运用历史唯物主义和辩证唯物主义的观点、方法研究问题;二是从社会的结构,特别是社会的经济结构出发分析问题;三是从社会科学、自然科学和哲学的相互接近、相互渗透、相互影响看待教育问题;四是从教育实践经验说明问题。如果能按照这四项不可分割的精神去分析研究问题,我们就有可能科学地完整地把教育本质问题弄明确。

实践证明,教育从发生起就不是孤立进行的,它总是结合人们生活和生产活动而实施的,它与社会结构的各个方面都有密切联系和关系。这可以说是教育的一般规律性的表现。社会在不断地发展,社会生活和社会实践中一些重要的、稳定的、行之有效的知识、经验和行为习惯等都凝聚为教育的范畴,因而教育的本质也随之转化为新的质态,变为多质性、综合性。从社会结构来看,生产力、生产关系、上层建筑、经济基础等方面都是以人为主体的。生产力中的人是指人的劳动力;生产关系中的人是指人与人之间在生产过程中物质利益的关系或者是经济利益的关系;上层建筑中的人是指人与人的政治思想关系;经济基础是人们的"生产关系的总和",是生产资料的公有制还是私有制的问题,也还是涉及到人与人之间的关系。由此可见,要把人从幼小起转化为一定的劳动力,并使其善于处理人与人之间的经济关系、政治关系、社会关系,就需要把教育同这些关系直接联系起来,不能把教育同社会结构的各个方面分割开来或者对立起来。这就是说既不能把教育只看作是上层建筑,与生产力没有直接联系,也不能把教育只看作是生产力不是上层建筑,更不能把教育分为两截,一半是上层建筑,一半是生产力。教育是综合性的,它与社会结构的各个方面的关系要作具体的分析。马克思在分析人类社会的结构及其演变时,把经济基础与上层建筑的相互关系,明确为上层建筑紧密地依赖着经济基础,以经济基础为转移;上层建筑对经济基础的发展有一种积极的反作用。马克思同时指出,一定的政治、法律、宗教、艺术、哲学等观点是在经济基础上形成的并为它服务。虽然如此,马克思并没有指出教育只是一种上层建筑,不能直接与生产力发生关系。历史唯物主义告诉我们,生产力包括物质的和精神的,个体和社会的。物质生产力离不开创造物质财富和精神财富的具体的个人。这些具体的个人,按照一定的社会结合的原则,在生产过程中通过共同劳动结合在一起,成为社会生产力。精神生产力则表现为各个劳动者个人的精神力量,即个人的觉悟程度、智力及情操等。教育的对象是人,要把人培养成为这样或那样的生产力是有一个发展过程的。在这个发展过程中,人的成长有一定的连续性和阶段性,这是不可否认的。教育就是按照这个发展顺序,以一定的文化知识、科学技术、道德品质、文明行为陶冶下一代,使这些内容转化为下一代自己的东西,发挥他们本身存在的体力、智力和觉悟,变潜在的劳动力为现实的劳动力。这种劳动力在不断地提高生产力的质量和生产效率的过程中变为日臻完善的生产力。从这个意义上说,教育与生产力有直接关系,具有生产力的性质。可以说教育的本质就是生产力。

教育与生产关系是怎样的?是否是上层建筑?首先应该看到生产力与生产关系以及经济基础与上层建筑是辩证的统一,经济基础的变更和发展,既决定于生产关系,又决定于生产力,但归根结底是决定于生产力。在整个社会结构中,教育是属于社会的意识形态的范畴,或者说是一种认识现象,因而它是一种上层建筑,为经济基础所决定,随着经济基础的变化和发展而变化和发展,而且受到生产关系所制约。例如,教育思想、教育理论、教育的政治观点,教育的路线、方针、政策、制度及道德教育的要求等,这些都属于上层建筑,为生产关系所决定。这就是教育带有上层建筑的性质的具体表现。但是如果因此就肯定地说,教育只具有上层建筑的本质属性,那就只看见教育同其他上层建筑的一般性而抹杀了教育的特殊性质。因为教育本质的特点是多质的,也是多层次的。在社会结构中,它与构成社会的各种因素都有密切关系。它所依赖的是社会结构的各个方面,不能只限于上层建筑或基础、生产力和生产关系。教育之所以有这种本质特性,乃是由于它是培养人的。当然,从广义的教育来说,政治、哲学、文学、艺术以及自然科学等都含有培养人的意义。但是具体地有计划地循序地培养人,使其成为有觉悟有文化科学知识的劳动者,主要靠教育。"科学技术是生产力,基础是教育"。这句话的意思就是说形成一种生产力有一个教育过程。从儿童时期开始,就给人以文化知识、科学技术的陶冶、培养,使其逐步成为完善的物质生产力或精神生产力。而且"现实人的本质是一切社会关系的总和",它包括生产关系、政治关系、经济关系、家庭关系、朋友关系、师生关系以及在阶级社会的阶级关系等。这些关系处理得如何,决定于生产的水平。教育本质的特性,还在于把上述这些物质的精神的社会关系统一起来,用以培养受教育者,使其成为一定水平的生产力。所以,教育的本质属性是多质的、多层次的。它既与上层建筑和经济基础有直接关系,又与生产力和生产关系有直接关系,还与人的发展和成长有直接关系。

二、教育本质属性的演进

马克思主义指出,劳动创造人,劳动创造人类社会。人类在生产劳动中改变了自然,同时也改变了自身的自然,产生了语言,形成了人类特有的社会。在生产劳动过程中,人与人之间的关系日益密切,社会生活逐渐增强,便形成了"集体劳动、集体所有"的生产关系。由于人们相互协作,改善和制造劳动工具,不仅使人认识到共同劳动彼此合作所取得的生产效率和劳动成果,而且意识到把生产经验、技能及生活习惯教给下一代的必要性。这就是教育的起源。

原始社会,生产水平低,人们的生活也很简单,教育的因素比较单一化,表现为适应和传递。它没有单独的组织,只是结合劳动和生活进行的。私有财产的出现,社会结构起了变化,出现了奴隶制社会和奴隶制国家。因而原始社会的公有制为私有制所取代。一部分人变成具有统治特权的奴隶主阶级,一部分人则沦为奴隶。奴隶主阶级既占有物质生产资料,又占有精神资料,奴隶则一无所有。阶级界限森严,教育与生产劳动分离,脑力劳动与体力劳动分离,产生了教育的专门组织,出现了教育的阶级性。过去教育的生产性、普及性、平等性均被奴隶主阶级所破坏。他们所建立起来的是等级名分制、宗法制、礼制、刑制等,都作为教育内容用来奴役劳动人民。奴隶主阶级为了巩固自己的统治和物质享受,设立了学校和"百工"。这些学校和"百工"都是为奴隶主阶级服务的。这样,奴隶制社会给教育的本质属性烙上了阶级的印记,形成了教育的阶级性和教育对阶级统治的从属性。

封建社会,在所有制这一基本方面与奴隶制社会的所有制一样，都是私有制。所不同的是封建地主阶级替代了奴隶主阶级，奴隶变为农奴。在统治和压榨的手段上，则后来者居上，可谓之"巧取豪夺"。封建地主阶级一方面承继了奴隶社会的等级、特权、礼刑制度，另一方面用所谓仁、义、礼、智、信及宗教、哲学蛊惑人心，以加强他们的统治。正如恩格斯所指出的："每一个时代的社会经济结构都形成现实基础，每一个历史时期由法律设施和政治设施以及宗教的、哲学的和其他的观点所构成的全部上层建筑，归根到底都是应由这个基础来说明的。"[1]

我国封建社会的历史较长，在这个过程中形成了一种比较系统的教育体系。封建地主阶级逐步懂得教育的作用及其效能，先后开设了各级各类学校，如太学、国子学、四门学、鸿都门学、蒙学等，建立了荐举考试制度，如"科举"制度，用以培养和选拔统治人才。因而教育带有显著的培养统治人才的特点。在这个历史时期，出现了许多思想家和教育家，如孔子、孟子、荀子、董仲舒、王充以及韩愈等。他们在培养人才的问题上，提出了自己的教育见解和主张。他们认为教育的本质是化人之性的，力图用封建社会的礼教、仁义把人化为"君子"、"圣贤"。他们都认为人性是命里注定的。如孔子所说，"天命之谓性，率性之谓道，修道之谓教"。这就是说，人性是天赋的，不能改变，只能指引；指引要以道，道就是礼教、仁义；修道就要教育。在他们看来，教育实质上就是引发人的天命之性。孔子和孟子都认为人性是善的。教育就是引导人的善性。荀子认为人性是恶的，要改变恶性就必须"积伪"，教育的本质就是"积伪"。董仲舒说，人性可分为圣人之性、中民之性和斗筲之性三等。前二者应该受教育，后

---

[1] 恩格斯：《马克思恩格斯选集》第3卷，人民出版社1972年版，第66页。

者不应该受教育。天子、贵族有圣人之性应该受教育,庶民则是斗筲之性不应该受教育。王充认为人性是善恶混。性可以变化,"在化不在性"。性可教而为善,亦可教之为恶。他说:"善则养育劝率","无令近恶,近恶则辅保禁防,令渐于善"。这就是说教育的本质是"化"、是"教导"、是"锻炼"和"渐渍"。韩愈认为"性也者与生俱生也"。这就是说人性是天生的。"性之品有上、中、下三"。上品之人,"善焉而已矣",中品之人"可导而上下也",而下品之人,则是"恶焉而已矣"。只有上品之人,"就学而愈明",中品之人经过教育可上可下。以上这些见解和主张,较奴隶社会的教育有了很大的进步,具体表现在教育的特点,在于引导、改变人性方面上,"苟不教,性乃迁"。但是,由于封建社会的经济制度及其派生的等级制、宗法制等,突出地加强了教育的阶级性,扼杀了教育的生产性。

欧洲在文艺复兴之前的教育情况,也类似中国封建时代的前期,神权统治一切,没有人的个性自由发展。只尊重神,不尊重人。教育是神学的工具,为神权服务。教育变为神权的婢女。中世纪以后,航海事业的兴起,自然科学的发达,出现了许多新的发现、发明、创造,人们的认识扩大了,特别是在文艺复兴之后,欧洲社会起了很大的变化,人道主义、人文主义兴起,在社会结构的尖端出现了一个新的阶级,它取得了新的生产手段和生产资料,获得了很大的财富,因而形成了一个新兴的占统治地位的资产阶级。他们利用文艺复兴和自然科学的成果,便大力发展生产,创造了巨大的生产力。特别是到了十八世纪后半期,法国革命和英国产业革命的兴起,急剧而彻底改变了人类观。产业革命显示出人类应用科学知识大规模地征服自然界的实际可能性。法国革命的事实,显示出人经过自己的手,改变由人建成的社会制度及政治体制的可能性。人不仅具有理性,而且还具有有意识地驱使由感性到理性的认识能力,可以能动地对自然和社会环境发生积极作用。达尔文的"进化论",又进一步明确,人是生物进化到最后的产物,也是最高的产物。人的特点是能劳动、会说话、能实践、能创造,具有独立活动的智能。正因为人有了这些特性和智能,才自主地适应和改变周围环境,才能接受科学知识、技能及品德方面的教育,并把它们转化成为自己的东西;才能由潜在的劳动力转化成为高效能的生产力。在这个时期,人们对教育本质的认识又有很大的发展,扩展了教育的阶级性,加强了教育的生产性、科学性和艺术性。

资本主义社会仍然是以私有制为基础的,一切都是为了利润,为了剩余价值。马克思说:"资本的目的,不是满足需要,而是生产利润"。"资本主义生产始终不变的目的是用最小限度的预付资本,生产最大限度的剩余价值或剩余产品。"①。由于生产力的提高所获得的巨大利润,使资产阶级开始认识到扩大和提高生产力的效率,关键在于从事生产的人的文化水平和科学技术水平的提高,而文化与科学技术水平提高的基础是教育。他们认为社会的真正财富的源泉,不是原料、机器等,而是生产力的不断增殖、扩大和质的变化。这就是说,培养出足够数量和质量的科学技术人才,而这就需要教育。因此,教育便成为各个资本主义国家的重要课题。这样,教育不仅具有生产力的性质,还带有福利的性质。

在资本主义上升时期,欧美各国出现了许多著名的教育家。如早期的捷克的夸美纽斯、瑞士的裴斯泰洛齐、法国的卢梭、德国的赫尔巴特等人。十九世纪末期的詹姆斯、杜威、克伯屈、桑代克以及最近的布鲁纳、斯金纳、莱因等人。他们对教育的理论

---

① 《马克思恩格斯选集》第 25 卷,第 285 页。

和方法做了多方面的研究,推动了教育科学的发展。他们的中心观点和作法,是企图把资本主义社会的经济价值和人的成长对资本主义社会的贡献,概括起来转化为教育的价值。他们认为儿童的发展过程及其本身是教育价值的所在。因而他们在教育的原理、内容、过程、方法以及教学和学习等方面,提出了许多深刻而有效的理论和做法,为世界各国教育工作者所称赞。他们积极倡导教育是一种培养人的过程,应从幼儿起,及早进行教育。因为幼儿、青少年时期,身体、器官,尤其是大脑都在迅速地发育、成长,构造上日趋精密,反应敏锐,机能上有很多的潜力,极富有可塑性。对他们及早进行各方面的教育,对于培养人才,增殖生产力,创造社会的经济价值是非常有利的。在这种趋势下,实用主义教育、结构主义教育、行为主义教育以及儿童中心教育和终身教育等学说应运而生。这样,就形成了教育的多质性、复合性的本质属性。

在社会主义生产方式下,情况与资本主义社会有所不同。社会主义社会本质特点是生产资料公有制。在这个基础上建立起来的教育具有新的质态。社会主义的经济制度、政治制度和生活制度给教育所提出的任务,在使受教育者德、智、体、美几方面都得到发展,成为有社会主义觉悟的有文化科学知识的劳动者。具体地说,就是要教育每一个社会成员有坚定正确的社会主义信念和发展方向;有现代科学的基础知识、基础理论、基本技能;有社会主义的道德品质和行为习惯。培养成为德育、智育、体育、美育全面发展的人。从这一点上看来,教育是培养人的过程。把人培养成为日臻完善的物质生产力和精神生产力,就必须使教育与社会结构的各个方面密切结合起来。因而社会主义社会的教育具有多方面的本质特性。既反映了经济基础与上层建筑的要求,又反映了生产力与生产关系的要求。归根结底,教育的发展规模、速度和教育质量的提高,还得是以社会整个结构的发展为准。

三、教育本质的发展及其作用

当前,原子能工具、电子计算机、空间技术、控制论、信息论在迅速发展,人们的认识程度、觉悟程度不断提高,积累的知识总量几乎成倍地增长。"现代科学实际上并不像廿世纪中期那样是'双层的'而是'三层的'。它的第一层也就是基本的一层,是由两个抽象的、其功能截然不同的知识领域构成的,这就是马克思主义哲学和数学。另一层是所有部门科学(物理、化学、生物学等)的总和。这些部门科学,研究的是在物质或物质片断的某一基本运动形式范围内的客体及其相互作用的方式。而在第二层中间形成了科学知识的第三层,这就是两个具有超学科意义的知识领域:普通系统论和理论控制论。"[1]普通系统论和控制论(控制论中包括信息论),这两门学科的发展,促进了现代科学知识的整体化,加强了社会科学与自然科学及技术科学之间的联系。其趋向,一方面学科的分支越来越多,专业化的趋向日益明显;另一方面学科之间的相互依赖、相互渗透、相互交错的趋势也越来越明显,因而产生了许多边缘科学或者叫交叉科学。在这种情况下,出现了许多新的概念、名词,原有的一些概念的内涵和外延,也因实践活动而不断地充实、扩展和更新。教育科学是一门培养人的科学,也必然受到自然科学、社会科学和哲学日益接近的影响,逐渐成为一门综合性的科学。

实际上,哲学中所论及的人的活动的动机、定向、操作、能量

---

[1] 《哲学译丛》第 2 期,1979 年。

及评价,政治经济学中所研究的生产力、生产关系和价值规律,生物学中所发现的生物体内的酶的催化和效能,遗传学中的所讨论的核糖核酸、遗传密码,控制论中的信息传递和交换,物理学中的人体力学,大脑生理学中的大脑分区及其功能,以及发展心理学的身心发展和个性形成等等,都直接影响着、推动着教育科学的发展。有些学科的一些内容,也早已渗透到教育领域内,发展了教育本质属性的特征。

目前,现代科学正在以空前的规模和力量冲击着整个社会和人类的智慧,科学知识和技术的社会地位和作用,日益增高和加大。生产"科学化"、社会"科学化"的进程正在日益加速,并将结合成为一个系统的整体,促进人的全面发展,进而促进社会向着更高的境界发展。毫无问题,作为科学技术的基础的教育,将成为社会进步的积极力量。

应该看到,科学技术的日益自动化,又大大地提高了对熟练劳动的需要。新的科学技术出现,将使科学通过直接生产者渗入生产的渠道以提高生产效率,这就需要生产者有较高的教育程度。在这种形势下,就要求教育与社会结构各个方面密切结合起来进行。结合社会主义经济基础的发展,有计划、按比例地发展,大力培养人才;结合提高受教育者的社会主义觉悟,积极地发挥它作为上层建筑的作用,加快人才培养和经济建设的速度;结合先进的科学技术,积极地提高物质生产力和精神生产力的水平;结合扩大和增殖生产力,相适应地调整或变革生产关系。可见,教育的本质,不是永恒不变的,随着社会的发展,也在不断地增殖和更新它的质态,形成教育的多质的、多层次的、多水平的本质属性。

(原载《教育研究》1980年第6期)

培养人才要采取多种形式

一九八一年我在北京工作,搞大百科全书教育卷,从四月份开始在出版社、教育部领导和专家的大力支持下,这个工作进行得比较顺利。这是在中国共产党领导下中华人民共和国出版的具有国际水平、符合中国实际情况的一部专著。

我从北京到济南、北戴河、烟台、秦皇岛、徐州、苏州……看到 1981 年中国的经济面貌发生了很大变化,经济的发展是蒸蒸日上。再有是精神文明建设的问题,物质文明、精神文明这两个问题都要抓住。抓精神文明要抓思想教育。培养人才是个大问题。拿朝鲜来看,大学有 160 所,中等专业学校有 600 所,高中有 1 100 所,小学有 4 100 所,除此而外,采取许多措施,来奖励,对人才培养有战略思想。人才培养不是单打一的问题,应从各个方面下功夫。从学前教育开始,包括学校教育、社会教育、成年教育,都要集中精力,长远计划,有步骤地进行。拿大学来说,这是培养人才的地方。但中国目前的大学,有许多地方需要改进。美国有一个社会教育学家,叫杜林丁(音)说,中国的教育,以清华大学为模式。我认为,中国的教育,以一个模式搞下去,就成问题了。大学分为三种类型:尖子型的,大众型的,普通型的。所以,培养人才要采取多种形式,多种办法。知识的专业化和知识的完全化要结合起来。

(原载《江苏社会科学》1982 年第 1 期)

"教育工作者在建设社会主义精神文明中担负着特别重要的责任"

党的第十二次代表大会,肯定了十一届三中全会以来,教育战线取得了拨乱反正的重大胜利,工作正在走上正轨,并得到了一定的发展,呈现出初步繁荣的景象,这是十分值得我们欣喜、庆贺的。根据党在新的历史时期的总任务,我们将大力推进物质文明和社会主义精神文明的建设,这就需要各方面的建设人才。而人才从哪里来呢?主要的是靠有组织有计划地教育来培养。人是世界上最宝贵的,通过教育使人掌握了科学技术,就会变潜在的生产力为现实的生产力,创造出奇迹来。国际上,有的国家有一定的人才,而物质资源不多,靠进口加工而逐步现代化;有的国家有较多的物质资源,而人才不够,它就以重金礼聘国外人才,同时,改进并加强国内的教育工作来实现现代化。我国既有人才的资源,又有物质的资源,只要重视教育,大力进行"智力投资",切实有效地办好教育,就能不断地培养出大量的具有高水平的文化知识和科学技术的建设人才来,就有可能保证大力推进物质文明和社会主义精神文明的建设。

胡耀邦同志在党的第十二次全国代表大会上关于《全面开创社会主义现代化建设的新局面》的报告里指出:"我们在建设高度物质文明的同时,一定要努力建设高度的社会主义精神文明,这是建设社会主义的一个战略方针问题。"并且十分透辟地阐明了精神文明和物质文明在社会主义建设事业中的密切关系。即:"物质文明的建设是社会主义精神文明的建设不可缺少的基础。社会主义精神文明对物质文明的建设不但起巨大的推动作用,而且保证它的正确的发展方向。两种文明的建设,互为条件,又互为目的。"胡耀邦同志又指出:"思想政治工作者、各种文化和科学工作者、从幼儿园到研究生院的各级各类学校的教育工作者,在建设社会主义精神文明中担负着特别重要的责任","各级学校教师,特别是全国农村的小学教师,他们的工作十分艰苦,又十分崇高,他们的努力将决定我们下一代公民在德、智、体各方面的成长。我们必须使全社会普遍尊敬和大力支持他们的光荣劳动。"胡耀邦同志从这样的理论高度和政治高度上说明教育工作、教育工作者在建设物质文明和社会主义精神文明中的意义和作用,大大提高了我们教育工作者的责任感、荣誉感。在实现四个现代化的征途上,在建设社会主义精神文明和物质文明中,我们教育工作者应该更加自觉,更加努力地完成党和人民的嘱托,办好教育事业,提高全民族的科学文化水平,特别是要大力培养各级各类专门人才,为全面开创社会主义现代化建设的新局面作出贡献。

(原载《教育研究》1982年第10期)

德育问题刍议

党的十二大号召我们,在建设高度的物质文明的同时,要积极地建设以共产主义思想为核心的精神文明,这是实现社会主义四个现代化所必须的,是完全正确的。而德育在建设高度物质文明和精神义明过程中是一个十分重要的问题。特别是在儿童和青少年的教育工作中,更具有深远意义。本文拟就这一方面表述一点意见。

一、德育与智育和体育的关系

众所周知,我们的教育方针,在使受教育者在德育、智育、体育几方面都得到发展,成为有社会主义觉悟的有文化的劳动者。我们这些从事教育的工作者,也经常把它概括为德、智、体全面发展的方针。同时,在认识上也都认为德育、智育、体育之间的关系是非常密切的,三者之间既有密切联系又有区别,它们是相辅相成,互相渗透,互相制约的。我们在实际工作中,时常看到学生的德育水平提高了,他们就会有明确的远大的学习目标,从而刻苦学习,认真钻研,积极锻炼;而智育的发展和体质的增强,又促进了他们各种能力的发展,逐步形成科学的世界观,进一步又提高了德育水平;重视了体育锻炼,增强了体质,又能保证顺利地完成学习任务。有人说,德育、智育、体育几方面互相促进、互相渗透、互相制约是教育工作的内部规律,这是正确的。

然而，这些年来，不可否认的是我们在贯彻执行德、智、体全面发展教育方针的过程中，却忽视了全面发展，片面的强调智育。在智育又猛抓智力，以智力代替一切。绝大部分的教育和教学时间，都用在知识内容的学习上，很少重视德育与体育的培养和训练。教师、学生、家长都在千方百计地抓智力，单纯地追求高分数，追求升学率，致使学生负担过重，损害了他们的健康。这也难怪，因为我们的国家由于经济上比较落后，教育制度上存在着许多不合理的情况。我们从现行的大、中、小学的教育计划或者教育方案看来，智育方面的课程占了相当大的比重，而德育和体育的措施却是松散无力的。当然，在我国科学文化水平低下的情况下，强调一下智育的发展是可以理解的。但是这种只抓智力而忽视德育和体育的做法，怎能正确地贯彻执行我们的教育方针呢？就个体来说，忽视了德育和体育，又如何使人具有高尚的情操和健康的身体呢？而且一个人德育的水平低下，就容易失去前进的方向，走到邪路上去，从而败坏了智育，损害了体育，后果是不可设想的。

从儿童和青少年来说，每一个儿童或者青少年其本身是一个有机的整体。在他们身上既包括从社会方面来的智育的内容，也包括德育和体育的内容，这两方面的内容统一于主体的内部，表现于主体的外部。因此我们在贯彻执行德、智、体全面发展的教育方针时，就不能忽视和轻视任何一方面。在学校实际工作中，我们从"三好"学生或优秀学生身上，可以看到令人喜悦的情况。就是当他们在德育上受到赞誉，感情上受到激励，智育上受到表扬，体育上得到效益时，他们的学习积极性是高的，各方面的进步是快的，他们的德、智、体全面发展的水平是步步上升的。同时，我们也看到德育在与智育和体育的关系中，是带有方向性的，是具有一定的指导意义的，它起着调节和催化作用，具体表现在受教育者的学习、获得科学知识及体育锻炼的目的性上,体现在他们的思想意识和世界观上,体现在他们的品质、操行和涵养上。换句话说,德育的发展能推动智育和体育向着更高的境界前进,同时,智育和体育的深化,又促进了德育,提高了德育的水平。

二、德育的内容与结构

所谓德育,一般地说,就是道德教育。它是以一定的社会制度为准则所形成的好坏、善恶、是非、勇怯、荣辱、爱憎、诚实、信义、嘉言善行、行为规范等为内容的。我们用这些内容从实际出发,有层次有秩序地教育儿童和青少年一代,使其转化为自己的观点、信念和行为的习惯。在人的一生中,儿童和青少年时期是最美好的时期,精力充沛,反应敏锐,易于感染,可塑性大,正是进行德育的最佳时期。在这个时期,把一些高尚的品德、行为规范等传授给他们,就会取得良好的效果,成为他们一生中具有影响的道德行为准则。

道德教育,作为一种教育来讲,它和智育一样。它的内容结构,一般地是由道德认识、道德观点、道德信念、道德感情、道德评价及道德行为所组成;从道德本身来讲,它是以善和恶、是与非、正义和非正义、公正和偏私、诚实和虚伪等所构成。以上二者结合便形成了道德教育的内容与形式。在实施上,应根据儿童和青少年身心发展的具体情况和特点,把一定的社会生活、社会关系及社会制度向人们所提出的道德品质、道德行为和道德规范,有计划,有目的,有层次地陶冶儿童和青少年一代,使其身体力行,勇于实践,形成他们自己的观点、信念和行为习惯。在方法上,一是家庭、学校、社会统一教育;二是父母、亲友、教师以身作则,模范行为;三是社会的正确的公正的舆论;四是以表扬与教育为主;五是以道德模式或典型榜样的仿效作用。

道德是由一定社会的政治、经济决定的,并为其服务。永恒不变的适用于一切时期和一切阶级的道德是没有的。在有阶级的社会中,道德具有强烈的阶级性。在每一个社会历史时期占统治地位的道德是该时期的统治阶级的道德。资产阶级的道德本质是自私自利、个人主义。他们把这些维护其阶级利益的东西,作为资产阶级统治思想的工具,并把它说成是全人类的道德,用以奴役劳动人民。被剥削阶级为了消灭剥削制度,便用自己的道德与之相对抗。劳动人民是人类历史上优良道德品质的创造者。劳动人民的道德品质的特点是大公无私、集体主义、全心全意为人民服务的精神。当前,无产阶级的道德是以共产主义道德为核心的,它的道德是人类历史上最伟大最高尚的道德。

道德作为人类对善恶、是非、爱憎等反映形式来谈,它是具有历史性的;作为道德的内容与准则来说,它是没有继承性的。

三、道德教育的演变

道德教育在中国有悠久的历史。古代有许多教育家和思想家,在他们的教育实践中,总是把德育放在首位,不仅从理论上阐述德育在整个教育中的重要地位和作用,而且在教育实践中,他们是身体力行的,例如孔子在智育上主张启发诱导,因材施教,在道德教育上则注重学生的主动性和自觉性。他说:"为仁由己,而由人乎哉","仁远乎哉?我欲仁,仁斯至矣。"他认为道德知识的学习是培养优良品德的前提。道德行为产生于内心的主动性和自觉性,而非外力的强制。同时,也不能停留在口头上,而是要力行,要实践。孔子以后历代的教育家、思想家都是非常重视德育的。如唐代的韩愈、宋代的朱熹、明代的王守仁等人。他们中间,有的是重视道统的,有的着重知行的,也有的重视人的"良知"的。毫无疑问,他们所主张的和他们所宣扬的是一些封建地主阶级的道德。他们对儿童和青少年一代的教育是一些剥削阶级的道德教育,为剥削阶级服务的。

在西方,也是很早就重视人的德育的,我们仅以具有代表性的康德和赫尔巴特二人的道德教育观为例,考察一下,他们是如何重视道德和道德教育的。他们认为道德修养是教育的最高目的。从学校本身来看,它是进行道德教育的一种组织,因为教育出来的人要有高尚的德性和坚实的科学知识。直到目前,欧洲一些教育家、哲学家,都认为教育的目的,在于培养具有崇高的道德品质和科学知识的人材。

康德认为最高的教育目的在于道德的修养。只有智育和体育,决不能称为完全的独立教育。惟有加上德育,才能算作完全的教育。康德这些观点是从他的"理性观念"出发的。他认为人都有道德理性,要发扬它就必须从知识论和道德论着手,经过教育而得到发展。道德行为与文化科学知识有密切的关系。人有了文化科学知识就有可能更深入地辨别是非、善恶,使自己行为合乎一定的道德规范。康德指出:人必须受教育才能成为人,教育的手段是训练、教化、文明陶冶和道德陶冶。他认为儿童的粗野之性,经过一定的训练才能得到矫正,通过教化才能使儿童和青少年发展各种知能和获得知能的方法;文明陶冶的主旨在于陶冶儿童和青少年的情操。康德曾写过《道德问题》一书,详细地论述了他的道德和道德教育观。这本书,可算是欧洲最早的专论道德教育的专著。

赫尔巴特认为教育应当全部致力于道德涵养。赫氏从他的伦理学观点出发，研究了关于人的德性和教育问题。他认为人的德性是由其个人内部自由发展而成的，也就是个人演进的结果。他把道德观念分为五种，称为五种道念。一是内心的自由，以自己的判断而确信者，判断决定一个人的意志，以战胜外界各种境遇；二是意志强固之力，能持久，赫氏叫做"完全"；三是善意，不顾个人的利害，图谋他人的利益；四是正谊，两个人的意志有争执时，应以公平法则为裁判；五是报偿，在与人相抗必须斟酌平允后而进行报偿。他认为教育的作用，就在于培养人达成这五种道念，成为有道德观念和道德行为的人。他说，教育的各种目的，并非各自独立的，其最后的归宿在于培养成为有高尚道德的人。也同中国相似，康德之后，有许多教育家在论述教育时，总是把道德教育放在重要地位。例如夸美纽斯、裴斯泰洛齐等人的道德观。同样，康德的知识论或道德论也好，赫尔巴特的五种道念也好，他们所提倡的道德是适应欧洲当时资本主义上升时期资产阶级的需要，其内容也不外是以维护资本主义制度为中心的一些道德准则，并为其服务而已。

四、道德教育的过程

首先，我们肯定的是道德观念不是天生的，而是在人的社会生活实践中形成的。这就是说，人们所处的社会关系、社会环境和社会意识在头脑里的一种道德评价的反映。在现代社会中，一个人从初生起，在家庭、学校、社会中，通过观察、模仿、学习、比较等方式，逐步认识到道德的意义及道德行为的重要性。在学到各种生活、劳动技能和文化科学知识的同时，逐渐形成自己的道德观点，对于善恶、美丑、光荣与耻辱、高尚与卑鄙等有自己的原则、尺度和评价。这样在一生中,经过不断的发展、调整、巩固和深化,便形成了自己的一种深刻的不易改变的内在信念,即所谓道德信念。在这个过程中,从儿童到青少年时代当然是具有关键性的意义。

在有阶级的社会里,由于阶级不同,道德观念、道德准则也不一样。具体地说,对于善恶、美丑、是非、爱憎、正义与非正义等分辨的标准与识别的能力,剥削阶级与被剥削阶级是不同的。因为剥削阶级的道德本质是以"人不为己天诛地灭"为出发点的,而无产阶级则是大公无私。阶级立场、观点不同,因而对于道德行为标准就完全不一样了。

究竟儿童和青少年的道德概念是如何形成的?目前有几种说法。一是先天说,认为人都有良心,良心是天生的。人有了良心就能判断善恶美丑,区分真伪;二是经验说,认为判断善恶美丑、是非不是先天的,而是经验累积起了类化作用,产生了辨别善恶、美丑、是非的能力;三是顿悟说,认为人的道德行为既不是先天的,也非经验累积,而是由于顿悟而来的。其实,以上三种说法都是不科学的。所谓良心,是指一个人的内在的、自觉的对道德行为的评价活动。它是人们在社会生活实践中逐渐形成的,并非是先天的;经验累积说只是说明了道德行为与认识、经验有关,有了认识和经验,就有可能辨别善恶、美丑、是非问题。其实也不尽然,而且也不是道德概念形成的根本原因;至于顿悟说也必须在认识和经验的基础上才能顿悟到是否合乎道德要求,这里缺乏一种共同的标准。从学校组织来说,儿童和青少年一代的道德观念的形成,主要是通过父母和教师适合的教育,使其获得充分的知识,逐步培养清晰的道德观点和判断能力,建立道德信念,并努力转化为实际行动。

有人认为德育过程与教育过程是一致的,因为学校的任务就是道德教育的任务，最后要形成人的品格。美国杜威就是这种观点。他认为生活的目的，不在于终极目标的尽善尽美，而在于永远持续不断地改善、不断地成长、不断地精炼过程。诚实、勤勉、节制、正义、健康、财富、学问等也都是不断改善而成长的。学校教育最终目的在于培养学生适应社会，离开了社会，没有什么道德之可言。杜威的这种观点是与他的教育即生长，教育是经验继续改造的主张是一致的。很明显，教育的过程主要的是学生学习、掌握知识的过程，其中含有道德教育的意义，不过没有严格的要求，效用是很不显著的。虽然学生的道德概念和道德行为的形成在很大程度上需要文化科学知识的支持，但是把一种道德观念或道德行为巩固下来变成为习惯，还需要身体力行，不断地进行实践活动。而且任何一种道德判断不是单靠经验改造所能形成的，乃是靠一定社会的共同的行为规范为判断准则。道德概念的形成过程在生理机制上与一般其他概念形成过程是一致的，不过在反映的内容上不同而已。客观现实的信息输入于主体的大脑，引起了神经系统的活动，对外来的信息进行多序列的分析综合，分辨真伪、比较、概括、判断推理，并依据一定的社会生活和社会关系的准则评价自己的行为是否合乎道德行为规范。也可以说，一个人的道德概念的形成，是由于人与外界交往经过反复的实践，逐渐认识或辨别事物的真伪，行为的善恶及其规范，在头脑里构成了一定观念，并根据共同的道德行为规范予以评价，以促进、改善或抑制自己的行为。可见，道德概念的形成过程，不是简单的用"内化"二字所能阐明的。而且一种道德判断能力和一种道德概念的形成都不是一次活动可以完成的。当然，这其中与儿童和青少年的身体发育、文化知识的增长有直接关系。有些道德行为在某一特定的时间内很快地实现，也可能在某一时间内遭到破坏，这种变动不定的现象，要看当时的主客观条件而定。一般地说,道德观念、道德行为和道德判断能力的发展,都表现着一定的连续性和阶段性。例如道德判断能力的发展,在儿童时期多半是以别人的判断标准为标准的,随着年龄的增长,知识经验的增加,逐步发展为自己的道德观点和道德判断能力,这就产生了自己的道德标准。

五、如何对儿童和青少年进行道德教育

目前,我国社会主义现代化的建设正进入一个新的历史时期,从事工业、农业、商业及文教事业等工作的同志都在积极地、热烈地、实事求是地努力工作,开创新局面。教育工作者也不例外。十二大以后,教育事业蓬勃发展,更是令人鼓舞。儿童和青少年的前程似锦,都在刻苦学习,认真锻炼,五讲四美蔚然成风,欣欣向荣,朝着高度文明的社会主义现代化迅猛前进。这是当前儿童和青少年的思想道德的主流。但是由于十年浩劫的遗毒尚未完全肃清,在极少数的儿童和青少年身上道德品质不那么令人满意,他们的行为有触及刑律者为数也不少。当然,造成儿童和青少年这些不良的行为,原因也是多方面的。不过父母、亲朋与社会上少数缺德的人的思想意识与行为对他们的影响是很大的。因此,从学校教育工作来说,应该是教育者先受教育,使家庭、学校、社会三方面结合起来,统一对儿童和青少年进行共产主义理想教育和道德品质的教育。父兄的谆谆教诲,教师以身作则的模范行为及社会宣传组织的及时的感人深刻的报导和舆论,三者配合起来,使他们沉浸在浓郁的道德陶冶之中,潜移默化,随着他们的文化科学知识水平的提高和世界观的建立,以及身体的增长,逐步走向更高的道德境界。特别是学校教育,从培养目标的一定意义说,整个学校是实施道德教育的机构。在

教育内容和教学方法中,应当渗透着道德观念、道德判断和道德行为的东西,使学生于无形中受到道德教育的熏陶。道德教育的目的,应该是各科教学的共同的和首要的目的。在方法上,应根据儿童和青少年身心发展的特点,循序渐进地把一些道德观念、道德行为以及科学的世界观深入浅出地讲述给学生,并及时提供一些道德品质高尚的英雄模范典型人物,使他们耳濡目染,变为自己学习的榜样。同时,指导学生勇于实践。在儿童和青少年活动中涌现出来的有关道德品质或行为的现象、事迹,及时予以表扬,给以评价。对儿童和青少年的某些过失行为,应像无限热爱病人的医生一样,爱护他们,体贴他们,教导他们,使他们转化为具有良好道德的人。

(原载《教育丛刊》1983 年第 4 期)

教 育

教育是培养人的一种社会现象,是传递生产经验和社会生活经验的必要手段。它随着人类社会的产生而产生,随着人类社会的发展而发展。教育同社会发展有着本质的联系,并受教育对象身心发展规律的制约。它以越来越复杂的形式适应着社会发展的需要,为一定社会的政治和经济服务。现代生产和现代科学技术的发展,对教育提出了更高的要求。教育的作用日益为世界各国所重视。现在,中国处在全面开创社会主义现代化建设新局面的新的历史时期。在这个历史时期,中国的教育肩负着为"四化"建设培养各种专门人才和劳动后备力量的任务;它对社会的发展,起着比任何历史时期都更加广泛和重要的作用。中国共产党在第十二次全国代表大会的决议中,把教育列为发展国民经济的三大战略重点之一,要求全党和全国人民重视教育,重视知识,重视人才。

教育是培养人的社会活动

"教育"一词,在中国最早见于《孟子·尽心上》中的"得天下英才而教育之,三乐也"。按《说文解字》的解释:"教,上所施,下所效也。""育,养子使作善也。"

现在一般认为,教育是培养人的一种社会活动,它同社会的发展、人的发展有着密切的联系。从广义上说,凡是增进人们的知识和技能、影响人们的思想品德的活动,都是教育。狭义的教育,主要指学校教育,其涵义是教育者根据一定社会(或阶级)的要求,有目的、有计划、有组织地对受教育者的身心施加影响,把他们培养成为一定社会(或阶级)所需要的人的活动。教育这个词,有时还作为思想品德教育的同义语使用。

教育起源于劳动。而劳动是在社会集体中进行的。教育是适应人们在生产劳动过程中传递生产经验和社会生活经验的实际需要而产生的。教育同社会共存、共发展。社会发展的根本动力是生产方式的运动。生产力与生产关系的矛盾对立和统一,推动着社会的前进。在社会发展的过程中,教育的发展既同生产力的状况有关,又同生产关系的性质有关。生产力与生产关系同时制约着教育。

人,作为劳动力,是社会生产力中的最活跃的因素。劳动力的素质直接关系到生产的效率和发展进程。马克思把"劳动力或劳动能力"理解为人们在劳动中所运用的"体力与智力的总和"[①]。这就是说,一个人(劳动力)在生产上发挥的作用如何,同他们的体力与智力的发展状况有很大关系。而人的体力与智力的发展,主要靠教育的培养和训练。教育担负着劳动力再生产的任务。劳动力的再生产,从质量上和数量上,都取决于物质资料的再生产,并作用于物质资料的再生产。马克思主义认为,科学技术是生产力。而这些知识形态的科学技术在没有被劳动者掌握之前,它还是一种潜在的生产力。只有当它被劳动者所掌握并运用于生产实践,才可能由潜在的形式转化为现实的生产力。这种"转化"仍然要靠教育对人的培养与训练。教育使劳动者掌握现存的科学技术,而科学技术的继续发展也要靠受过

---

① 《马克思恩格斯全集》第23卷,第190页。

教育的人去实现。因此,教育也是科学技术再生产的重要手段。劳动者受教育的程度越高,掌握科学技术的深度与广度越好,他们在推动科学技术和生产力的发展上的作用也就越大。所以要发展生产,就必须相应地发展教育。近代社会中,基础教育的逐步普及、职业技术教育、大学专业教育、成人教育的发展,教育内容、方法、技术的改革,都与生产力的发展有密切关系。从上述意义上说,教育是生产斗争的工具,任何社会都不能没有教育。

人,作为劳动力,又是生活在一定社会环境之中,具有一定思想、意识的社会成员。人类的生产劳动从来就是社会性的劳动。人们从事物质生产,同时也就建立起某种生产关系。这种生产关系以及与它相适应的其他社会关系,对人的思想和体力、智力的发展产生深刻的影响。所以马克思又把人的本质看作是"社会关系的总和"。教育所培养的人具有什么样的思想,教育由谁来掌握,谁能够进学校受教育,以及按什么目的、用什么内容教育他们,这都同人们在生产中的地位有关,都是由一定的生产关系和维护这种生产关系的政治制度以及意识形态等决定的。教育作为培养人的社会活动,它不仅把前辈所积累的生产经验传授给下一代,而且把一定社会的生活规范传授给下一代,使他们能适应现存生产力与生产关系的要求,以维护和巩固一定社会的政治和经济制度。因此,不同的社会具有不同性质的教育。从上述意义上说,教育既是永恒的、普遍的范畴,又是一个历史的、阶级的范畴。在阶级社会中,教育具有鲜明的阶级性,为一定的政治经济服务。占统治地位的教育,总是统治阶级的教育,总是统治者巩固其阶级统治的工具。

教育为生产力服务和为一定生产关系服务是辩证统一的。但在不同的社会制度下或在同一社会制度的不同发展阶段,由于生产力与生产关系的矛盾具体表现不同,教育对生产力或生产关系所发生作用的重点也不同。当社会发展需要变革生产关系以解放生产力时,教育为阶级斗争服务的性质和作用就突出出来;旧教育竭力维护旧的生产关系和政治制度,而革命的教育却在为推翻旧的政治经济制度和建立新的政治经济制度进行斗争。在近代社会中,当社会由革命转向建设时,教育为生产斗争服务的性质和作用,就被提到突出的地位;它反映着新的生产关系与生产力发展水平相适应的状况,推动着生产力的发展。尽管教育的作用随一定社会条件的变化而变化,但它始终体现着为生产力服务和为生产关系服务的辩证统一性。须知,生产力的发展迟早会导致生产关系的变革,教育也迟早会随之与生产力的发展相适应。在社会主义国家,有时也会出现教育与生产力发展不相适应的情况,或落后于生产发展的需要;或超越了生产发展的水平,这都要给生产力的发展带来某些消极的甚至是破坏性的影响。但是,这同在私有制社会中所发生的情况和问题毕竟具有根本不同的性质。要改变这一不相适应的情况,并不需要改变社会制度和所有制关系。这是因为,现存的社会主义制度是最进步的社会制度;而掌握领导权的工人阶级又是先进生产力的代表,它完全可以自觉地按照社会发展的规律,检查和调整生产关系中某些不相适应的环节,在体制上进行适当的改革,从而使教育与生产力的发展相适应。

　　教育同生产力与生产关系以及社会的其他上层建筑(包括政治法律制度、机构和政治思想、法权思想、哲学、道德、文化、艺术、宗教等社会意识形态)有着密切的联系。教育的发展是同这些社会因素的发展分不开的。教育就是在同生产力与生产关系、经济基础与上层建筑等错综复杂的联系中,对社会的发展发挥着自己的作用。此外,还有一些社会的、自然的因素,如人口的增长、地理环境等也对教育产生一定的影响。

教育对社会发展的作用,是通过培养人来实现的。人有其自身生理和心理的发展规律。在教育过程中必须遵循这些规律,才能收到预期的效果。教育在人的发展中的作用,是在同遗传和环境的相互作用中表现出来的。遗传,主要指人的遗传素质,即个体与生俱来的解剖生理上的特点。遗传素质构成人的身心发展的生物前提,为人的发展提供了可能性;没有这个前提条件,个体的任何发展都是谈不到的。遗传素质的成熟过程制约着人的发展水平和阶段性,不同年龄阶段反映出不同的生理与心理特征。遗传素质在人与人之间具有差异性,这决定了人们在发展上的个别特点。但就一般人来说,这种差异是不大的。遗传在人的发展上起着重要的作用,但它不能决定人的发展。它仅仅是人发展的前提或可能条件。只有通过后天环境和教育的影响与作用,才能使这种可能条件得以发展,成为人的现实属性,形成人的知识、才能、思想、品德以及性格、爱好等。"遗传决定论"是错误的。

环境,指人生活在其中并给人以影响的客观世界,包括自然环境和社会环境。对人的发展起巨大作用的是社会环境。人总是在一定社会关系中生活的,接受着来自外界的各式各样的、积极的或消极的、物质的或精神的影响,形成一定的思想、观点、行为和习惯。人们接受环境的影响不是消极的、被动的,而是积极的、能动的过程。环境影响人,人也在改变着环境。正是由于个体能动地作用于环境,环境才对个体的发展产生影响。人们就是在实践中改造着客观世界,同时接受了客观的影响,从而改造着自己的主观世界和发展着自己。在同一个环境中,由于个人的主观态度不同,他们各自的发展也不同。所以说,"环境宿命论"也是错误的。

环境对人的影响是自发的。环境只有在教育的组织和利用下,才能向着社会所需要的方向对人的发展起积极的作用。教育,主要指学校教育,这是环境中影响人发展的一种自觉的因素。它对人的发展起着主导作用。教育是根据一定社会(或阶级)的要求和儿童身心发展的规律,由教育者对受教育者施行的有目的、有计划、有组织的影响活动。它既可以充分发挥个体遗传上的优势,使之得到较好的发展,又可以控制环境对人的自发影响,利用和发挥环境中积极因素的作用,限制和排除环境中消极因素的影响,以确保个体发展的方向。教育的主导作用是相对遗传和环境而言的,绝不能超越社会发展和个体发展对教育的制约性而孤立地谈教育的作用。因此,"教育万能论"也是错误的。

总之,在人的发展中,遗传、环境和教育是辩证统一的,这反映在主观与客观,内因与外因的辩证关系上。毛泽东在《矛盾论》中指出:"事物发展的根本原因,不是在事物的外部,而是在事物的内部,在于事物内部的矛盾性。""外因是变化的条件,内因是变化的根据,外因通过内因而起作用。"人的发展也是如此。由教育和环境的作用所引起的儿童身心发展的需要,同儿童原有发展水平之间的矛盾,是儿童发展的动力和原因。这种矛盾的不断解决与提高,也就是儿童不断发展的过程。社会、家庭的影响,学校的教育,教师的具体教导和要求,是儿童身心发展的外部条件。这些条件对儿童的作用受着儿童原来身心发展水平的制约,又是通过儿童已有的认识、思想、感情、态度、知识基础、生活经验等内部因素起作用的。这些教育和影响的结果,不断地得到巩固和提高,又成为制约儿童身心进一步发展的内部因素。知识、才能、思想、品德,并不是儿童天生就有的,也不是从外部简单地灌输或移植于儿童身上的,而是外部的影响作用于儿童,通过儿童自身积极的活动而实现的。所以,教育与发展是辩证统一的关系。在教育过程中,要重视启发性,要注意调动儿童学习的自觉性、主动性、积极性与创造性,要着眼于儿童的"最近发展区",使教育的作用与儿童发展的需要紧密结合起来。

教育总是通过一定的形式进行的。教育的基本形式是教育者根据一定的教育目的、教育内容(或教材)向受教育者进行教育。第一种教育形式是学校教育,它是在固定的场所有目的按计划进行的,或面向班级整体施教,或进行小组、个别施教。第二种教育形式是通过各种知识媒介(如图书、报刊、电影、广播、电视、函授教材等),使受教育者获得知识和受到教育的活动。这种教育形式,教育者通常不直接和受教育者见面,而是间接地启发和指导他们独自进行学习,但有时也和面授相结合。第三种教育形式是通过人与人之间的联系来培养人的活动。它既不在学校中进行,又不系统讲授,也不提供自学内容,而是在工作与生活现场通过示范、模仿、交往、接触、传递信息和经验等进行思想的和文化的影响。第四种教育形式是自我教育。这是指受教育者为了提高自己的知识和思想,发展智力和才能,形成一定的个性品质,而进行的自觉的、有目的的自我控制的活动。自我教育在人的发展中起着重大的作用,是人参与自身发展的重要形式。

不同的教育形式是在多种教育场所进行的。当今的教育场所有家庭、学校、社会教育机构和工作单位等。家庭是教育体系中的一个重要环节,也是形成人的个性的重要因素。家庭对青少年儿童道德品质的形成和智力的发展以及健康成长,起着不容忽视的作用。家长是儿童最早的教育者。家长的言谈举止、思想作风、待人处世、生活习惯,以及对子女的要求和为子女所造成的生活、文化环境等,都对儿童有着重要的影响。学校是对青少年儿童施教的主要场所。学生每天大部分或全部时间是在学校中度过的。设计合理的有目的、有计划、有组织的学校教育活动,对儿童的成长起着主导作用。社会教育机构,如图书馆、文化宫、俱乐部、博物馆、电影院以及少年之家、少年儿童活动站等等,都是学校教育场所的延伸,是校外教育的重要阵地,同时也是成人继续教育的重要场所。在这里可供人们进行学习和文化娱乐活动。在社会主义社会,社会教育机构已成为向劳动人民进行共产主义思想教育、文化科学教育,发展他们创造才能的业余活动的中心,成为他们文化、娱乐和休息的场所。工作单位并不是以教育为主要目的而建立的,但它对其所属成员却起着在职教育的作用,包括思想政治教育、业务教育和文化教育。工作单位还以其特有的人与人之间的关系和作风、工作制度和工作实践,对每个成员进行着潜移默化的教育和影响。中国在新民主主义革命时期,为了提高在职干部的理论、思想、业务和文化水平,建立了培训在职干部的教育制度。这种教育制度是随着时代前进而前进的,一直延续到今天,并有所发展。在一定意义上说,它是学校教育的继续、扩展和加深。工作单位是自我教育和终身教育重要的环境和条件。

这些教育形式和场所影响着人的一生,它们在教育实践中采取不同的方式,形成各自不同的教育体系,起着各自特有的作用。教育的形式和机构同教育的性质和职能作用一样,都随社会的发展和时代的不同而有所变化。

教育随社会的发展变化而发展变化

伴同人类社会出现而产生的教育,随着生产的发展和社会的变革,也在发展着,变化着。在不同的社会历史阶段,由于生产力发展水平不同,生产关系和政治制度各异,教育也具有不同的性质和特点。

原始社会的教育 原始社会是人类社会发展的初级阶段。从原始群到氏族社会结束,经历了极其漫长的历史岁月。中国从元谋人的群居生活到夏朝建立前夕,约有170万年左右。原始社会如此缓慢的发展,是同当时低下的生产力分不开的。人类最初是使用粗糙的石器。到氏族社会形成以后,人类进而知道磨制石器,有了石斧、石铲等工具,逐渐学会了种植作物、饲养牲畜、制造陶器、建造房舍等生产活动。当时,由于劳动工具十分简陋,生产水平很低,人们的劳动只能维持自身的生存,社会上没有剩余产品,生产资料为氏族公有,没有阶级与剥削;大家共同劳动,共同消费,过着平等的集体生活。

原始社会的教育同原始社会的生产方式相适应。当时教育还融合在生产劳动和社会生活之中,没有专门的教育机构和专职教师;年轻的后代是在生产劳动和社会生活的实践中,接受长辈的教育。当时,人类的精神活动尚处于很不发展的状态,不存在脑力劳动与体力劳动的分工,也没有文字与书籍。人们是在生产劳动实践中,通过改进生产工具,把生产经验物化在生产工具上或记忆在头脑中,借以保存已有的生产经验,并通过教育把生产经验传授给下一代;同时也把社会风俗、礼仪、宗教和道德规范等传授给下一代。教育内容与方法十分简单,一般是结合着生产与生活实践,通过成年人的言传身教对儿童个别进行的。到原始社会后期,部落之间经常发生冲突和战争,于是便产生了军事教育的内容。原始社会没有阶级,因此教育没有阶级性,教育对全氏族儿童一律平等。

奴隶社会的教育 随着石器的发展,金属工具的出现,生产进一步发展,劳动生产率有了较大的提高;社会产品除维持人们的生活必需以外,开始有了剩余。剩余产品的出现,一方面为一部分人摆脱繁重的体力劳动,专门从事社会管理和文化科学活动提供了可能,从而促进了生产的发展;另一方面也为私有制的产生准备了条件。随着私有制的产生,社会上出现了剥削阶级和被剥削阶级,原始社会开始解体,奴隶制度逐渐形成。据史书记载,早在公元前21世纪,中国历史上第一个奴隶制国家——夏朝,就已建立。

奴隶社会在教育上的一个重大发展,是学校的产生,教育开始从生产劳动和社会生活中分离出来,成为一种单独的事业。学校的产生同国家的产生以及脑力劳动与体力劳动的分工紧密相连。这种分工,使人类积累的生产经验,不只物化在生产工具上,而且逐渐从直接经验的形态中抽象出来,上升为知识形态;同时使一部分人专门从事教育工作或专门接受教育。生产的发展,人类对客观世界认识能力的逐步提高,知识的日益丰富,以及文字的出现等等,这一切都为学校的产生准备了条件。国家产生以后,统治阶级需要一种专门机构培养其官吏和士人。这样,学校教育便应运而生了。体力劳动和脑力劳动的分工,学校教育的出现,反映了生产力继续发展的需要。但是,由于阶级的产生,它们一开始便被剥削统治阶级所垄断,脑力劳动成了剥削阶级的特权,学校教育成了他们进行阶级统治的工具。

奴隶社会的教育具有明显的阶级性。中国自夏朝以来,就有了庠、序、校和学等教育机关。"学在官府",只有奴隶主子弟能入学校学习;而劳动人民子弟只能在生产劳动和日常生活中,跟长辈学习一些为人之道和生产劳动的知识与技能。那时,学校教育同劳动人民原始形态的教育是并存的。但是,社会上占统治地位的是统治者的学校教育。奴隶主通过学校传播统治阶级思想,并把自己的子弟培养成国家大大小小的统治者。至于劳动人民原始形态的教育,主要是通过家传形式或师徒制传授生产经验和一些粗浅的文化知识。它在统治阶级的影响下,主要为社会培养劳动力,以维系社会生产的延续和发展。

学校教育被统治者垄断以后,即与生产劳动相脱离。奴隶主阶级鄙视体力劳动和体力劳动者,因此教育内容主要是学习统治者的礼仪、兵法等治人之术,而稼穑、百工之艺是被轻视的。到了西周时期,由于学校的发展,逐渐形成了比较完整的教育内容,包括德、行、艺几个主要方面。德与行是统治阶级的道德规范教育,艺是管理国家、维护礼治以及进行生产的一些知识和技术。当时的礼、乐、射、御、书、数"六艺"教育,反映了殷、周奴隶制国家祀与戎的需要。

学校教育的发展,促进了教育理论的萌发,孔丘、墨翟等著名的教育思想家和实践家也随之出现了。孔子从教四五十年,积累了丰富的教育经验。他的许多教育思想被概括在《论语》之中。《墨子》以及后来的《孟子》、《荀子》等书籍中都有许多著名的教育论述。萌芽时期的教育理论,只是以教育思想的形式,结合在哲学、政治、伦理等思想之中,散见于古代思想家和教育家的有关著作,并没有形成单独的教育理论体系。成书见于公元前2、3世纪的《学记》的出现,才有了比较系统的教育著作。《学记》是中国,也是世界上最早的教育学的萌芽。

西方奴隶社会有代表性的教育,是古代希腊和罗马的教育。在教育内容和一些教育措施上,西方奴隶社会的教育同中国古代教育有所不同;但它们的根本特点与性质是一样的,都是适应了当时奴隶社会政治、经济发展的需要。古希腊的斯巴达以农业为主,注重军事教育,培养年轻的一代成为捍卫奴隶制度的勇敢的军人。古希腊的雅典,海上交通方便,商业、手工业比较发达,其教育提倡人的和谐发展,培养效忠国家的公民,使他们不仅成为军人,而且成为积极的社会活动家。古希腊的教育实践,孕育了比较系统的教育思想,培育了一些著名的教育思想家和实践家,如苏格拉底、柏拉图、亚里士多德等。罗马教育同样是建立在剥削奴隶劳动的基础之上,为奴隶主阶级的政治和经济服务。它比希腊教育有着更大规模的学校教育工作实践,比较重视课程与各种教学方法的研究。这些都明显地反映在昆体良的教育理论体系中。昆体良的《演说术原理》成书于公元1世纪末,是西方较早的一本有关教育的论著。

封建社会的教育 生产力的进一步发展,铁器与畜力的普遍使用,大大提高了劳动生产率,从而使生产关系发生了新的变革,出现了新兴的地主阶级与农民阶级,奴隶制逐渐为封建制所代替。在封建社会,生产和文化科学技术等方面又有了较大的发展;劳动人民和一些士人在实践中有了更多的发明创造,在天文学、数学、物理学和医学等方面,都取得很大成就。当时在中国,特别是火药、罗盘针、造纸术和活字印刷四大发明,都具有世界历史意义。这些成就促进了农业、手工业、航海和商业贸易的发展,使中国封建经济出现了几度繁荣时期。

在中国,封建统治长达两千多年。封建社会的政治、经济和文化的发展,对学校教育提出了新的要求,促使在奴隶社会末期即已出现的私学,有了很大的发展,官学与私学并存,五代以后又出现了书院的形式。这些,不仅推广了学校教育,也积累了丰富的教育经验,因而又出现了像郑玄、韩愈、朱熹、颜元等著名的教育家和许多教育论著。教育理论日益向系统化演进。

封建社会的教育不仅具有鲜明的阶级性,而且还具有严格的等级性。封建社会地主阶级占有生产资料,掌管国家的政治和经济,也控制着教育,并使之为封建统治阶级服务。农民和手工业者的子弟大都不能入校学习。在中国,私学在表面上虽然人人都可进入,但由于大多数劳动人民子弟交不起"束脩",而被排斥在学校大门之外。劳动人民基本上还是通过父传子、师带徒的形式,在生产劳动和社会生活实践中接受教育。封建社会教育的等级性,在中国主要表现在中央官学的招生对象上:"殊其士庶,异其贵贱"。这类学校不仅劳动人民子弟不能进入,就连统治阶层的子弟入哪一等级学校也要按其父兄官位品级的大小而定。这种等级制在唐代尤为明显。唐代的中央官学设有"二馆六学"。学校制度规定:弘文馆、崇文馆招收皇亲、大臣的子孙;国子学收三品以上文武官员的子孙;太学收五品以上文武官员的子孙;四门学收七品以上文武官员的子孙;书学、算学、律学则收"八品以下子及庶人通其学者"。这种等级性,后来随着科举制度的推行,在表面上比较淡薄了。

在中国,封建教育的主要目的是培养官吏,学校的任务则主要是"养士"。学成之后,经选士或科举,优秀者授予官职。封建统治阶级选拔统治人才,逐渐形成一套选士制度和科举制度。隋唐以前是"选士",以推举为主;隋唐以后是"科举",以考试为主。这些制度对学校教育的影响很大。取士的标准和科试的内容,在很大程度上决定着学校的培养目标和教育内容。自汉武帝确立"独尊儒术"以后,儒家思想成了占统治地位的正宗思想,儒家的经典变成了历代学校的教育内容。历代的选士和科举,虽在形式上或重经义,或重诗赋,或用八股取士等有所不同,但在内容上大都限定以儒家经书为标准。封建统治者通过科举控制了全国的教育,用儒家的封建伦理思想奴役人民,使教育服务于培养忠于封建主的奴才,因而也使学校逐渐成为科举的附庸。这就严重地阻碍了学校教育的发展,使教育内容日趋形式化、教条化,更加脱离实际。

中国封建时代,科学技术有了较大的发展,社会上也需要培养具有自然科学知识和专业技术的人才。学校教育在以儒学为主的同时,也逐渐增加了一些算学、天文学、医学等方面的知识。到了唐代,则更多地建立起一些专科性学校,同时在一些中央业务部门,如太医署、太仆寺、司天台等,也设科招生,培养一些专门人才。这类学校在唐、宋时代已发展到一定规模,在世界上也是比较早的。但在中央官学中,这种学校政治地位比较低。随着官学的衰废,自然科学知识和技术多转入民间,由私人进行传授了。

在欧洲,自从公元476年西罗马帝国灭亡,开始进入封建时代。封建统治阶级有僧侣封建主和世俗封建主两个阶层。为他们服务的教育是教会学校和骑士教育。这种教育不仅具有明显的阶级性和等级性,而且还具有浓厚的宗教性。中世纪的欧洲,宗教成了封建制度的精神支柱。文化和教育全部为教会所垄断,教学内容贯穿着神学精神。教育目的是培养对上帝虔诚、忠于教权的教士和能够维护封建主利益的骑士,对他们进行"七艺"和"骑士七技"的教育。到12、13世纪,由于手工业和商业的发展,在城市出现了行会学校和商人子弟学校,着重学习生产和业务知识,为本行业培养人才。后来这两种学校合并成城市学校。这种学校反映了萌芽时期的资本主义生产的需要,打破了教会对学校的垄断,体现了新兴资产阶级同封建统治者的尖锐斗争。

资本主义社会的教育 资本主义经济在封建社会末期就已经产生。14—16世纪,由于手工业和商业的发展,促使了资本主义的萌发。当时,腐朽的封建势力和宗教统治已成了生产力发展的严重障碍;新兴的资产阶级为发展资本主义经济,同封建统治者进行了激烈的斗争。这一斗争在文化教育上的反映,就是欧洲伟大的文艺复兴运动。资产阶级的人文主义新文化向神道的封建文化宣战,要求解放人的个性,恢复人的价值,发展人的能力,反对宗教对人的发展的禁锢。这一运动促进了教育实践和教育理论的发展,出现了像维多里诺、伊拉斯谟、拉伯雷、蒙田和莫尔等人文主义和空想社会主义思想家和教育家。继文艺复兴运动之后,欧洲资产阶级又以宗教改革的形式向封建统治发动了进攻。新教与旧教的斗争有较广泛的群众性。这一斗争动摇了罗马天主教廷对欧洲教会的统治,使教会从属于国家,促进了资产阶级民族国家的成长与独立,并对欧洲教育的发展产生了深刻的影响。17世纪英国资产阶级革命成功,建立了历史上第一个资产阶级政权。18世纪从英国开始的产业革命,又把资本主义社会推进到大机器生产的新阶段。大机器生产代替了工场手工业,科学技术在生产上得到广泛应用,使生产力和科学技术相互促进,迅猛发展;在不到200年的时间内,社会生产便由机械化到电气化,直到现在的电子计算机普遍应用和自动控制的航天时代。特别是近100年来,资本主义生产和科学技术、文化教育发展到相当高的程度,现代化的生产较前更为迅速地发生着变革。

资本主义生产的发展,对教育提出了更高的要求,不仅要求扩大劳动者的数量,而且要求提高劳动者的质量。进行机器生产的工人必须具备一定的文化科学知识,掌握一定的机械原理和技能。这样,就要求学校扩大教育对象,对劳动者给予必要的文化教育。由于资本主义政治、经济发展的需要,以及劳动人民争取教育权的斗争,资产阶级为劳动人民开办一些学校,并提出"国民教育"、"普及义务教育"等口号。这样,培养劳动者的任务,开始从劳动实践中转入到主要由学校教育来承担了。

学校中受教育的人越来越多,封建时代的个别教学的形式已不适应教育发展的要求,于是班级授课制开始产生,出现了班级上课的新的教学原则与方法。班级授课制,最早是17世纪捷克教育家夸美纽斯总结出来的。他进行了长期的教育实践。他写的《大教学论》(1632)是西方第一部系统论述教育的专著。它标志着教育学向独立科学发展的开端。夸美纽斯的教育思想，不只是他个人经验的总结，也是时代的产物。这些思想反映了当时工场手工业的生产对教育发展的要求。大机器生产所带来的教育上的新变化，使班级授课制等理论更显示出巨大的意义。现代生产和科学技术的发展，又使教学形式和方法产生了新的变革；教学机器、电化教育等现代化的教学手段，在学校中得到广泛应用。

随着教育实践的发展，教育科学也逐渐形成。继《大教学论》之后，又有了英国洛克的《教育漫话》(1693)、法国卢梭的《爱弥儿》(1762)、瑞士裴斯泰洛齐的《林哈德与葛笃德》(1781—1787)等；到19世纪，德国赫尔巴特的《普通教育学》(1806)和英国斯宾塞的《教育论》(1861)又把教育科学推向一个新的发展阶段。特别是赫尔巴特的著作，利用了心理学和伦理学作为教育学的理论基础，使教育学形成一个比较完整的体系。到20世纪初，为解决资本主义社会种种矛盾，又出现了美国杜威的实用主义教育体系。随着生产的发展，新的学派不断涌现，教育学科也日益分化，形成许多独立学科以及同教育学科相关的边缘学科，出现了一个包括教育学在内的教育科学体系。教育科学开始向纵深发展。

大机器生产要求全面发展劳动者的智力和体力，要求教育同生产劳动密切结合。随着生产向现代化发展，劳动者只掌握一般的文化科学知识和生产技能，已不能适应生产发展的需要。工业发达的资本主义国家，都更加重视教育，把智力开发放在比物质资源的开发更为重要的地位。很多国家都增加了教育经费，普及了初中，甚至普及了高中，发展了大学教育和成人教育。

资本主义社会的教育仍具有鲜明的阶级性。资产阶级往往用虚伪的"超政治"、"民主性"掩饰其教育的阶级性,声称他们的教育是"机会均等"的,似乎已具有"全民性"。这不符合实际的情况。在资本主义制度下,由于财富的巨大差别和大学里高昂的学费,有产者和劳动者之间是不存在教育机会均等的。资本主义社会的教育是资产阶级控制着,为资产阶级服务的。对资产阶级来说,给劳动人民多少教育,给以什么样的教育,不完全取决于生产力发展的需要,而更多的取决于是否符合资产阶级的利益。恩格斯指出:"既然资产阶级所关心的只是工人的最起码的生活,那我们也就不必奇怪它给工人受的教育只有合乎它本身利益的那一点点。"[①]资本主义教育发展的历史也证实了这一点。马克思主义创始人运用辩证唯物主义与历史唯物主义的方法论,科学地分析了资本主义社会的种种矛盾,对资本主义教育的资产阶级性质作了无情的揭露,并为教育科学奠定了理论基础。

当西方各国进入资本主义社会的时候,中国还处在封建时期。两千多年的封建统治,使中国社会生产力发展十分缓慢。1840年鸦片战争以后,帝国主义侵入,中国开始由封建社会逐渐沦为半殖民地半封建的社会,从而也产生了半殖民地的和半封建的文化教育。在教育上,一方面仍以尊孔读经为主,另一方面也抄袭了一些资本主义国家的教育制度和内容,废科举,兴学校,发展实科教育,增加自然学科等。同时,随着帝国主义的文化侵略,帝国主义在中国也开办了许多学校。从洋务派的"中学为体,西学为用",到维新派对教育的改革主张,直到后来国民党统治时期推行的奴化的、封建主义的、法西斯主义的教育,使中

---

① 《马克思恩格斯全集》第2卷,第395页。

国的教育变成了帝国主义、封建主义、官僚资本主义教育的混合体,适应了旧中国的政治和经济的要求。与此同时,在中国共产党领导下,革命根据地建立了中国自己的民族的、科学的、人民大众的新民主主义教育。新民主主义教育以共产主义思想为指导,是人民大众反对帝国主义、封建主义、官僚资本主义的教育。它为新中国社会主义教育的发展,奠定了基础。

社会主义社会的教育 1917年,列宁领导的俄国十月革命的伟大胜利,在世界上建立了第一个社会主义国家。第二次世界大战后,在中国,在亚洲和东欧,许多社会主义国家相继成立。人类开始向社会主义迈进。在社会主义社会,无产阶级掌握政权,阶级关系发生了根本的变化,逐步消灭了一切剥削阶级和剥削制度,建立了生产资料公有制,大力发展了社会主义经济,为最终实现共产主义而奋斗。社会主义教育同社会主义的政治、经济相适应,它同一切剥削阶级社会的教育有着本质的区别。

社会主义教育是由无产阶级政党——共产党领导的。它掌握在劳动人民手中,为社会主义服务、为劳动人民服务。劳动人民无权受教育的时代已经结束。教育由统治人民、压迫人民的工具,变成改造旧社会、建设新社会的工具。

社会主义教育是以马克思主义为指导的。它以共产主义思想教育受教育者,并以现代先进的科学知识和技术武装他们,坚持理论联系实际,教育与生产劳动相结合,培养他们成为德、智、体全面发展的社会主义新人。

社会主义教育是与社会主义经济发展相适应的。它自觉地根据国民经济的需要,有计划、按比例地发展和调整自身的结构与进程。根据需要与可能,逐步延长普及教育年限,提高教育水平。

社会主义教育是爱国主义教育与国际主义教育相结合的,

主张民族平等和民族团结,主张各族人民都享有同等的受教育的权利,都可以使用本民族的语言文字,反对民族歧视和民族压迫。社会主义教育是同宗教分离的,反对宗教对教育的干预。

社会主义教育是为推动社会主义物质文明和精神文明的建设服务的,它批判地继承了古代优秀的教育遗产,使"古为今用",并吸收了当代各国先进的教育经验,取其精华,去其糟粕,以利于促进社会主义教育事业的发展。

纵观教育发展的历史,可以清楚的看到,教育的发展同社会的发展有着本质的联系。社会生产力的发展与生产关系的变革制约着教育的发展与性质。一定的教育是一定社会政治和经济的反映,又给予伟大影响和作用于一定社会的政治和经济。

从当前世界各国教育的现状,可以更清楚地看到这一点。现代生产和科学技术日新月异的发展,对教育提出了更高的要求;教育日益显示出它对社会生产和政治、经济的巨大作用。各工业发达的国家,为了维护自己的社会制度和阶级利益,都日益把教育放在一个相当重要的地位。1957年,苏联第一颗人造地球卫星发射成功,震动了西方各国。这些国家的人们认识到,科学技术落后的主要原因是教育落后,必须大力发展教育。1958年,美国国会通过了《国防教育法》,用法令的形式保证了教育的发展。

现代化生产结构经常发生着变革,从而带来职工结构的变化。生产流程向自动化发展,劳动者的体力劳动逐渐被自动化的设备所代替,生产中对劳动者脑力劳动的要求明显增长。这在资本主义国家中,引起雇佣结构的很大变化,"蓝领"工人数量逐渐下降,"白领"工人数量逐渐上升,劳动者的文化程度越来越高。从这里可以看出,现代生产与现代科学技术的迅速发展,要求不断提高劳动者的规格;生产的进一步发展,将要求工人都具有技术人员以至工程师的水平。马克思主义认为,科学技术是生产力,而要把这种知识形态的生产力变成现实的生产力,要靠掌握科学技术的劳动者。这就要发展教育,不断延长普及教育的年限,提高工人的素质。工人所受教育程度的提高,直接关系到劳动生产率和经济效益的提高。重视智力开发,增加教育投资,成了当今世界的重要趋势。新的技术革命的出现,要求教育作相应的改革,使劳动者掌握运用新技术、新工艺。

现代科学技术的发展,使得学科分类越来越细,知识总量成倍增长,知识更新也日益加速。教育是为未来作准备的,要具有预见性。教育在全世界的发展正倾向先于经济的发展。这便需要为教育构成一幅未来的蓝图,必须不断更新和提高教学内容,改进教学方法和实现教学手段现代化,大力发展成人教育。发展现代教育,延长学生学习周期,使学校教育同社会生产和社会生活紧密联系,也成了当前各国重要的理论课题。

现代生产的发展,要求培养能把科技最新成果有效地转移到生产过程中的劳动者。这就客观地给教育带来一系列重大变化。尽管各国都把教育与发展纳入自己阶级利益范围之内,适应自己国家的政治与经济的需要;但教育随着生产的发展而发展,这个总的趋势是共同的。我国社会主义教育事业的发展,也完全证明了这一点。

中国的社会主义教育事业

1949年10月中华人民共和国成立以后,全国的教育事业进入一个新的历史发展阶段。新中国的教育是在继承和发展新民主主义教育经验的基础上建设起来的。

1949年底召开的第一次全国教育工作会议,按照《中国人民政治协商会议共同纲领》中文化教育政策,曾作出如下规定:中华人民共和国的文化教育是新民主主义的教育。它的主要任务是提高人民文化水平,培养国家建设人才,肃清封建的、买办的、法西斯主义的思想,发展为人民服务的思想。这种教育是民族的、科学的、大众的教育。其目的是为人民服务,首先是为工农兵服务,为生产建设服务。其方法是理论与实际一致。要求以老解放区教育新经验为基础,吸收旧教育某些有用的经验,借助苏联教育的先进经验来建设新中国的教育。

1949—1952年,中国在巩固和发展老解放区教育的同时,接收并改造了旧中国遗留下来的学校,恢复和发展了人民教育事业。1953年开始,国家执行发展国民经济的第一个五年计划,教育列为国家建设的一个重要组成部分,并在按计划发展中前进。1957年2月,毛泽东提出:"我们的教育方针,应该使受教育者在德育、智育、体育几方面都得到发展,成为有社会主义觉悟的有文化的劳动者。"在这个方针的指导下,中国的社会主义教育的主导方面,是根据社会主义制度和生产建设的要求,通过举办各级各类学校和教育设施,培养德智体全面发展的各方面的建设人才,提高各民族人民的政治和科学文化水平。30多年来,中国的教育事业曾受到"左"的指导思想的干扰,遭到"文化大革命"的严重破坏。虽然几经曲折,仍取得了巨大的成就。中国已经从根本上改造了半殖民地半封建社会的奴化的、封建主义的和法西斯主义的旧教育,建立起初具规模的社会主义教育体系,各级各类学校有了很大的发展。1949年,全国的高等学校为205所,学生117 000人;中等学校为5 216所,学生1 268 000人;小学校为346 800所,学生24 391 000人;学龄儿童入学率为20%左右;全国人口80%以上是文盲。到1982年底,这种教育落后的状况已有明显的改变:全国的高等学校达

715 所,学生 1 175 000 人,另有 1 172 000 人在各种成人高等学校学习;各类中等学校达 107 780 所,学生 47 027 300 人,另有 10 804 100 人在各种成人中等学校学习;小学校达 880 500 所,学生 139 720 400 人,另有 7 566 400 人在成人初等学校学习;幼儿园 122 100 所,在园幼儿 11 390 900 人;全国学龄儿童入学率为 93%;全国文盲、半文盲人口占总人口的 23.5%。30 多年来,中国已培养了近 1 000 万名专门人才。近几年来建立了学位制度,有了一批新获得硕士、博士学位的专家。其中,有些人的学识已经达到了世界先进水平。

从 1976 年 10 月结束"文化大革命"十年动乱以来,特别是中共中央十一届三中全会以来,中国的社会主义建设进入了一个新的发展时期,教育事业也开始了一个新的发展阶段。新时期的教育建设,就是要根据逐步实现工业、农业、国防、科学技术现代化,把中国建设成为高度文明、高度民主的社会主义国家的要求,加速发展教育事业,提高教育质量,重视智力开发。发展教育是建设社会主义精神文明的一项基本任务,也是经济振兴的必要前提。提高人民的科学文化水平、思想觉悟和道德水平,可以为社会主义的物质文明和精神文明的建设提供强大的原动力。实现四个现代化,科学技术现代化是关键,培养科技人才的基础在教育;不抓科学、教育,四个现代化就没有希望,就会成为一句空话。发展教育,对于社会主义民主建设和法制建设,也具有不可缺少的作用。社会主义的生产目的,是为了满足人民群众日益增长的物质文化生活的需要,归根到底,则是满足社会成员自身全面发展的需要。社会主义的根本任务是发展生产力。掌握一定科学知识和劳动技能、具有一定政治觉悟的人,是中国社会生产力中的最活跃的因素。因此,发展教育也是发展社会生产和培养享受社会主义文明幸福的全面发展的新人的具体体现。在新的历史时期,中国把教育作为经济发展的战略重点之一和必要的前提。中国共产党和人民政府强调重视知识,重视人才,重视发挥教育在社会主义物质文明和精神文明建设中的作用,这表明中国对建设社会主义的客观规律的认识发生了一个飞跃,对按教育规律办教育的认识有了进一步的深化。

建设具有中国特色的社会主义教育体系,是开创教育新局面的基本任务,也是教育能够更好地为社会主义现代化建设服务的重要保证。在建设适合中国国情的教育体系问题上,中国有宝贵的历史经验。新民主主义革命时期,中国共产党和人民政权,以马克思主义为指导,从当时的政治、经济向教育提出的要求出发,排除"左"的和右的干扰,走自己的道路,形成了有中国特色的新民主主义教育体系。进入社会主义革命和社会主义建设时期以来,中国的教育建设,是以新民主主义教育为基础,借鉴了苏联教育的先进经验,为社会主义事业培养了大批有社会主义觉悟的有文化的劳动者——包括工人、农民、知识分子和干部。但是,我们在学习和工作的某些方面脱离了中国的实际,这是值得记取的教训。"文化大革命"否定知识,取消教育,使教育遭受极其严重的破坏。1976年粉碎江青反革命集团以后,特别是在中共中央十一届三中全会以后,经过指导思想的拨乱反正,中共中央对教育工作作出了一系列新的论断和决策,中国的教育事业得到了恢复,开始走上蓬勃发展的道路。但是,轻视教育、轻视知识、轻视人才的错误思想仍然存在,教育工作方面的"左"的思想影响还没有完全克服,教育工作不适应社会主义建设需要的局面还没有根本扭转,现行教育体制中不利于教育的发展和提高的弊端还没有得到纠正。为了适应中国对外开放、对内搞活、经济体制改革全面展开的形势,为了适应世界范围的新技术革命正在兴起的形势,必须改变上述状况。

教　育

　　为了使中国的社会主义教育更好地适应社会主义现代化建设的需要，必须遵循邓小平在中国共产党第十二次全国代表大会的开幕词中所指出的"把马克思主义的普遍真理同我国的具体实际结合起来，走自己的道路，建设有中国特色的社会主义"的总方向，遵循他所指出的"教育要面向现代化，面向世界，面向未来"的方针，建设有中国特色的面向现代化、面向世界、面向未来的社会主义教育。这是中国教育的发展方向，也是进行教育改革和建设的指针。它的主要点是：

　　1. 教育工作必须坚持四项基本原则。坚持社会主义道路，坚持人民民主专政，坚持共产党的领导，坚持马克思列宁主义、毛泽东思想，是中国立国之本，是实现社会主义现代化建设的根本保证，也是教育沿着正确航向前进的根本保证。教育建设必须在中国共产党的领导下，以马克思列宁主义、毛泽东思想为指导，在人民政府的管理下，沿着社会主义道路前进；发扬一切从实际出发、理论联系实际、实事求是的科学精神，总结过去的教育经验，研究和解决新时期教育工作中的新问题。

　　2. 社会主义教育必须和社会主义现代化建设的需要相适应。必须切实解决教育发展落后于经济发展的问题。社会主义教育必须为社会主义建设服务，社会主义建设必须依靠教育。在教育落后的情况下，发展教育是发展经济的必要前提。这是因为，"教育会生产劳动能力"[①]，知识越来越成为生产力、竞争力和经济成就的关键。因此，要重视教育，尊重知识，尊重人才。根据中国社会主义现代化建设的需要，要加快教育改革的步伐，加强智力开发，有计划、按比例地发展教育事业，多出人才，出好人才。为此，教育本身也要实现现代化。教学内容要反映现代

---

① 《马克思恩格斯全集》第 23 卷，第 195 页。

化先进科学技术的新成就;教学方法也要革新,采用现代化教学手段,提高教学质量。教育要面向世界。教育的基本职能之一是传授知识,一部分学说有阶级性,而许多门类的知识,以及知识传授的原则、方法和手段,一般是没有阶级性的。特别是在新技术革命条件下,一系列新的信息传递手段和知识工具的出现,对教育产生了深刻的影响,发达国家在这方面的经验尤其值得注意。要通过各种可能的途径,加强对外交流,使中国的教育事业建立在当代世界文明成果的基础上。另一方面,要不断总结经验,有所发现,有所发明,有所创造,对世界作出贡献。教育周期长,所以它总是为未来培养建设人才的;现在就得抓紧时机着手为迎接新的技术革命培养建设者,为20世纪末和21世纪初叶中国社会主义现代化建设的更加宏伟的战略目标而培养社会主义的物质文明和精神文明的建设者。教育总是面向未来的。时代不断前进,社会主义现代化建设势必不断前进,中国社会主义教育也必然不断地向着未来前进。

3. 中国的社会主义教育的培养目标,应当是使受教育者在德、智、体几方面都得到生动活泼的主动的发展,培养有理想、有道德、有文化、有纪律,热爱社会主义祖国和社会主义事业,具有为国家富强和人民富裕而艰苦奋斗的献身精神,具有实事求是、独立思考、不断追求新知识、勇于创造的科学精神的各种人才。各级各类学校都要根据自己的培养目标,对受教育者进行以共产主义思想为核心的社会主义精神文明建设的教育。它的主要内容是:工人阶级的、马克思主义的世界观和科学理论;共产主义的理想、信念和道德;同社会主义公有制相适应的主人翁思想和集体主义思想;同社会主义政治制度相适应的权利义务观念和组织纪律观念;为人民服务的思想;为社会主义现代化建设贡献一切的艰苦创业精神和共产主义的劳动态度;祖国利益高于一切的爱国主义思想和社会主义的国际主义等等。概括起来说,最重要的是革命的理想、道德和纪律。为此,还必须抵制腐朽的资产阶级思想和封建残余思想的影响,克服小资产阶级思想的影响。同时要加强智育,努力促使受教育者发挥学习的主动性、积极性和创造性,发展智能,学习和掌握现代先进文化科学知识和新技术、新工艺以及科学管理的知识和本领,尽力提高劳动生产率,大大地发展社会生产力。还要重视体育,使受教育者增强体质,养成卫生习惯,精神旺盛,为提高劳动效率打好物质基础。此外还要开展职业技术教育,使受教育者学会一定的劳动技术。总之,社会主义教育,是起步于现在,放眼于未来,为20世纪末和21世纪初叶培养全面发展的、献身于祖国社会主义现代化建设事业的艰苦创业的建设者、共产主义事业的接班人。

4. 教育改革。进行教育体制改革,要明确社会主义教育事业既是国家的事业,又是地方和人民群众的事业。要善于把教育的统一性和灵活性结合起来。当前教育体制改革的基本任务是:改革管理体制,在国家加强宏观管理的同时,实行简政放权;调整教育结构,相应地改革劳动人事制度。还要改革同社会主义现代化建设不相适应的教育思想、教育内容、教学制度和教学方法。经过改革,要开创教育工作的新局面,使基础教育得到切实的加强,职业技术教育得到广泛的发展,高等学校的潜力和活力得到充分的发挥,学校教育和学校前、学校外、学校后的教育并举,各级各类教育能够主动适应经济和社会发展的多方面的需要。这样,各级政府、社会各方面和广大师生的积极性、主动性和创造性就能够充分发挥,中国的社会主义教育事业就能够更加生机蓬勃地发展,达到多出人才,出好人才的根本目的。

5. 实行教育与生产劳动相结合。在社会主义社会,实行教育与生产劳动相结合,是培养理论与实际结合,学用一致,既有文化,又有劳动技术,全面发展的社会主义新人的根本途径,也是逐步消灭脑力劳动和体力劳动差别的必由之路。各级各类学校要根据自己的特点贯彻执行教育与生产劳动相结合的原则,在教学内容上要反映现代化建设的需要,在教育和教学实施上要有利于学生同将来所从事的职业相适应。普通教育要加强生产基础知识和职业技术教育,中等教育要大力发展职业教育,高等教育要改进专业教育的结构,加强专业的适应性,使教育与生产劳动相结合的内容和形式不断有新的发展。

6. 教育建设要从中国的国情出发。中国地大物博,人口众多,底子薄,各个地区经济结构多样化,经济文化发展不平衡,自然环境千差万别。兴办教育事业,要从这个实际出发,因地制宜、尽力而为,逐渐扩大教育的规模,力争较快地提高各个地区的教育水平。发展教育事业要两条腿走路,采取多层次、多渠道、多种形式,走群众路线,发挥各方面办教育的积极性、主动性和创造性。在国家举办各种学校和其他教育设施的同时,要鼓励集体经济组织、国营企业事业单位、社会团体和个人按照法律的规定办学,以利加速教育事业的发展。

7. 要按照受教育者的身心发展的规律,进行教育、教学,充分发挥受教育者学习的主动性、积极性和创造性,使他们的身心得到生动活泼的健康的发展。这就要求教育者了解受教育的儿童、少年和青年的身心发展规律和个别特点,了解新时期的青少年的思想、知识、能力、爱好等,把自己的教育、教学工作和学生的实际统一起来。

8. 不断改善办学条件。加强教育行政干部的培训工作,提高他们理论、政治、业务、知识水平,以便提高学校管理的效率。大力发展和办好各级师范教育,培养新的合格的师资;调整师范教育结构,把师范教育作为发展教育事业的战略重点;加强教师进修,提高现有教师的素质;提高教师的物质待遇及社会政治地位,使教师工作成为最受人尊敬的职业之一;贯彻落实知识分子政策,吸引优秀知识分子参加教育建设;重视教材建设;采取多层次、多渠道的办法,增加教育投资,加强学校的基本建设和教学设备、图书仪器、现代化教学手段的建设。同时,发扬艰苦创业、勤俭办学的优良传统。

9. 在建立有中国特色的社会主义教育体系中,要完善各级各类学校体系。它的出发点也是归宿点,是要使中国公民从小到老终身都受到教育,以便更为有效地开发智力资源,发展生产力。这种教育体系包括婴儿教育、幼儿教育、小学教育、中学教育和中等职业技术教育、高等教育、职工教育、农民教育、部队教育、在职干部教育和自学。从受教育的时间来说,又分为全日制教育、半日制教育、业余教育。它确保普及初等义务教育的实现,进而普及初中阶段教育,以至普及高中阶段教育。中等教育结构要作合理的改革,大力发展中等职业技术教育,使中等职业技术学校和普通高中有一个合理的比例。这样,各类中等学校的毕业生,既有可能升入高等学校学习,又有可能就业。要采取多渠道、多层次、多种规格、多种形式发展高等教育和成人教育。这种各级各类学校体系,要能够充分体现社会主义制度的优越性,使人人受教育,终身受教育,并从教育制度上得到保证,使教育更为有效地为发展每个社会成员的思想品德、智能和体力服务,为社会主义现代化建设服务。

10. 加强教育科学的研究。它的方针任务,是以马克思列宁主义、毛泽东思想为指导,以研究中国教育的实际问题为中心,总结中国的新民主主义教育和社会主义教育的经验,批判地吸收中国古代近代教育中至今仍然切合实际、行之有效的教育、教学原则和方法,做到"古为今用";批判地吸收外国教育中对中国教育改革和建设有用的教育客观规律,做到"洋为中用";注意理论联系实际,重视教育实验。总之,建设有中国特色的社会主义教育科学体系,目的在于指导中国的教育实践,按照教育规律办教育,提高教育效果。它既要大力加强对当前的教育实际问题作应用的研究;又要长期打算,对教育科学作系统理论的研究。加强教育科学研究工作,是教育理论的建设,也是社会主义精神文明建设中的一项基本工程,这对发展和办好教育必将起指导作用,必须予以足够的重视。

(原载《中国大百科全书·教育》,作者为董纯才、刘佛年、张焕庭,参加撰稿者还有李放、张燕镜、居思伟)

略谈职业教育问题

七十年代末期,我国社会主义现代化建设,经过调整、改革,提高了效率,加快了步伐,各条战线,各个地区,出现了使人欣喜的繁荣昌盛的新景象。浸浴在这样伟大的时代里,我深深体验到知识就是力量,科学技术是社会主义现代化建设的一种革命力量,发展教育事业是科学技术不断革新的根本的根本。要加快建设的速度,提高质量,使广大人民群众掌握并运用科学技术,就必须以普及与提高相结合的办法深入地发展教育。邓小平同志在全国科学大会上指出,科学技术人才的培养,基础在教育。没有教育,没有科学技术知识,就谈不到提高生产力的水平,谈不到发展生产力,更谈不到尽快地实现社会主义建设的现代化。

党的十二大把教育与能源、农业并列为社会主义现代化建设的三大战略重点之一,并作了具体部署,颁发了《中共中央关于教育体制改革的决定》。这就标志着我国的教育,随着国民经济的迅猛发展进入一个崭新的历史时期,可以说是中国教育史上的新纪元。我作为一个教育工作者也和全国广大的教育工作者一样,感到无比振奋,坚决拥护,积极贯彻。特别是关于职业教育的革新与发展,更使人体会到根据社会主义现代化建设的要求,从实际出发,全面地考虑到教育实施的统一性、系统性与多样性,权衡轻重缓急有计划地培养和训练既有现代科学知识、生产技能,而又有社会价值的各行各业人才,不仅是必要的,而且是符合社会主义现代化发展规律的。

职业教育,就其意义来说,是按照社会主义现代化建设所需要的种种行业,按类别、分层次、多种水平和多种形式地进行教育,培养实用人才。例如,农业、工业、商业、交通运输业、师范、法制、医务、新闻、艺术、烹饪等教育。多种形式,如艺徒传习所、工艺讲习班、实业小学、各级职业中学及专门学校或大学等。通过职业教育为社会主义现代化建设提供一定的从事于各行各业的人才,发展生产力。

在西方,职业教育是在资本主义发展的初期,由于产业革命,生产大发展带来了工业、农业、商业、海运业等与行会之间的关系问题、产业内的分工问题、各类各种生产能力的培训问题。资产阶级为了利润,需要大量的有一定的文化知识的劳动力,于是提倡平民教育、工艺教育和一般技术教育,从而出现了职业教育。我国的职业教育说来是比较早的,可追溯到古代。但是,由于长期的封建社会,推行科举制度的原因,对于劳动人民所创造的百工和艺徒制等教育是鄙视的,社会地位是低下的。从劳动人民方面说,可算是一种有实无名的职业教育。一九〇五年"请谕立停科举以广学校"之后,抄袭了日本、德国及后来的美国教育制度,设立新学堂,重视普通教育和普通高等教育。主事者不谙国情,不顾实际,生搬硬套地讲求"专门化"、"规格化",单纯的以文、理、工科的课程体系为中心,从小学、中学到大学拾级而上,不讲求应用,不重视实践,理论脱离实际,学非所用,用非所学,"毕业即失业"的情况是普遍存在的。劳动人民的子女既无力就学,也无从就业。虽然政府一再发布了有关工业、农业、商业、实业和艺徒等学校章程,指令办理职业学校,提倡职业教育,但在贫穷落后的中国,那些例行公文无法得到全面落实。及至一九一七年,黄炎培先生目睹许多青少年和成人缺乏用以谋生、就业的实践知识和技能,生活难以为继,不但不能参加一定的生产,增加社会效益,为社会服务,反而成为国家的一种负担。已进入中、小学校的学生,由于穷苦和其他原因无力升学或中途辍学者,逐渐增多,流为游民。因此,黄炎培先生便亟力提倡职业教育,成立"中华职业教育社",招收社会上没有工作的闲散、流动的儿童、青少年或成人,以各种组织形式和多种渠道给他们一定的基础知识教育、道德教育和技术教育。弥补普通教育和高等教育之不足,减缓社会矛盾。经过几十年的努力,取得良好的效果。各级职业学校、艺徒传习所等在量上有所增加,质上也有所提高,在旧中国这是难能可贵的。在三十年代里,黄炎培所倡导的"中华职业教育社"同晏阳初的"平民教育"、陶行知的"乡村教育"、俞庆棠的"民众教育"等当年颇受大众欢迎的民办教育,从某种意义上看,都是职业教育。他们也都是积极地给广大人民群众以基础知识教育、生活技能教育、生产技术教育、爱国主义教育(即救国救民教育),意图通过教育使人民群众由无知变有知,无业变有业,由消费变生产,由一片散沙变为铜墙铁壁,把穷困落后的国家变为富强康乐的国家。他们的实践,虽有历史的局限性,但他们对教育的改革却起了一定的推动作用,为国家作出了贡献。

新中国建立之后,在相当长的一段时间内,对旧中国遗留下来的教育进行了社会主义改造。通过调整、改革和大力发展,取得了很大的成效。但是重点是放在普通教育和大专学校的"正规化"、"专业化"方面,比较忽视职业教育在整体教育中的地位和作用。看不到社会主义现代化建设对教育所提出来的多类别、多渠道、多形式的培养人才的要求。有些人认为职业学校不正规,进入职业学校的人多半是智能不高,不能培养出专家、学者或工程师。他们的头脑中占优势是"学而优则仕"的观念。对于人的素质,人的智能的差别性、可塑性、创造性以及"行行出状元"的认识就淡薄了。到了六十年代,有一股"左"的思潮袭来,认为职业教育是一种"资产阶级的东西",不适用于中国,因而长期无人问津职业教育问题。七十年代党中央提出拨乱反正、正本清源,消除了"左"的思想影响,职业教育得到迅速的恢复和发展。在职业教育工作者的推动下开展了新局面。目前我国正在进行教育体制的改革,这场改革关系到国家的前途,关系到社会主义现代化建设胜利完成的大问题。在这场改革中,职业教育如何发挥它的作用? 我认为应该重视的有以下几点:

1. 对职业教育要正确的再认识。今天的职业教育是实现社会主义现代化建设所需要的组成部分,是发展生产向教育所提出的迫切要求。具体地说,搞活经济,发展生产,面向世界和未来,那就需要工农业、商业、矿产、铁路运输、电讯等各个方面的协调、配合。而这些事业的发展,又必须有懂行业、懂技术、有科学知识、有品性而又善于合作的人才来办理。这些人才的培养,单靠"专门化"或者"正规化"的普通教育和高等教育,显然是不足的,也是办不到的。试想,一个工厂,没有受过教育和训练的科技人员、技工和一般技术人员,单靠工程师几人能把工厂办好吗?一个商店,如果没有有知识和修养的工作人员,单靠经理能把商店管理好经营好吗? 所以,职业教育可提供这些方面的人才。

2. 职业教育是以教育的方法,为社会主义现代化建设培养各类、各门、各行、各业的技术人才、管理人才、创造人才或高级科学技术人才。职业社会化,就需要教育社会化。使人人从业、就业、乐业,就能顺利地完成四化所赋予职业教育的任务。

3. 人的智能是有差别的,每一个人的个性、特长也不一样,不能带着高矮一样的镜子看人。实际上,有的人长于动脑筋,善于分析问题和解决问题,有的人则操作能力强,心灵手巧,也有的人长于音乐。即使在同一数学学习中,有人理解力强,善于推理,有的则长于准确的运算。人的个别差异,我国古代的大教育家孔子早已搞得很清楚,他创造了"因材施教"。如果仅以智能高低来作为职业教育与普通教育或高等教育区分的标志,甚至用来区分重点学校与非重点学校,显然是不科学的,也是不符合实际的。

4. 社会主义社会,人还不可能得到全面发展。各种建设事业都有一个发展过程,不能一蹴而成。如建造一座房屋,从设计到施工到完工是经过一系列的工序,每一段工作,都需要设计师、施工人员、技术人员、技工及管理人员等的相互配合,相互推动。因此,在社会主义社会里还需要有个适当的分工。应该看到,未来的职业社会化与教育社会化是互为因果,相互作用的。要高度发展物质和精神文明,就必须培养数量多质量高的各行各业的各级人才。这就是职业教育的目的和任务。

5. 根据《中共中央教育体制改革的决定》,切合实际地把现行的一部分普通中小学和高等学校改为各种各类职业学校,这是很及时的。还应在健全职业教育体制的同时,创立各类职业大学,并相应的予以学位。

(原载《教育与职业》1986年第1期)

谈人才学问题

当前,在技术革命的时代里,我们要迅速全面地发展国民经济,极大地改善并丰富人民的物质生活和精神生活,本世纪末把我国建设成为一个富强康乐的强国,就必须尽快地在改革经济的同时改革和发展教育,尊重知识,尊重人才。千方百计地采取多种形式,大力培养科学技术人才和其他方面的各类人才。

日本在第二次世界大战后,突出地抓了基础教育和高等教育,因而他们的生产发展很快,成为国际上的经济大国。美国在苏联卫星上天后,集中各方面专家、学者研究了教育改革和世界科学技术发展新趋势等问题,急起直追,在培养各类专门人才的同时,重视人才的交流和密集,合理调配现有人才,并以高昂的待遇,吸引国内外具有高水平的尖端科学技术的专家、学者为美国服务。西欧经济发达的国家,也非常重视教育,以教育促进科学技术,促进生产,促进各项事业的发展和管理,大量培养人才。我国在1949年以前,由于穷困、民不聊生、生活艰难,无力发展文化教育和科学技术,因而大大地落后于其他国家。建国以来,情况好转,各方面有新的变化和提高,开始沿着社会主义道路,走向富裕的境地。令人痛心的是十年动乱,林彪、"四人帮"的倒行逆施,使刚刚复苏的各行各业和各种工作,又遭到极大的破坏。党的十一届三中全会后,党中央、国务院坚持马克思主义、毛泽东思想,拨乱反正,正本清源,将工作重点转移到经济建设方面来,并制定了对外开放,对内搞活经济等一系列的指导方针和政策法令。不久又进一步把教育列为实现四化的三大战略之一,大力普及基础教育和发展高等教育及职业技术教育,不拘一格地多渠道、多层次、多序列地做了人才准备,同时加强各级各类人才的培养、训练和管理,为国家建设储备优秀人才。正如邓小平同志所指出的:"现代化从哪里着手?我考虑来,考虑去,还是从科学和教育入手,四化建设能不能实现,我们要作各种准备,重要的准备是人才的准备。"我们的人才准备怎样呢?据调查研究,1979 年,我国每万人中大学生和技术队伍的总数,比起世界各工业发达的国家差距很大。我国职工队伍中,大专程度的只占 3.1%,而美国在 1970 年,科技人员就占职工总人数的 17.1%,苏联在 1975 年已达到 22%。美国哈佛大学的两位经济学专家,对 75 个国家进行了七项教育指标的分析估算,中国名列第五十位,在印度、埃及、泰国的后面。这种情况,怎能迅速地发展经济实现四化呢?众所周知,一个国家的科学能力、技术能力、管理能力以及其精神面貌的强弱,在很大的程度上是决定于这个国家的文化、教育和科学技术水平的高低的。

什么是人才?有许多看法,概括起来有以下几种:① 一般是指德才兼备的人,有某种特长,办事利落效力高的人。② 才能出众,能战胜艰难困苦取得胜利的人。③ 只要是出众的对社会做出贡献的人。④ 智力商数(IQ)在 90 以上者为人才,以下者不称人才。但是智商虽在 90 以下,经过适当的教育和训练,个别人也可能变成人才。古代孟子解说的"得英才而教育之三乐也",可能是指智商 90 以上的人说的,经过教育培养成"英才"、"雄才"或杰出人才。⑤ 人才是指有成就的人说的。成就有大小,人才有高低。发明家、创造家、改革家、科学家、理论家、革命家等当然是人才,是较大的或者较高级的人才。而处世为人、学习研究有较高的效益,比一般人强的人,也是人才。可见对人才这一概念,还没有统一的认识。我想,如果把以上这些看法综合起来,扬长避短,可能会把人才的内涵说得更清楚更完整。为此,我们提出以各种表现为标志的人才观,以供参考。

1. 头脑聪敏,认知快而准确,智力优越,分析问题解决问题的能力强。

2. 语言流畅,善于表达自己的思想、观点,幽默、有力。

3. 意志力强,情绪稳定,独立自主,锲而不舍,有超人的毅力,行动敏捷。

4. 勤奋学习,认真工作,学习成绩好,工作效率高,品德出众。

5. 情操高尚,团结友爱,尊重他人,与别人打成一片而不落俗套。

6. 勇于实践,讲求实效,管理能力强。

7. 理想远大,追求真理,追求生活意义和人生价值。

8. 处理事务明快、果断、有创见,人际关系正确。

9. 心灵手巧,技艺高,既能发明,又能创造。

10. 能歌善舞,竞技、比赛均有特长,是一个有趣的引人注意的人。

以上这些表现,是说一个人能达到其中一项者就可称为人才。换句话说,凡是在学习、工作、处事、为人、管理等方面有成就的人,都可称为人才。

人才如何培养?也有几种意见:

1. 人才不是天生的,而是通过教育培养出来的。所谓天才是指遗传而言的。当然,人才的形成与遗传有密切关系。遗传对人才的成长提供了可能性,把可能性变为现实,还需要教育和环境的影响。只有遗传的素质,没有适当的教育和环境的影响,也不能发展成人才。这里所说的环境,在某种意义上与教育有同样的作用。平日有人说的"有几分人才",这是指着人的面貌说的,与我们所研究的人才是两码事。实际上,有较大成就的人多半从幼年起就显露出比别人强的聪明才智。随着年龄的增长和教育继续深入,他们那些天才的素质得到了春风细雨,逐渐茁壮成长起来,才智、能力也发展得很快,一旦进入社会,参加了社会实践,他们可能锻炼成为有很大贡献的人才。古、今、中、外历史上出现的一些著名的学者和伟大人物,可为例证。当然,人才形成和发展的道路是有差异的。有的人在幼小就初露才能,为别人所不及。有的人则在童年以后表现才力过人,即所谓"大器晚成"。但是,不论是早年出现才华的人,还是成年后出现才华的人,都是由教育培养出来的。例如当前学校教育中,大面积的是一般才能的学生,少数是比较聪明或有特殊才能的学生。这些学生要成这样或那样的人才,首先是经过严格合理的教育和训练,其次是参加社会实践,进行考验、评比和鉴别后,公认为确有才学、能力过人的表现,才称作人才。

2. 社会实践。一个人的成就,不只是在学校教育中形成的。学校教育只提供了前提条件,真正要成为名副其实的人才,必须通过社会实践,钢铁是怎样炼成的? 是经过千锤百炼的。君不见许多老一辈的革命家、理论家、军事家、科学家、作家、实干家、管理家等,他们很少是受过系统的学校教育,而是在革命斗争中或社会实践中锻炼和造就出来的。如果说理论来自实践,又指导实践,实践作为检验真理的标准,那么,人才也是来自实践的效验。实践又是识别人才、选用人才的依据。可见社会实践也是培养人才的重要途径。

3. 自学成才。目前许多青少年、成人和老年人,在自己已有的文化科学知识和技能的基础上,选择他们自己所喜爱的学科或技能,边工作边学习,刻苦钻研,认真实践,翻阅有关资料,或翻译,或著作,或实验,或创造,持久不懈。遇有疑难,便寻师访友。就这样自我奋斗,逐步掌握了科学理论知识和技能,成为某一行业或某一学科的专门人才。国家教委设立自学考试指导委员会,其目的就是从自学成才这条渠道培养人才,选用人才。

4. 其他教育组织机构,如函授、卫星广播、电视大学、刊物学习、广播、职业大学、成人和老年大学等等,都是培养人才的组织机构。这些形式,也称作"继续教育"。由此可见,我们国家对于人才的培养是采取多渠道、多层次、多序列"不拘一格降人才"的办法,以便尽快地培养和造就四个现代化所需要的各类人才。

根据前面的叙述,我们可以理解,人才学是人才成长和培养规律的一门科学。它是人的科学的一个分支学科。人的身体结构、心理活动是异常复杂的,特别是大脑的结构和机能更是任何高级的电子计算机所不能比拟的。它的活动方式和它与内外界信息的交往过程所形成的思想、意识和行为,都是高度精确的、敏锐的、灵活的。除非脑神经发生病变、损伤或先天病害,一般说,人人都能被培养成这类或那类程度不同的人才。因此,研究人才形成的规律,也就必然涉及到人的大脑结构及其活动的规律,涉及到智力和能力发展的水平、情感和意志变化的动因、自我实现的特点,以及客观的反应与评价等。这也是人才学所包含的基本内容。例如,有人说脑神经系统的基本功能是贮存、传递和处理各种信息的,其灵敏度和对信息交换的快慢都直接影响人的智能发展。有人说,中学时代有学问的人,到 30 岁以后,就成了保守的人。说话早的比说话晚的聪明,但说话晚的儿童到了成年就会变成务实的人物即实干家,积极主动不拘小节。也有人说,自我实现即自我完善,能使自己培养成优秀的人才。还有人说"时势造英雄",在实际锻炼中,为众人所推举,成为有才能的领袖人物。以上这些也都是人才学所要研究的。

人才学所以为人们所重视,主要原因:一是时代的需要。当前是技术革命的时代,是以电子计算机、激光的应用为标志的。为了追求更高的生活目的,尽快地发展科学,以提高并丰富人们的物质生活和精神生活,就需要大量的各类人才。因而人才的培养已成为经济发达的国家所迫切要求的。六十年代初,日本、美国、西德、苏联、英国等,就非常重视这个问题。出现了人才学这样一门新兴的学科。我国在七十年代末也出现了人才学的研究,研究人才的培养和发展问题,并正式提出人才学的学科名称。

人才学就其研究的对象和内容看,它关系到生物学、生理学、遗传学、心理学、社会学及教育学等学科。所以说它是一门综合性的边缘科学。就其发展、成长来说,还涉及到生物化学、营养学、哲学、政治经济学及管理科学。

人才学所研究的人才是很广泛的。三百六十行,行行出状元,也就是行行都有它的大小高低的各类人才。按目前的情况说,大体上可分为科技人才、文艺人才、政治理论人才、思想品德教育人才、工艺人才、管理人才、建筑人才、经济人才等等。

人才学的研究方法,主要的是广泛深入的调查研究,或口头访问,或书面回答,或传记查询,或测验民意等方法,都是必要可行的。另外,还可以采用医生会诊的办法,组织各有关专家对人才成长的问题,分别研究,最后汇总加以鉴定。

总之,人才学是一门新兴的学科,其内容、范围和方法,尽管还没有发展成为有系统、有组织的完整体系,但却是有前途、有生命的学科。

(原载《人才》1987 年第 2 期)

碎语教育学

我国教育学从广义上说,早在孔子时代就有了,比西方早得多。纪元前5世纪孔子对教育和教学的目的论、学习论、方法论、因材施教论及教师论等,均有精湛的论述。这就给教育学的内容范围和体系提供了基本的框架。古代的《学记》对教育理论、教学的原则、方法的运用、师资条件等问题,论述的更加全面,更为深刻。之后,历代的教育家和哲学家,又进一步通过教育实践多方面予以创新,累积了宝贵的教育理论和教学的实际经验,又充实了教育学的要目。如荀子的《劝学篇》、韩愈的《师说》《进学解》、朱熹的《论学》《论教》篇,及颜元的《存学篇》等,都可以说是教育学的组成部分。但还不能称为教育学。真正的教育学或者说狭义的教育学是在20世纪50年代初才开始有的。

1902年(光绪二十八年)《钦定高等学堂章程》中,规定京师大学堂的师范班课程内设有教育学这门学科,其内容要点是教育宗旨、教育原理、学校管理等。1904年《奏定学堂章程》载明教育学是高等学堂文科的选修科。优级师范、普通师范及简易师范均应以教育学为重点课程,其内容是教育宗旨、教育原理、教育制度、教学法、管理法等。1913年教育部公布大学课程中,教育学列为文科的必修课。除上述的内容外,增加了教育史、学校卫生、教育法令及教育实习等。1921年教育部审定商务印书馆发行的师范学校新书中列有教育学。此后湖南自修大学开设了教育学。1925年《新学制师范科(课)程标准纲要》中,规定教育原理、普通教学法、教育行政、教育统计、教育实习等为师范学校的必修课。同年,商务印书馆出版了廖世承编写的以教育学为名的教育概论。1926年中华书局出版教育丛书以代替教育学,其中有余家菊、元尚仁撰写的教育原理,舒新城写的教育指南。1928年,世界书局出版梁就明著的《教育学ABC》(也是教育概论性质的)。1931年国民政府考试院公布的《高等考试教育行政人员考试条例》中,规定参加教育行政人员考试者,必须是修学三年以上教育学而取得毕业证书者,才能报考。1936年国民政府核准教育研究所设教育学研究室。此后,八年抗日战争、三年解放战争,未能深入地系统地开展教育学基本理论的研究,各师范院校所开设的名为教育学实为一种包罗万象的教育概论。

建国以后,随着社会主义革命和社会主义建设进入一个新的发展时期,教育事业也相应地进行了改革、巩固、发展的新规划。为迅速地提高教育和教学质量,借鉴于苏联,开展了学习苏联先进教学经验和先进科学成果的活动。在学习中引进了苏联教育专家凯洛夫的《教育学》和捷普洛夫的《心理学》。同时邀请苏联教育专家普希金、崔可夫,心理学专家彼得洛夫斯基等人讲授教育学和心理学。从此,正式有了名实一致的教育学。凯洛夫《教育学》在当时苏联教育界是有信誉的,对苏联的教育改革起了一定的推动作用。首先,它是以辩证唯物的观点方法为指导思想的,从实际出发,比较科学地描述了教育现象与本质,具体阐述了共产主义教育目的与任务;第二,对教学论中的主要问题,均作了详细而明确地解说;第三,提出了学生的年龄特征、教师的指导作用、教材教法的运用;第四,系统地阐述了学校组织管理及其效用。以上这些,对中国的教育建设与教学改革是有积极意义的,对我们建立社会主义的科学的教育学起了很大的促进作用。当然,凯洛夫《教育学》所论述的问题,不是十全十美的,也不完全符合中国的教育实际,这是不言而喻的。60年代初期,广大教育工作者正在努力开展教育学的学习研究时,一股"左"的思潮袭来,全盘否定了凯洛夫的《教育学》,来了个"教育大跃进",造成了学校教育的大混乱。60年代中期,又遭到10年大动乱,大革文化命,元气大伤,文化科学、生产技术、精神文明等一落千丈,这时还谈什么教育科学研究呢! 直到70年代末期,党的十一届三中全会坚决执行了马克思主义的思想路线,进行了正本清源,拨乱反正,把工作重点转移到生产建设上来,使我国进入了一个社会主义现代化建设的新时期。党中央又正确地把发展教育事业列为社会主义现代化建设的战略重点之一。积极稳妥地、实事求是地进行了教育改革,培养了大量的德才兼备的科技人才、管理人才和教育人才,取得了空前的经济建设成就。在这样的新形势下,广大的教育工作者与全国人民一样,心情振奋、感到鼓舞,同时感到自己的责任重大。这几年来为了发展教育,提高教学质量,对教育学进行了多方面的研究和实践,编写了若干教育学课本,这是一件可喜可贺的事情。美中不足的是这些版本的教育学,其体系和内容大同小异。对教育规律的揭示与探讨深入不够,从理论的高度阐明实践上的问题,也显得薄弱,使人感到教育学近似一种技术学或政策学。例如对于教育方针的论述,大多是描述性的知识性的解说,没有从人的全面发展学说的理论高度说明它。80年代初,为了讲授便利,教育学的体系内容,大有分解的现象,把教学论、方法论、管理论等分出来成为独立的学科来讲授,这是无可非议的。但从教育学的内容结构说,如何使它们既有联系也有区分,又避免重复? 而且近来出现了许多教育学的分支学科,如家庭教育学、学前教育学(幼儿教育学)、普通教育学、高等教育学、师范教育学,社会教育学、语文教育学、历史教育学等等,又应如何在基本理论上与教育学区分呢？作为一门独立的科学的教育学的结构体系应该具有什么特点？这都有待于我们进一步深入研究和实践。

当前，由于科学技术与生产建设日新月异地迅速发展，世界经济发达国家都重视教育改革，力求在这技术革命时代里，科学技术有所创新，物质生活有所提高，精神文明有所前进。中国是一个伟大的社会主义国家，在实行对外开放、对内搞活经济、发展生产的同时，也在相应地致力于教育改革，其目的是充分发挥教育的社会职能，使教育成为快出人才、多出人才、出好人才的基地。政治经济的发展对教育影响很大，使教育起着与过去不同的变化，不仅教育领域扩大了，质量提高了，而且形式也多样化了。其特点：一是教育的对象扩大了，不只是限于幼儿、儿童、青少年和成年的教育，而且包括老年人的教育，也就是终身教育；二是教育场所扩大了，不只是学校教育，还有工厂、商店、街道、村镇等都是教育的场所；三是教育内容变了，充实了现代自然科学、社会科学、人文科学的一些重要发明创造等新成就及家庭关系、社会关系、集体关系、师生关系、人际关系的重要因素等；四是教育与教学方式方法变了，不只是课堂讲授，还有电化、教具、广播、卫星电视、通信、函授、刊授、夜校、星期日学校、自学考试、国际交流、综合研究等；五是教育设备更新了，增加了电子计算机、综合性的实验室、电影室、录音室、听说实验室、电化中心等；六是教育结构变了，加强了系统性、整体性，各类教育都在有计划按比例的发展；七是人的智能增长了，出现了早期教育、少年教育班、自学教育、特殊教育、晚期教育（老年大学）、专门教育等。以上这些变化就给教育学的研究提出了迫切的要求，要求我们把教育实践和理论研究的新成果、新见解及时进行分析、综合，概括为一定的理论，更新并充实教育学的内容和体系，使教育学的理论密切联系实际，做到讲理论有根有据，谈实事新颖有趣,使教育学真正成为一门科学性、理论性、系统性、整体性较强的学科。

如何建立一门科学的教育学?我凭着粗浅的感受简单的提出以下几点看法:

中国是一个正在发展中的社会主义国家,所有的理论、学说都应从社会主义现代化建设出发,具有独立自主、自力更生、实事求是等等中国特色,教育学也不例外。我认为首先要坚持四项基本原则,把教育面向实际、面向世界、面向未来的精神,切实贯彻到教育学的内容和体系中去。以辩证唯物论和历史唯物论的观点、方法揭示并阐明教育与政治经济、教育与人的发展(由初生到老死)、教育与历史文化及教育与社会生活等方面的关系及其发展的规律。深入地分析、评议教育领域中古往今来的中外教育学说和实践经验,取其精华,去其糟粕,把教育学的理论牢固地扎根于马克思主义、毛泽东思想的基础上。

教育学的目的论部分,应当阐明马克思主义的全面发展学说同当前的教育方针或教育目标的关系。在评论教育目的或教育宗旨的历史背景中深入地说明当前教育方针的理论根据。

教育学的教学论部分,应着重从理论上论述教书育人、教学相长、认知能力、知识掌握、技能熟练、品德培养、道德行为和学习习惯的陶冶等的变化、发展的规律。具体论述教育计划、教学大纲、课程设置、教材教法选用等理论根据。对于教学组织形式与发展,应概括地加以论述,以免与独立的教学论重复。

教育结构、层次、计划、比例、变革,可以引用比较教育加以阐明。

教育管理(包括学校教育管理)与教育评估,应为教育学的组成部分。前者可以合理地组织人力、物力、财力,有计划有秩序地安排工作,高效率地达到目标,对完成任务起指导作用。后者可以科学地考核部门、单位、学校等的工作和学习成绩。

教师与学生部分,应深入地谈教师品德、业务、能力、威信及风格。对学生应论述其积极主动、自我意识、自我学习、自我教育、自我实践、自我控制、自我完善等,并深入地讲述集体主义、人际关系的重要意义。看来,未来的教育学的发展有两种可能:一是更加丰富,更有系统,是更加科学的教育学。一是分解为若干独立的学科,使教育学成为一种普通的教育概论。究竟如何发展,那就要看我们教育工作者的努力了。

(原载《教育研究》1987年第6期)

《中等学校美术教学法》序言

在培养全面发展人才的教育中,美育是不可缺少的组成部分,它与德育、智育、体育、生产劳动密切结合,使受教育者在多方面得到发展,成为有理想、有道德、有文化科学知识、有纪律的社会主义现代化建设人才。美育的影响是多方面多层次的,也是多序列的。自然景致的幽美、社会制度的高尚、人际关系的团结友爱以及学校、家庭等良好管理和教育,都能起着美育的作用。既能抒发人的情感,增强美的感受,又能怡情养性,陶冶人的高尚情操。但是有计划、有组织、有序列的美育实施,还是必须通过学校教育这一重要渠道来进行的。从整体上说学校的内部和外部环境、设备状况、组织管理、教育内容和方法、教师品德和言行以及学生的素质等方面,都含有美的教育意义。特别是在设有美术教学的学校中,更充分体现了美的教育。所谓美学,是对人的审美意识的性质、内容与形式及其发展的研究,其中心问题仍然是美术。有人说,"美学者,美术文学也"。人们经常所说的"艺术",就是把自然、社会和人们行动中具有审美价值的东西,加工提高,创造出激动人的美感和鉴赏的产物,即艺术作品,如风景、人物、文学、历史及科学技术所表现的美。因此,艺术与美术是同义的。

究竟什么是美术?美术家认为有广义和狭义之分。从广义说,凡是具有审美价值的事物,经过人工形成一种美的产物,如绘画、雕刻、建筑、工艺、音乐、诗歌等,统称为美术,狭义的美术只是绘画、雕刻、工艺美术、建筑艺术而言。

美术教学在中小学教学计划中,占有重要地位。它是达到教育目标的一个组成部分。我国从小学起,就循序渐进地全面提高学生的基本素质和审美能力,培养他们的学习兴趣、爱好,充分发挥他们的主动性和创造性,使其尽快地获得美术的基本知识、技能和审美能力,打好美术教育的基础。随着年龄和智能的增长,逐步加强他们对自然美、社会生活美、艺术美的审美能力和鉴别能力,从而促进他们的智能、才力的全面发展,形成具有中国特色的美术教育体系。

《中等学校美术教学法》是南京师范大学美术系蒋苏生副教授主编的。编写小组的同志们以多年从事美术教学、美术实践的丰富经验和心得,深入浅出地阐明了美术教学的客观规律,对美术教材编写的原则、顺序和教学方法等方面,都作了分析和论述。同时,从实际出发,具体地指导教师全面提高美术教学与实践的水平。现在看来,这本书的编写是美术教育的创举。它有以下几个特点:① 全面叙述了美术教育发展的历史及各个历史阶段美术教学、美术实践、美术研究的演进、变化和特点,特别是八十年代以来在教育改革中美术教学法的变化和发展。② 在论述美术教学法的一般原则后,详细地叙述了美术教学的类别及其教学法的特点。如绘画、雕刻、建筑、工艺美术和欣赏、审美、写生、创作等具体的教学法。③ 对中学美术教材编写提出了原则性的建议。他们认为美术教材的编写,应根据学生的身心发展和教学心理,实事求是地把一些带有关键性、先进性、启发性的艺术知识与技能编写进去,使学生独立自主地进行比较其必然和偶然、现象与本质、关系与联系,从实事到理论去鉴别事物善与丑的因素问题。④ 在阐述美术教学法中,指出教学法的性质和任务是在美术教学各种问题中明确的,不能凭主观想象。美术教学法的客观规律和原则,也是在教学实践中逐步揭示出来的。规律是客观的,原则是人意的,二者有联系但不是等同的。

总之,《中等学校美术教学法》的编写是具体贯彻执行了国家教育委员会关于美术教育改革的意见和方针政策的。它的内容丰富,根据扎实可靠,结合实际,行文流畅,生动有力,诚为美术教学改革中具有新意而又有系统的教科书。它不仅是学校美术专业学生必须读的课本,而且是从事美术教育工作者必要的参考书。

(本文系江苏教育出版社 1987 年出版的《中等学校美术教学法》一书的序言)

"五四"以来美育思想与实践发展的历史回顾

一

美育是一种美的教育过程,在这个过程中,以爱美、审美、欣赏美、鉴别美的观点和方法教育人,抒发人的美感,陶冶人的思想感情,从而培养人的美的感受力、认识力、创造力和表达美的能力,使其生活美满、愉快、高尚,积极地提高自己的文化与道德素质。美育同美学的关系是非常密切的,可以说,美育的理论是来自美学,美学的教育实践是美育。但是,美育与美学在研究对象和研究方法上是不同的。美学是研究美的性质、美的评价和美的规律等,其方法多采用观察法、比较法、多元法,深入研究美学的理论,而美育则是以实践的方法研究人们如何由美的感受、美的认识、美的体验、美的鉴赏而转化为高尚情操,成为全面和谐发展的人才。在实践中美育涉及的面是很广的,如山川、河流、湖泊、森林、花草、季节、浮云等自然景物和现象的美;乡村田野、城市建筑规划的美;音乐、体育、美术、雕刻、诗文的艺术美;勤劳、勇敢、五讲四美人际交往的美。这些自然景物、自然现象、社会组织和社会现象的美是通过人们的美感教育而获得的,是客观事物或现象在人的头脑中的反映,是在人的外部信息交换过程中形成并以主体的美的意识表达出来。随着人们在实践中感受力的增强,认识力的加深,逐渐提高了对美的感受、欣赏、鉴别等能力,化为自己的优美的品德。所以,美是客观事物或现象与主观意识对立统一而形成的,二者缺一不可,一切富有诱惑力、感染力的形象,都是由人的主观与其客观辩证统一而产生的。我国宋朝的大文学家苏轼的"琴诗"具体说明了这个问题。诗曰:"若言琴上有琴声,放在匣中何不鸣?若言声在指头上,何不于君指头听?"这就是说,琴声既源于琴,又来源于弹琴的手指,是主客观统一性的产物。形象的直接性和可能性是美感的基本特点,离开了具体形象,美感就不存在了。固然在不同时代、不同阶级、不同民族、不同地区的人有不同的美感,即使是个人与个人之间,因受的文化教育不同,个性特征不同,形成了美感的差异,但是,由美的形象构成人的美感这一现象是毫无疑问的。有人说,人们的政治态度、思想意识和道德感是否也是由形象构成的,是的,也无不以形象思维的方式,渗入到美感的形象里构成美感的具体内容。应当看到人们在实践活动中创造的美好事物,都是由形象出发的,经过不懈地深入地思考,在心灵上突然显现了新的美的观念,构成了与前不同的新的形象,出现了新的观念和新的精神面貌。这就是说,一切美的事物或现象,都能使人产生崇高的情感,激发人们的美德。苏联美学家苏霍姆林斯基说:"对周围世界的美感,能陶冶人的情操,使其变得更高尚、文雅、富有同情心、憎恶丑行",又说,"人不仅应当有健康的体魄,而且应当品德俊美,因为美是与健康、机体的和谐发育分不开的"。一般的说,美是表现在怡静、纯真、和谐、善良中。从集体意义上讲,只有美的启发、美的体验、美的交流,才能使集体安定团结、奋发图强。中国古代圣人孔子曾把美比作玉,以玉喻德。孟子认为一个人的"内部充实"是美的表现。宋朝哲学家张载说"充内形外"便是美。十九世纪英国的大作家莎士比亚说:"没有德的美貌是转瞬即逝的,而你的美貌中有一颗美好的灵魂,所以你的美丽是永久的。"这就是说,一个人只有形式的美不是真美,心灵的美才是经久不衰的美。所以美育的实践,是使人们的心灵朝着崇高、健康的方向发展。

二

美育这个词的提出和应用是近代的事情,它的历史是很短的,但是把美育作为一种审美教育的思想,却有很长的历史,从中国古代历史上考察,"三千年前的西周的周公旦'制礼作乐'以此来治理国家。'礼'是道德规范,'乐'是包括诗文歌舞在内的综合艺术,礼乐结合密不可分,成为人人必须遵守的法规、制度、仪式,而这种法规、制度、仪式又是通过美感的形式,把本来是外在的强制性的约束,变成人们的二种内在要求,成为一种自由自觉的行动"。这可以说是最早的美育思想。到了春秋战国时期,伟大的思想家、哲学家、教育家孔子,以其观点和主张删六经、著春秋,提出了礼、乐、射、御、书、数六艺,用以正心、诚意、齐家、治国、平天下,同时作为课本教授学生。孔子堪称为中国古代第一个教育理论体系的创建者,也是第一个编写教科书的人,他认为"六艺"教育是一种"礼乐相济"的德、智、体、美的全面教育,诗、文是提高人们的政治才干、学习语言和知识、培养道德品质及待人接物的必修课。礼乐结合,通过美感教育,形成高尚的人格。因此,他提出"兴于诗、立于礼、成于乐"的主张,把美感教育渗透于政治、军事、技艺等各方面,形成每个人的行为规范。孔子不仅从理论上阐述了他的美育思想,竭力倡导礼、乐、诗、文、艺术结合能够移风易俗,富国强民。而且自己带头学习礼、乐、诗文和技艺。特别是在乐的方面孔子善于抚琴、热爱音乐,听了齐国的"韶乐"竟三月不知肉味。孔子在鲁国的武城向师襄学琴,虚心就教于襄子的故事是很感人的。他之所以这样喜爱礼、乐、诗文,其目的在于以美育思想、美感教育教化百姓,使其德性、仁义、礼节等日益美满。孔子这些观点和做法,奠定了中国古代美育思想的基础。孔子以后到清朝末年,两千几百年的封建社会中,美育思想断断续续,时而盛行,时而冷落,而且多限于书画。东晋时代的王羲之的书法,顾恺之的画,戴逵、戴颙父子的雕刻及寺塔建筑,都是雄伟、壮丽、精美绝伦。这些珍贵的艺术品,给人们的美感教育、美育思想有很大的启发作用。唐、宋两代前后出现了文学家、诗人、艺术家、歌舞家、雕刻家约有四五百人,他们的艺术思想和作品,对美育思想发展起了很好的促进作用。特别是宋代在艺术方面取得了很多的成就。宫廷与民间的名画家辈出,其中李成、董源、范宽、米芾等都是山水画的巨擘。黄居采、徐崇①等是画花鸟著名的宗师。宋徽宗嗜好书画,曾令设画学、书艺、图画局,并置书画学博士以司其事。到了明代,为了加强统治,设有"廷杖"、"锦衣卫"、"八股文",钳制人们的思想行为,世称明代"三绝"。在此情况下,文学、艺术、诗歌等则淡然无色,即使是当时的哲学家、艺术家对于美、美育思想也很少有人提及。清代则沿用了明代制度,艺术只作为一种生活的点缀品,美育思想也就限于空想而已。

在西方,美育思想的发展,同中国相似,最早的启蒙者是希腊哲学家柏拉图。在他撰写的《理想国》一书中提到了美、美育思想。他认为国家的领导人应当由哲学家来担任,因为哲学家通情达理,富有远见,能用美的思想教育陶冶人们的心灵,使其性格高尚、优美。柏拉图认为儿童是可变性大的时期,需要从幼

---

① 原文此处为徐崇。但经查,无徐崇这一人。疑此处有误,可能为徐熙或徐崇矩兄弟。

小养成爱美的习惯和辨别美与丑的能力。以便将来成为"理想国"的执政者和保卫者。柏拉图之后,亚里斯多德发展了柏拉图的美育思想,把美育思想作为教育的组成部分,并比较全面地说明了美、艺术教育的社会功能,提出"教育"、"净化"、"艺术"三大审美功用,意义深远。西罗马帝国灭亡(476年)之后,欧洲进入"黑暗时代",封建专制近六百余年,宗教盛行,一切哲学、艺术都成为神学的"婢女",歌咏学校、音乐学校等也都是为赞美神而设的。当时所谓"七艺",即文法、修词学、辩证法、算术、几何、天文学、音乐理论学科,其目的是培养高级僧侣,以神学解释一切。因此,在欧洲中世纪美育思想被遏止了,亚里斯多德的美学思想,也就逐渐被遗忘了。及至十二、十三世纪,欧洲文艺复兴,出现了新的思潮,一反桎梏人的封建主义,积极倡导"个人自由",提出以"人"为中心,崇拜人生的积极、乐观和健康。在反抗教会、反对封建剥削斗争中保存的古代文学、艺术也最丰富,因而出现了前所未见的艺术繁荣。一些具有新思想学者、专家,积极宣扬个性解放,在重视儿童智育、体育的同时,重视美感教育,进行美育修养和训练。尤其是几位著名的大思想家、文学艺术家,如皮脱拉克、达·芬奇、拉斐尔,一方面竭力反对中世纪的禁欲主义和出世思想,一方面强调发展个性,追求人的美的生活和乐趣,重视教育,重视美育的陶冶。同时,由于资产阶级的兴起,航海事业的发达以及一些重大的科学发明,扩大了人们眼界,增强了科学知识和对自然现象的研究。如大科学家哥伯尼、凯普勒、加利略、布鲁诺等人的发明创作,不仅鼓舞人们对自然和人文的研究,而且宣扬了自然景物和自然现象的美丽,赞扬人类精神力量是无穷尽的。十七、十八世纪,欧洲新兴的资产阶级教育家、思想家和哲学家,在研究如何培养人,如何发展人格的问题中,提出了体育的锻炼、知识的丰富、道德的修养、美育的陶冶,因而美育被重视起来。德国的哲学家鲍姆加敦、康德,提倡成立美学,实施美学教育。席勒接着发表了"美育书简",论述了美育的意义及其作用,正式使用了"美育"这个概念,他说:"要把感性的人变成理性的人,唯一途径是使他们先成为审美的人。"美育对实现人性,改造社会,使人由自然的自然性达到道德的必然性,成为具有完全和谐的人格,会起巨大的潜移默化的作用。从此,西方教育家逐步有意识地以美育的实践促进"个性自由"、"自我完善"。从上述看来,中国的美育思想教育是结合政治、经济与道德行为进行的,起着"化民成俗"的作用,而欧洲则把美育思想教育作为"自我发展"、"美化个性"的工具。

三

中国最早提出美育者是著名的思想家、科学家、教育家蔡元培。民国成立之初(1913年),他首任民国政府教育总长,即把美育确定为教育方针的组成部分,要求家庭、学校和社会从实际出发,使美育与德育、智育、体育相辅而行,充分发挥它的作用。并提出美育设备和推行方法。他先后发表了《美育》、《美育与人生》、《美育代宗教》等富有深远意义的论文,阐明了他的美育理论。他说:"美育与美术既有联系又有区别,所以不用美术而用美育者,一因范围不同,欧洲人所设之美术学校,往往止于建筑、雕刻、图画等科,音乐、文学尚未列入,而美育则自上列五种外,美术馆的设置,剧场、影戏院的管理,园林的点缀,公墓的经营,市乡的布置,个人谈话与容止,社会的组织与演进,凡有美化程度者无所不包,而自然之美,尤供利用,都不是美术二字所能包举的;二因作用不同,凡年龄的长幼、习惯的差别、受教育程度的深浅,都会令人审美观念不相同。"至于美育与宗教比起来,蔡先生指出,美育是进步的,而宗教是保守的、有界限的。因此,在他任教育总长期间,颁布了《普通教育暂行办法》,把清代的"学堂"一律改称学校,允许初小男女同校,重视美感教育。明确规定教育宗旨,"注重道德教育,以实利教育军国民教育辅之,更以美感教育完成其道德"。同时指出,美育是用美学的理论于教育,其目的在于培养高尚的人格,丰富人的知能,陶冶人的美的体态。应把"美育一层"加入小学、中学、师范学校"教则"内,具体开设美育方面的科目。如唱歌、图画、音乐、美术、体育、文学等。由此美育开始正式列入各级各类学校的教育计划和教学大纲。迄今已有七十余年。虽然在那个历史时期,内忧外患,国难深重,教育迟滞,出现了美育的先天不足,后天失调的情况,但是美育给人们的影响是很深刻的,回忆中国美育发展的历程是一个迂回曲折路径。总括起来,有以下几点:

美育理论与实践的创建(1912—1919)。"五四"运动以前,清末民初著名文学家王国维在其《人生及美术之概观》一文中,介绍了"美学"教育,并说,"艺术之美",在于使人"忘掉物我之关"。把美学的思想引进学校,引起人们的关注。这是比较早的把美学应用于文学艺术上来。但是王国维只是经由日本把西方美学思想转译过来,并没有对美育进行研究和实践。真正的美育创建者、实践者是蔡元培先生。他以卓越的见解阐明了美育对人的培养、对国家建设的功能。把美育和科学看作是养成国民实力的两大工具。它的范围是比较广泛的,可以贯彻到自然科学和社会科学及哲学的各个方面。他主张美育的实施面向整个社会,面向全民,面向广大群众,特别是面向广大的青少年。通过美感教育促使社会的物质文明和精神文明,充分发挥人们的救国救民的积极性和创造性,通过美感教育使青少年爱美、审美、欣赏美、鉴别美的心理向着美好的理想发展。学校教育是美育实践的园地,但非唯一园地。家庭、社会也是美育实践不可忽视的场所。家庭的和谐、环境舒适、整洁,也是陶冶情感、培养美感的社会单位。从儿童发展来说,儿童时期美育更显得特别重要。所以,"五四"运动之前,由于蔡元培先生的倡导,美育的理论体系和实践方法已初步建立而且取得了一定的效益。

美育的发展(1919—1927)。"五四"运动之后,由于科学、民主、马克思主义的迅速传播,一切新思想、新观点、新艺术、新教育蓬勃地发展起来,对美育的认识较前有所提高,除普通学校普遍地开设有关美育的学科外,美术学校也随之很快地发展起来。如上海图画美术学院(上海美专的前身),广州春睡画院(广州南中美院前身),丹阳正则艺专等,均建立于这个期间。同时,浙江、北京、广东等高等师范,北京女子高等师范,都先后设立了图画手工科,对于培养艺术师资,推行美感教育起了很大的作用,尤其是国立北京美术专科学校,其内设有师范科,开美术院校培养艺术师资的先河。这些美术院校的发展,不仅为小学、中学、大学培养了一批合格的艺术工作者和美术教师,而且开拓人们的美育思想,提高了认识,利于马克思主义与科学、民主更加深入人心,向往着理想的美景。

1922年颁布《学校系统改革令》,即通常所说的"新学制",规定了小学、中学、师范与职业学校的学习年限和要求,其中关于小学美术教学的要求是"涵养美感",启发儿童艺术的本性,增进美的欣赏和识别的程度,引起乐趣。对中学美术教学的要求是以写生为主,授临画之法,用器画当授以几何画,师范教则中规定,加强自由画和器画的学习时间,使学生富有美感,勇于德行,陶冶感情,锻炼意志,在高等学校的教则中要求把美育渗透到各门学科,如几何线体,物理的声、光、电、化及自然景物等都是美育的教材。从教育的总体上看,美育如出土的幼苗,很有生气地在发展着。好事多磨,在这个时期军阀混战、政局动荡,许多公立学校关闭,教育废弛,已设立的美术学校也无法继续办下去,在此情况下,谈何美育!

美育的起伏(1928—1949)。1927年国民政府成立后,国家灾难日趋严重,帝国主义的侵略,官僚资产阶级的压榨、剥削,全国人民陷于水深火热中,日不聊生。广大的爱国主义者、进步人士及工人、农民,奔走呼号,发扬"五四"精神,加强科学、民主、文化教育,在马克思革命思想指引下,发扬民主,改革政治,发展生产,提高全民族的文化教育水平,同心同德,团结一致,共赴国难。而国民党政府则倒行逆施,实行独裁政治,对外妥协、投降,对内排除异己,推进他们所谓"一个政党、一个主义、一个领袖"的反动政策。一方面集中全力围剿中国共产党领导的苏区(解放区),一方面对群众实行法西斯文化教育,对学校严加控制,控制学生的思想、言论和行为。在八年的抗日战争中,美育与智育、德育、体育一样,始终没得到发展。

与其相反,在中国共产党领导下的解放区,则积极以马克思主义的革命理论教育人民,发扬"五四"精神,坚持真理,反对投降,反对倒退。为国家、民族的独立与解放,赴汤蹈火,在所不辞。这种激动人心的动人场面,不仅使人们受到了深刻的爱国主义教育,革命理想教育,而且是一种崇高的美感教育。为了具体实施美感教育,在陕北延安地区创建了许多学校。如鲁迅艺术学院、陕北公学、抗日军政大学、音乐学院及话剧队、歌舞队等。这些学校均具有强大的生命力。建国以后逐步发展为教育质量高、设备完善的学校,为国家培养了大量的全面发展的人才。

美育的振奋与波折(1949—1976)。1949年中华人民共和国建立以后,即有计划有目的对旧教育进行改革,结合解放区教育实践经验,明确规定"中华人民共和国的文化教育为新民主主义的即民族的、科学的、大众的文化教育"。1952年中央人民政府公布了《中小学暂行规程草案》,接着号召高等学校"学习苏联先进教学经验和科学成果"。这就给大、中、小、幼儿园的美育实施作了具体指示。《中学暂行规程(草案)》第一章第三条规定:"中学应对学生实施智育、德育、体育、美育等方面发展的教育"。其主要目标是运用本国语文,得到现代科学的基础知识和技能,养成科学的世界观;发展为祖国效忠,为人民服务的思想,养成他们爱祖国、爱人民、爱劳动、爱科学、爱护公共财物的国民公德和刚毅勇敢、自觉遵守纪律的优良品质;培养体育卫生习惯和健康体格,陶冶学生的审美观念,并启发他们艺术的创造力。在《小学暂行规程(草案)》总则中,小学要实施德育、智育、体育、美育全面发展教育,特别是美育方面,要求使儿童具有爱美的观念和欣赏艺术的初步能力。对中、小学艺术学科的项目、培养目标、教学时数、设备等都作了具体规定。这是继1912年蔡元培先生第一次提出实施美育之后,新中国教育部正式把美育确定为全面发展教育的有机组成部分。1956年,教育部将"美术"改称图画,并公布中、小学及师范学校图画教学大纲(草案),强调了各级学校美育。对高等学校的艺术学系,独立的美术、音乐、体育及培训班,进行了整顿、修建。艺术馆、体育馆、博物馆、科学馆、影剧院等陆续兴建起来,给人们的美感教育很深切。可以说,美育在家庭、学校和社会中不仅复苏了,而且已经起了很好的作用。可惜的是这段时间内,由于人们对美育的性质、任务和作用认识不足,"单纯升学率"的思想作祟以及"读书无用"论的阻碍和影响,使美育陷于"冷宫"。尤其是"文化大革命","四人帮"打倒一切、破坏一切,将国家破坏到濒临灭亡的境地。教育工作者受到惨无人道的迫害,性命难保,从何实施美感教育。

1976年党中央带领全国人民一举粉碎了"四人帮"的阴谋诡计，拨乱反正，正本清源。大地回春，全国人民满怀信心地努力建设，教育也和其他方面一样，恢复并加强了理论联系实际的工作，把美育重新提出来，列入教育方针之内，成为培养全面发展人才的重要组成部分。同时，加强社会文化教育，推动人们的美感教育，提高了人们美育的水平。

四

目前，我国正处在改革、开放、大力发展生产力的划时代的历史转折点，人们的思想意识、世界观、人生观、价值观也正在急剧地变化，教育的社会功能，愈来愈为人们所重视。我们应如何于教育改革中，把美育面向整个社会、面向全国、面向广大的青少年？通过美育使人们的生活、人际关系更加美化；如何把美育放在学校管理的主要位置上，通过各种渠道进行美感教育，充分发挥美育的作用；又如何在自然科学、社会科学及哲学等学科中实施美育，使其潜移默化，陶冶人们的高尚品质？以上这些主要问题，都需要我们进一步深入研究。根据"五四"以来的美育经验和教训，我们认为应切实做到以下几点：

1. 解放思想，提高认识。深入理解美育是激发人的美感，陶冶人们的情感的手段。它是一个在带有美学性质的、多种多样生活关系的影响下完成的过程。不只限于艺术作品的感染。它在人们的生活中起着巨大的作用，它能使人看到、理解和创造美的事物，丰富人们的精神生活，使人感到生活的乐趣和意义。一个人如何理解和体验生活的乐趣和意义，一个人如何理解和体验美与丑、高尚与卑劣，在很大的程度上是决定他的真正美好的美的理想。我们要培养有远大理想的人才，我们必须牢牢抓住美育这个重要环节。从儿童起,培养他们爱美、审美、欣赏、鉴别美的感受,在各种各样的生活现象中受到美的训练,感到美的乐趣。实际上,学龄儿童已经能够对各种事物和现象的审美判断,在集体生活中能迅速地以新的知识、新的关系充实自己。当他们同人们、事物和自然界的各种切身的相互关系,并接触到社会的一般现象,特别是艺术现象时,他们就会在成人的影响下发展着一定的审美观点。进一步培养成一种美的意识,意识到作为一个中国人的美和高尚品德的自豪感。那些把美育只看作一种教育形式而无实际内容的作法是不符合国家教育方针的规定的,因而也是不正确的。美育具有双重意义,它使人们享受极大的快乐,并在美学上得到发展,同时也是人们认识生活的重要手段。美育不只限于开设几门艺术课或欣赏几幅艺术品,美育的目的乃是培养人们的积极性和创造性,努力实现理想。

2. 实施美育的途径是多方面的,家庭、学校、社会都能对人们进行美育。这是由于美育的性质和特点决定的。家庭的和谐、温暖,"天天向上",就会对孩子们的身心健康发展有很大的影响。成年人的公正、廉明、朴素、整洁、勤劳的优良品质和习惯,都会使孩子无形中受到美的感染,体验到美的乐趣。父母在家庭娱乐活动中有意识有计划地安排一些有益于身心健康而富有教育意义的活动,或选择一些适宜的影戏、电视、录像等,都能发展孩子们的美感,懂得好事与坏事、诚实与虚伪的区别,养成正确的美的习惯和爱好;到了青少年时期,受到学校的美育的熏陶,对于美的感受又进了一步,对于什么是"真"、什么是"善"、什么是"美"有了较高的认识,能够进行自我教育;及至参与了社会工作,便继续感受到人际关系、社会活动的快乐;感受到江、河、湖、海、田野、森林的美景;感受到城市、建筑、公共场所和工作环境的美丽。这些情况都能增长人们的科学知识,加强道德观念,体验到美的愉快。所以说,美育的实施是多渠道、多层次、多序列的。应该看到,鉴赏一种艺术作品,不是只看它彩色明亮、好看,而是它反映了人们的生活,召唤人们去争取美好的生活,鼓励人们为达到一定的目标而积极工作。正如蔡元培先生所说:"美育有普遍性和超越性。"前者指美是客观存在的主观映象,是普遍存在的。后者意思是超脱利害关系。无数的中国共产党人,热爱祖国、爱劳动人民、爱社会主义,所以能在革命的重要关头,"富贵不能淫、贫贱不能移、威武不能屈",甚至牺牲自己的生命也毫无畏惧,这完全不是个人的知识多少所能做到的,而是由于思想感情的陶冶和训练的结果。情感推动了理智,加强了意志,使其敢于斗争,敢于胜利。这种大无畏的精神,不是来源于智育,而是来源于美育。

3. 加强学校的美育实践。首先应把美育列入培养目标,列入教育计划,与智育、德育、体育、生产劳动统一进行。从实际出发,通过各种科学的教学、课外活动、社会实践、团队组织等活动,培养学生的感受美、欣赏美、鉴别美的能力,以发展他们的聪明才干和创造能力。

大学也应开设一些与其他专业相辅的美育方面的选修课,并经常开展美育活动,保证美育在学校各方面的贯彻执行。这样,能使美育全面的、健康的发展。

(原载《辽宁高等教育研究》1989年第3期)

《中国小学各科教学史丛书》*序

《周易·蒙卦》有"蒙以养正,圣功也"之说。"蒙"是蒙昧、幼稚之意,当万物生长之后,接着来的是幼稚蒙昧的时期,教育就成为当务之急。教育就是为了培养正道,这是神圣庄严的事业!所以我们中华民族自古以来就有重视蒙学教育的传统。古代一般将8至15岁儿童的"小学"教育阶段,称为"蒙养"教育阶段。对儿童进行启蒙教育的学校称为"蒙学",所用的教材称为"蒙养书"或"小儿书"。

早在商周时期,我国就已经有了官办的正式"小学"。春秋战国时期,随着私学的产生,民间也开始出现了对儿童进行启蒙教育的机构。汉代这种教育机构已渐趋成熟,称为"书馆",教师称为"书师",而且规模也较大,肄业学童多达"百人之上"。魏晋南北朝时期,魏人邴原在"书舍"——"一冬之间,诵《孝经》、《论语》,自在童龀之中,巍然有异"[①]。这里说的书舍即蒙学。晋人束晳撰《发蒙记》、顾恺之撰《启蒙记》、梁周兴嗣撰《千字文》、后齐颜之推作《训俗文字略》,都是当时蒙学教育活动的反映。唐代有个窦易直,曾"就业村学教授"[②],顾蒙在广州书写"《千字

---

* 该丛书系"八五"期间国家重点出书规划项目。由山东教育出版社1995年4月出版。

① 《三国志·魏志·邴原传》。

② 赵璘:《困话录》卷六。

文》授于聋俗"①。蒙学课本有《蒙求》、《太公家教》等,还有《兔园册》,经考证为"乡校俚儒教田夫牧子之所诵",于"五代时行于民间村塾,以授学童"②。元稹在《居易集》的序上说:"予于平水市中见村校诸童竞习诗,召而问之,皆对曰:'先生教我乐天、微之诗。'"可见当时农村有蒙学,且学诗之风气已深入到了农村的小学。宋代"都城内外……乡校、家塾、舍馆、书会,每一里巷,须一二所。弦诵之声,往往相闻"③。南宋诗人陆游《秋日郊居》诗云:"儿童冬学闹比邻,据案愚儒却自珍。授罢村书闭门睡,终年不着面看人。"作者自注:"农家十月乃遣子入学,谓之冬学。所读'杂字'、《百家姓》之类,谓之村书。"

宋元之后的蒙学,不仅在数量上得到了进一步的发展,而且在教育内容、方法以及教材等方面都形成了自己的特点。有识字教学的教材,有伦理道德的教材,有历史教学的教材,有诗歌教学的教材,有名物制度和自然常识教学的教材,在如此众多的蒙学教材中,以《三字经》、《百家姓》、《千字文》、《千家诗》流传最为广泛,人们称之为"三、百、千、千"。明初《文渊阁书目》和《绿竹堂书目》记载有《对相识字》一书,"对相"就是对图之意,这可能是中国最早的看图识字课本,这说明蒙学课本到了明清时代,从内容到形式,都有了新的发展。《清稗类抄》第4册《嘲私塾诗》:"一阵乌鸦噪晚风,诸生齐放好喉咙。赵钱孙李周吴郑,天地玄黄宇宙洪。《三字经》完翻《鉴略》,《千家诗》毕念《神童》。其中有个聪明者,一目三行读《大》、《中》。"生动地勾划出了古代蒙学教学活动情景。

---

① 《唐摭言》卷十。
② 《观堂集林》卷二十一。
③ 耐德翁:《都城纪胜·三教外地》。

然而由于中国古代文史哲不分家,把德、才、学、识、能等都纳入"四书"、"五经"、"六艺"及蒙养教材之中,因而中国古代蒙学各学科的教学仍处在互相包容、互相融合的浑然形态之中,还没有能各自独立形成自己完整的体系。直到鸦片战争之后,中国教育发生了根本性变革,走上了教育近代化的道路。它赋予了中国传统蒙学教育以新的性质和内容,吸取了外来的新的文化科学技术,开创了我国小学教育近代化的先河,小学各科教学才逐渐完成自己独立的教学体系。

《中国小学各科教学史丛书》正是记录了中华民族在漫长的岁月里小学各科教学实践与教学理论发生发展的艰难曲折的历程,反映了中华民族的智慧。中国是具有数千年文明的国家,有丰富的史料,有悠久的小学教育的传统。我历来主张应重视自己国家的教育传统,应注意挖掘整理我们这个文明古国的"土特产"。这些"土特产"也具有世界意义。一部中国小学各科教学史,是一幅自从有了文字以来中华民族创造和传递精神文明的历史画卷。在这幅博大精深的历史画面上,既有反映了小学各科教学规律、至今仍有生命力的精华,也有不符合小学各科教学发展规律、不能适应现代需要的陈腐的过时的糟粕。我觉得研究中国各科小学教学发展史还是应坚持"古为今用"的原则。既要研究中国小学各科教学发展史上的光辉成就,突出其中华民族的优秀文化教育传统,又要以科学、谨慎的态度分析批判以往小学教学的内容、形式、方法、原则,总结其中成功的经验与失败的教训,揭示出中国小学教学中内在的带有规律性的东西,并加以改造,使之成为社会主义现代化教育的组成部分,为现代中国的社会主义建设服务,也为世界文化教育宝库增添中国的特色、中国的模式、中国的学风和中国的气派。

《中国小学各科教学史丛书》在这方面作了有益的探索,作者们孜孜不倦,矻矻终日,搜集了大量有关中国小学各科教学的历史资料,并审慎地考察、鉴别、整理、运用了最新挖掘的资料,进行了极为艰苦的研究工作,开辟了新的研究领域,具有开创性。不仅从宏观的角度把握了小学各科教学发生、发展、演变的历史轨迹,寻找和探索一些带有规律性的历史经验,还分科论述,对各科教学的一些重要问题,诸如各科教学活动、教学组织形式、教材、教师、教学原则方法、教学思想、教学改革与实验等等,在微观上进行了分析研究,指出其来龙去脉、前因后果、功过得失及其在发展演变过程中各自形成的教学特色。

全书资料翔实,论证严密,结构严谨,分析透辟,突出的特点是从实际出发,不尚空谈,做到持之有故,言之成理,对问题的分析,力求辩证、客观、全面,不走极端,让事实说话。各分卷有自己的特色,但四个分卷又能浑然一体,形成了一个有机统一的整体。所以我觉得这部书写得是很好的,我愿向学术界、教育界及其广大读者推荐这部书。希望这一部著作的出版发行,对于弘扬祖国优秀传统文化教育,促进中国小学各科教学实践和理论的发展发挥其作用。

鲁迅说:"倘有人作一部历史,将中国历来教育儿童的方法,用书,作一个明确的记录,给人明白我们的古人以至我们,是怎样被熏陶下来的,则其功德,当不在禹下。"[①]鲁迅的话讲得很好。总结和研究传统的小学教学理论、经验,提高和改造我们的小学教育,是涉及我们国家、民族前途的大事。

当然,任何一部著作,都不可能是十全十美的。因此。我恳切希望并建议作者们和读者们一起,进一步发现书中的不足之

---

① 《准风月谈·我们怎样教育儿童的?》,《鲁迅全集》第5卷,人民文学出版社1981版。

处，使这部著作能不断改进，以期在资料上更加充实，在理论上更加严密，在质量上更加完善。

（原载《教育研究》1995 年第 5 期）

二 心理学类

冯特心理学简评

一

冯特在近代心理学史上是一个很重要的人物,是采取自然科学的实验方法创建"新心理学"的第一人。他的"新心理学"的一些基本原理和方法,不仅对当时德国心理学界,生理学界,哲学界有很大影响,而且对十九世纪七十年代以后欧美各国心理学的发展,都起着重大的推动作用。特别是他积极倡导的用实验方法处理心理活动问题,创设心理实验室,建立的新心理学说,更为世人所称赞,广泛地引起了世界各地心理学工作者的重视。可以说,近几十年来许多新的心理学派别都是由于心理学研究者对冯特心理学的理论和方法持有异议而发展起来的,都是和冯特心理学说的影响分不开的。

冯特1832年生于德国纲卡洛的巴登地区。他本来是一个生理学家,后来转向心理学的研究,成为著名的心理学家。从1857到1920年六十三年期间,他先后在三个大学讲授生理学、心理学和哲学。1889年任莱比锡大学校长。冯特与费尔巴哈、马克思、恩格斯生活在同一时代里。在这个时代,德国产生了资产阶级民主革命,马克思、恩格斯曾经指出这个革命可能成为无产阶级革命的直接序幕。由于这个革命,使德国沿着资本主义道路迅速发展起来,大工业逐渐代替了手工业,无产阶级的队伍日益壮大。资产阶级为了巩固和发展自己的权利和财富,竭力提高生产力,尽快地发展生产,以满足他们的需要。生产力的发展需要科学,科学的发展又提高了生产力的水平,因此,在这个期间德国的自然科学就很快地发展起来。代表着先进生产力的无产阶级与代表着旧的生产关系的地主资产阶级的对立逐渐激化起来。这种对立不仅表现为政治和经济上的斗争,而且突出地表现为思想意识领域的斗争,即当时唯物主义与唯心主义的对立和斗争。十九世纪初期,费尔巴哈以战斗的姿态批判了黑格尔,坚决地反对黑格尔的唯心主义,恢复了唯物主义应有的权威。然而费尔巴哈的唯物主义带有局限性和不彻底性,他对于自然的解释是唯物的,对社会的解释却是唯心的。无产阶级革命导师马克思、恩格斯根据当时科学发展的成就和阶级斗争的实践经验,提出了辩证唯物主义和历史唯物主义的世界观,并以此武装了无产阶级,使无产阶级获得了锐利的精神武器。而从革命中途转变为反革命的德国资产阶级,却与唯物主义断绝了关系,他们拣起德国古典哲学中的唯心主义的渣滓,拼凑成为所谓"新"的"独创"的学说,同时,把科学中悬而未决的问题引入唯心主义,并对当时科学的新发现强加以唯心主义的解释。德国的资产阶级既要反对唯物主义,竭力宣扬唯心主义,又要发展自然科学,这就使他们陷入一种不可克服的矛盾之中。实际上,唯物主义日趋深入人心,自然科学不断向前发展,物理学的新发现,促进了人们对于自然的认识,生理学的研究提供了关于人身体的知识。迈尔、朱尔和格尔丁发现了能量转化,施温和施列登发现了有机细胞,达尔文创立了进化论,这三大发现,把科学研究推进到了一个新的发展阶段,迫切要求各门科学要以精密的实验控制和对事实材料的分析观察为前提,用辩证的发展观考察问题,抛弃过去那种静止的、孤立的、绝对的看待问题的形而上学研究方法。

　　这时,心理学这门科学也逐渐引起许多学者的兴趣,并重视这一方面的研究。例如韦柏、费希纳、黑尔姆霍兹等人,这些物理学家、生理学家或光学家,早已建立自己的实验室,他们在用实验和观察的方法研究物理现象和生理现象的同时,开始了对感觉、知觉方面的实验研究。在这样的情况下,作为一个生理学家的冯特,也力图仿效这种科学办法研究人的心理活动。1863年冯特发表了《对感官知觉学说》一书,在这本书中第一次讲到"实验心理学",从此,冯特由生理学的研究转向心理学的研究,成为一个有名望的心理学家。到了1867年,冯特在海得尔堡大学任教时,讲授生理心理学课,提出了"新心理学"这个名称,以区别于旧心理学,正式确定心理学不再从属于哲学,而成为一门独立的实验科学。他认为"新心理学"应该有自己的实验问题和实验方法,并说"我这里提供给大家的这本著作是想勾划出一门新的科学领域"①。1879年,冯特在莱比锡建立了一个激发人们兴趣而具有重大影响的世界第一个心理实验室。他用物理、化学、生理等科学的实验方法和测量方法,有控制条件的研究心理学的对象和过程,使心理学成为一门新的独立科学,因此,世界各国心理学者,公认冯特为"实验心理学"的创始人。冯特在心理学方面的重大历史贡献也就在这里。但是,冯特也和当时德国资产阶级所豢养的学者一样,信仰德国古典哲学,是一个唯心主义者,他的思想体系并没有因重视科学、运用实验方法而有所改变,他的"新心理学"的基本原理及其解说与德国旧的传统的心理学并没有根本区别。例如关于心与身的关系说、要素说、意志说、统觉说以及联想说等,都是从主观出发,抱着混乱的唯心

---

① [美]许尔茨:《对构造主义的一般考察》,杨立能译。

主义观点加以研究的,因此新心理学中的那些基本原理及其解说,都没有经得起时代的考验和科学的鉴定。

冯特死于1920年,活了88岁。一生写了大量心理学专著。如:《关于人和动物的心理的讲演》(1863),《生理心理学原理》(1874),《逻辑学》(1836),《哲学体系》(1889),《心理学概论》(1896),《语言史和语言心理学》(1901),《民俗心理学》(1900),《心理学概论》(1911)。美国的心理学家波林于1950年评论道:冯特总共写了五万三千七百三十五页书,从1853年到1920年,每天要写2.2页。要读完他的著作大约要以每天60页的速度,得读二年半,几乎没有人能在这样一个短时间内,这样高的水平读完这么多的书。不过这些著作中的观点相当混乱,难以弄清楚它的新心理学的特点。[①]

二

冯特的"新心理学"新在何处呢?我们可以从它的基本观点和方法加以分析。

首先,冯特认为新心理学是研究感觉的。也就是研究在一定的刺激作用下,感觉是怎样发生的,在意识中它们又是怎样相互联系的。他说,每种感觉,可区分为两种不同的特性,一种是感觉力量的强度,另一种是感觉的性质。[②] 这两种特性是并存的,缺一不可,但两者可以单独加以变化。例如"按一个音键,开始很柔,逐渐增强它的力量,使它超过各种不同程度的强度,而它的性质不变。或者一个接一个按弹不同的音键,得到不同的

[①] [美]许尔茨:《构造主义的早期阶段》,杨立能译,第26页。
[②] [美]R.劳莱:《冯特与新心理学》第二篇。

性质。如果继续弹下去,可始终保持同一强度的音调"①。冯特这种见解,实际上和其他心理学家关于研究感觉的量的方面的方法基本上是一样的,没有什么很大的区别,谬勒、韦柏等都曾用上述的方法研究感觉,冯特只是把它作为"新心理学"的主要成分加以研究而已。如果说有新的东西的话,那就是冯特想要发展一种类似的方法和原理去研究感觉的质的方面,也就是研究它的结构方面,使之成为"新心理学"的第二成分。这一点后来被说成是"构造心理学"。"这个名称虽然不完全正确,但它足以说明它与心理物理学之间的界限了。"②从"新心理学"构成的两个主要成分来看,也不是冯特的独创,同样是有来源的。一部分来自英国的心理机制论所讲的简单的、初级的感觉;另一部分来自德国的生理机制论的点状感觉。冯特把它们联结起来,作为他的"新心理学"的主要构成部分。其实,这两种机制论也都是部分地来源于牛顿的物理学。生理机制论与心理机制论的共同任务,也都是要说明简单的、初级的、点状感觉是怎样转变为统一的知觉结构? 其中有哪些因素? 它们是如何结合起来的? 冯特认为这些问题很重要,必须研究感知、意识等心理活动的结构,分析它们构成的元素。在冯特看来,经验这种现象是由主体内部知觉所构成的,不是什么感官知觉的东西,例如印象就是印象,不属于任何东西,也不能由任何东西所产生。通过主体的内省汇集起各种印象、感知,就产生了经验,整个世界也就构成了。因此他说"新心理学"是研究经验的科学,它的任务就是把经验的内容分解为若干基本成分,如同化学元素一样。所不同的化学元素是物质的,经验的元素是精神的,而且"这些精神元素从

---

① 冯特:《人和动物心理学演讲集》,第 15 页。
② [美]R. 劳莱:《冯特与新心理学》(李伯黍译),第 19 页。

不单独发生,而总是彼此联结着,相互依赖着"①,这样就构成了知觉、意识经验。很明显,冯特对于经验的分析,完全抛弃了关于外物之属性的客观性,否认了外物的存在。我们知道,作为元素的那些简单的、初级的感觉,必须依赖于感觉器官、感觉神经和大脑感觉中枢的刺激过程所承担的特殊形式而存在。离开这些物质基础、生理机制,离开了客观现实,还有什么意识经验、"元素"呢。冯特说过,"意识事实与神经系统过程之间确有一种完全一致或平行论。神经系统由许多相互联系的元素所组成,各种意识内容也是如此"。因此,"元素联结原理可以从解剖的、生理的和心理的意义上去理解"②。冯特这些说法,把神经系统与意识对立起来,成为两种不相关联而又平行的东西,这是不符合实际的,也是非科学的。冯特让我们从解剖的、生理的和心理的意义上去理解。其实,用唯物主义思考问题,不难理解到元素联结原理,可能是他所说的联想或观念联合。神经系统与意识内容并存,可能是他坚持的神经与意识的两个独立系统。最后,我们理解到冯特确实是一个身心平行论的"唯心主义者和信仰主义者"③。

三

研究感觉、意识的结构,分解它们构成的元素,观察它们活动的规律,从一门新的科学心理学来说,是无可非议的。而且当时的物理学、生理学、解剖学及化学,都提供了值得参考的科学

---

① [美]R. 劳莱:《冯特与新心理学》(李伯黍译),第18页。
② [美]R. 劳莱:《冯特与新心理学》(李伯黍译),第16页。
③ 《列宁全集》第14卷,第51页。

手段,进行得很有成效。问题是必须既唯物又辩证地说明这些问题,决不能单从主体方面去看待它们。在这个问题上,冯特不是故意掩盖事情的实质就是无知。

"新心理学"研究对象是什么?冯特简明地回答:心理学研究的对象是"经验"。因此,心理学也叫做"经验的科学"。冯特所说的经验,与倍根、霍布斯不同。倍根、霍布斯认为心理就是经验;经验起源于感官对外的认识。① 这是唯物主义的认识论。冯特则认为心理过程不依赖于客观对象,而是先验的存在,是主体内部的感知。这完全是唯心主义的认识论。冯特极力用些模棱两可的观点,描述他的"新心理学"的特点。他说,心理学的任务是对经验"直接现实"的观察、分析和解释。他认为"经验"这个东西是自然科学与心理学的共同材料,不能分为内部经验与外部经验,它是一个东西,只是物理学家与心理学家的观点不同。他说,经验包括着经验的主体与被经验的客体两个因素。自然科学是从经验中舍去经验的主体,只处理它的对象,而心理学则处理包括经验的主体在内的经验,他把前者叫做"间接经验",后者叫做"直接经验"或"原本经验"。因此心理学可以称为"直接经验之学"。研究它的方法,只能用"自我观察"或者叫做"内省法"。冯特说,"间接经验一般是用来作为认识某些东西的方法,而不是经验的本身"②,而且说这是我们用经验获得世界知识的通常形式。例如,我们看一朵花,说"这朵花是红的",这一陈述,意味着我们的主要兴趣是花,而不是正在体验着红这件事实。冯特认为看花时的直接经验,不在花的本身,而在对红的体验上,不能把红的经验描述为花。换句话说,直接经验是对红

---

① 荆其诚:《冯特和铁钦纳的构造心理学派的理论》,第10页。
② [美]许尔茨:《对构造主义的一般考察》,杨立能译,第27页。

的经验,它是自由的不带有任何较高水平的解释或偏见的。在冯特看来,这个红的经验就构成了意识的基本状态或心理的要素。再如,当我们牙痛时,如果仔细描述我们"感觉到"的各种经验,那么我们所关心的是直接经验。但如果说,"我牙痛",那么,我们所关心的是间接经验。可见冯特想用经验的各基本组成部分来说明意识经验。他认为每一个具体的经验可分为两个因素:一个是经验的对象;一个是经验着的主体。自然科学的观点可用间接经验标志之,它抽掉了主体才有可能;心理学的观点可用直接经验标志之。实际上,间接经验总是和主体的领会与认识的机能相联系,而直接经验也总是包含着作为不可分离的来自外界事物的观念。简单的说,人们的感知、意识经验是客观现实的主观映象,人脑的机能。冯特对"经验"的看法,似乎在主体面前,没有必然存在的客体,没有任何现实。在经验之外没有独立存在的物质世界,心理经验被说成唯一存在的现实!所以我们认为冯特把"经验"作为心理学唯一研究的对象是不正确的。这一点,冯特是以不同的方式,翻版了贝克莱和休谟的经验论。

四

冯特在他的"新心理学"中,提出了一个"统觉"问题,并做了大量的描述。这个问题并不陌生,赫尔巴特就曾经讲过统觉。究竟统觉是什么?应该包括哪些内容?冯特认为统觉可分为现象的统觉、知的统觉和活动的统觉。统觉不是"要素",也不是要素的集合,它是一种现象,近似注意,依据主体的观点和意愿对于感官来的各种要素有一种统整作用。[①] 统觉与联想不同,联

---

① [日]乾教:《冯特心理学》,第27页。

想是被动的,统觉是主动的。但统觉与各种心理过程有联系,也与感情有联系。统觉在经验中起着积极的推动作用,并带来了感情。因此,感情常常是统觉对感觉内容的反应的标志,感情也是统觉活动的标志。统觉与联想有联系但有区别。统觉能使心理内容有逻辑的衔接,联想则没有。统觉有分析、综合的功能。这些,就是冯特所说的知的统觉。冯特还说统觉是意识流中的一个恒流,它是经常变化的,它对于间接或直接经验或感知要素等起着组合作用,组合感知,带动情感,发动意志活动,都是由统觉起作用的。从统觉的功能看,冯特认为有简单的统觉功能与复杂的统觉功能两类:简单的统觉功能就是把一些初步的心理内容指出它们的相互联系。例如我们认出一个物体和我们以前感知过的相同,记得起来的一件事与我们眼前的印象有一定关系,并指出相同或相异,这是通过事物的相互比较而得出的。因此冯特认为简单的统觉功能就是事物的相互关联和比较。另一种是复杂的统觉功能,它是在关联与比较这两个简单心理过程重复并配合的基础上,就自然产生对事物的分析与综合这两个复杂的心理作用。分析首要是比较统觉作用的产物;综合是关联的统觉作用的产物。在统觉中各种心理元素经过所谓关联、比较、分析、综合,结合成为一复杂的统一整体。简单地说,"统觉就是意识活动把经验元素有目的地、有计划地纳入清晰的意识界,而被主体把握的过程。统觉是指导心理活动的最高力量"。[①] 可见冯特的统觉学说是很神秘的,是一种精神界内在的、统一的力量。冯特分析统觉的基本要素是感觉、表象和感情。感觉和表象结合发展为注意,注意带来了感情,产生了意志活动。在意识中最明显的中心就是注意,从而形成意志活动。

[①] 《冯特和铁钦纳的构造心理学派的理论》,第44页。

意志活动在统觉中起着很重要的作用。看来冯特所说的统觉类似我们现在所说的主观能动性的问题,但是实质上有根本的区别。冯特的统觉学说,对于近代心理学的研究有一定的影响。它引起人们在研究心理活动时要从整体观念出发,重视心理活动的情境和背景。这一点很有启发作用。但是我们也必须指出,冯特的统觉学说,也不是由他独创的,在心理学史上,曾有康德的先验的"纯粹意识的主观统一",莱布尼兹的"统觉是精神的自我意识",赫尔巴特的"统觉群"等,都认为统觉是一种有力的意识活动。前面我们已经说过,它把各种心理过程统一起来,加以创造性的综合,形成意志活动。冯特的这些说法,不过是把他前辈的统觉学说继承下来,加以宣扬,加以具体地解释而已。

冯特认为在人对刺激的反应中,存在着三个阶段:首先是知觉这个刺激,接着把各种心理元素统整起来,最后是意志活动或者说是意志行动。为了测定这些过程,冯特曾想搞一个认知辨别、意志过程的时间的"心理计时器"①,但是没有实现。事实上,人们对外界刺激的反应,不是如冯特所想象的那样截然分为三个阶段,先后不会那么明显,各个阶段也不会那么稳定,各人的反应和反应的情境也各不相同,往往是几个心理过程交织在一起出现的。

冯特认为统觉是一种主动的心理过程,它能把一些心理要素创造性地综合起来,使其具有与以前不同的新的特性。这就意味着要认识外界,获得新的观念要有一个准备的心理过程。这对于以后学习心理的发展是很有意义的。然而,统觉的这种创造性的综合能力从哪里来的?冯特只是从他的主观唯心论的观点回答了这个问题。他说,统觉的能力是天赋的。根本否定了人的认识能力、人的聪明才智是人们积极地参与阶级斗争、生

---

① [美]许尔茨:《对构造主义的一般考察》,杨立能译,第30页。

产斗争和科学实验等实践活动而发展起来的。唯心主义的世界观,决定了冯特是不可能承认这一点的。

五

关于冯特的心理学方法问题,近百年来,心理学界都在称赞他的实验法、观察法或者称为内省法。认为冯特的主要功绩在于他应用了自然科学的方法处理了心理活动问题,这不仅标志着心理学脱离哲学而成为一门独立的科学,而且随着科学技术的发展,把心理学研究推进到一个新的发展阶段。尽管冯特心理学体系混乱,原理错杂,解释玄妙,在主观唯心论和客观唯心论之间跳来跳去,正如列宁所说这只"老麻雀不是一把糠就可以捉住的"[①]。但是从心理学发展史来看冯特的心理学说和方法还是起了一定历史作用的。

有人说,冯特的实验方法是内省法的辅助。在莱比锡实验室内,主要是应用有控制的内省法。这个说法是符合当时的实际情况的,因为冯特一直是把心理学看作是研究直接经验的。直接经验的研究单靠实验法不容易说明问题,还必要根据心理活动的具体情况和要求,灵活地运用其他的方法,特别是较高级的心理活动如思维等就不能完全用实验法。如同医生诊断一样,除观察、实验病情外,还要病人说出自己内部感觉。因此冯特在实验室内经常用内省法,予受试者以一定的刺激,询问其感知的情况,根据情况结合用实验法。可以说,冯特在方法上的重要发明,在于对内省的条件予以精确的控制。

心理学研究上使用的内省法并非来自哲学,而是来自物理

---

① 《列宁全集》第 14 卷,第 84、85 页。

学和生理学。当时的物理学家时常用内省法研究光和声,生理学家也经常用内省法研究感觉器官。例如要获得感觉器官作用的感知,研究者给感觉器官以刺激,被试者提出所产生的感觉。这种办法还是符合实际的。当然,从冯特心理学研究的指导思想和基本原理来看,这种内省法是与他的思想体系相一致的,是适合他建设"新心理学"需要的。单从方法或者从某些具体问题研究上看,还是值得重视的。

冯特为了在实验室内正确利用内省法,还提出了十分明确的严格要求和规则。例如观察者要确定心理过程何时引起,要有准备,要多次重复观察,通过操作控制刺激改变实验条件等。因此冯特认为实验室所实行的内省法是一种技术,不是任意的,观察者必须受过严格的训练,这样内省法才能成为心理学研究的工具。所以有人说冯特的方法主要是内省法,实验法是它的辅助,这是有一定道理的。

以上所述只是冯特心理学的一个梗概,只就冯特比较有影响问题,加以简单的述评。有的问题,如冯特的感情的三度说,还没有提到,有的问题没有展开深入的研究。

必须指出,在十九世纪七十年代,德国资产阶级兴起,极力镇压工人阶级革命运动,在政治上、经济上剥夺工人阶级的权益,在哲学和各种意识形态上竭力宣扬唯心主义,反对唯物主义,斗争是激烈的。冯特站在资产阶级立场上,坚持唯心主义,利用自然科学的方法,把心理学变为一门独立科学的手段,大肆推广了资产阶级迫切需要的唯心主义、主观主义、信仰主义,反对马克思主义的唯物论,使心理学成为资产阶级腐蚀工人阶级和劳动人民思想意识的工具。

[原载《南京师大学报》(社会科学版)1978年第3期]

瓦龙学派关于心理发展基本观点简介

瓦龙学派是当代法国心理学界的一个进步学派。这个学派的主要代表是巴黎大学教授亨利·瓦龙。他曾主持过法兰西学院《心理与儿童教育》讲座,担任过法国百科全书第八卷《精神生活》的主编和《儿童时代》杂志的创办人。瓦龙对于心理发展问题做过许多富有成效的实验研究,发表了许多关于心理学基本理论问题的论文和著作。其中较为重要的有:《难以控制的儿童》(1925)、《论意识的生物学问题》、《实用心理学的原则》(1930)、《儿童性格的发生》(1934)、《儿童思想的发生》(1945)、《辩证唯物主义和心理学》(1946)、《与记忆对象联系着的记忆机制》(1951)、《学校心理学》(1953)以及《人的有机性和社会性》、《人性的辩证发展》、《儿童的社会性》、《从行动到思想》等。瓦龙在他的这些著作和科学活动中,以鲜明的马列主义观点和态度分析批判了当时法国心理学中各种形式的唯心主义、机械论、存在主义和实证主义的观点,力图把心理学建立在辩证唯物主义、历史唯物主义及其自然科学的基础上,使之成为真正的科学。他认为只有在这个基础上建立起来的心理学,才能正确地阐明人的心理本质、形成、变化及其发展的规律。他写道:"只要我们离开了辩证唯物主义的立场、观点,那么就会立刻走向否定心理学是科学。"①

瓦龙这一基本观点,震动了法国心理学界,直接推动了法国心理学的研究和发展,同时引起了欧洲、美洲各个国家的心理学工作者的重视。特别是对儿童心理学理论问题的研究,瓦龙那些具有特色的卓越见解,尤为广大研究者所称赞。儿童心理学的研究,自从德国生理和心理学家普莱尔1882年出版《儿童心理》一书以来,发展是很快的,出现了许多著名的儿童心理学家,形成了各种不同的儿童心理学派。比较著名的,如:奥地利以彪勒为首的维也纳学派,德国的司腾学派,美国的格赛尔学派,瑞士以皮亚杰为首的日内瓦学派。法国以瓦龙为首的巴黎学派,在这些学派中,巴黎学派是一个进步的学派。②

大家都知道,法国研究儿童心理比较早的首先是比奈和波尼。他们在1889年创办索邦实验室,研究儿童的智力、推理、记忆和感觉等问题。1903年发表"智力的实验研究",1905年编制心理测验,发表"智力量表",从而推动了儿童心理学和教育心理学的研究,特别是心理测验,各国盛行一时。但是由于法国受到生理学和生理心理学的传统的影响,例如沙科认为了解常态儿童必先从了解变态儿童入手,重视病理心理学的研究;再如波尼,他是一位生理心理学家,着重研究"关于大脑活动和神经生理实验",因而儿童心理学与教育心理学的研究,长期得不到重视,这就是说比奈的研究长期不占重要地位。真正继承比奈的研究,把儿童心理学和教育心理学的研究,提到重要地位上来,

---

① 安采费罗德:《法国进步心理学家瓦龙》,《心理学报》,1957第4期,第65页。

② 朱智贤:《七十年代西方儿童心理学发展述评》,《教育研究》,第1期,第66页。

成为法国心理学研究主流的是瓦龙。可以说1937年由瓦龙主持的《心理学与儿童教育》讲座是法国心理学研究重点转移到儿童心理和教育心理的标志。瓦龙在他的科学活动和实验研究过程中,愈来愈感到科学的心理学,必须以科学态度和方法,结合实际,从多方面分析研究心理发生与发展的规律,阐明心理的实质及其变化的条件,以解决儿童教育中所出现的种种问题,为提高教育效果服务。瓦龙所创办的《儿童时代》,其目的就在于探求儿童心理发展与自然和社会的关系及其转化的过程,进一步通过教育促进他的发展。所以瓦龙学派很重视儿童教育,提倡学校心理学的研究。可见,瓦龙不仅是一位卓越的儿童心理学家,也是一位卓越的教育家。

  瓦龙学派在心理学的一些基本问题上,所做的说明和论证,都具有深刻意义,是合乎辩证唯物主义观点的。首先他们认为人的心理活动产生、发展是由于人与外界环境的相互关系而发生、发展的。瓦龙写道:"无论心理学的或是生物学的事实,都是从活体与其环境的接触开始。"[①]随着个体的生长,环境的变化及教育的影响,他的心理活动便由简单到复杂、由低级到高级、由被动到主动有顺序有规律的发展起来。在这个发展过程中,心理活动不仅显示着连续的、多层次、多水平的特性,而且也显示着一定的结构性和阶段性。这是因为人与周围世界的联系和关系是多样性所引起的。心理的特性似乎是渗透于社会的东西和生物的东西之中,并把它们以一定方式连结、贯串起来并转化为行为和活动实现出来。所以研究人的心理质态,既不能离开他所处的环境,尤其是社会环境;又不能脱离他的机体的生长,

---

① 安采费罗德:《法国进步心理学家瓦龙》,《心理学报》,1957 第 4 期,第 66 页。

也不能忽视心理活动的连续性和整合性。在这几方面的相互关系中,人的生长成熟往往起着主导作用。瓦龙这些基本观点是正确的,也是很深刻的,它给我们心理学工作者启发很大。心理活动是一种复杂的现象。它的形成和发展包含着多方面的因素和力量。应从它诸多因素的联系和关系中探索那些起主导作用的东西,不能简单地把某些心理现象或特性归结为生理的、社会的或其他方面的东西。比如我们探索智力发展的规律,就不能只从先天的遗传决定的,也不能只从后天环境或教育的原因做出结论。看来人的心理活动应从社会的动力,生理的动力和心理的动力方面结合起来加以分析和研究,才能找出它矛盾、转化和整合的实质及其发展过程。

瓦龙学派对于心理发展的性质、动力和规律问题,做了比较深入的研究,也是引人入胜的。他认为心理发展的性质,简单的说就是"内化"。"所谓内化,是就心理活动所反应的对象说的;最低的心理活动,例如反射,总是直接地反应外部的刺激,愈是发展了的高级的心理活动,就愈能对内部刺激作反应。高级心理活动诚然也由外部刺激所引起,但外部刺激往往先转化为内部刺激,因而直接反应的不是外部刺激而是内部刺激。所以从心理反应的直接对象来说,发展就是向内转化"。[①] 例如,三岁以前的儿童,尤其初生不久的婴儿,他对外界刺激的反应是直接受外界影响的,随着他的生长和周围的影响,随着感知的广度与深度的加强,逐渐形成一些自我的活动,由直接对外界的反应转化为随意反应。这就是说,有些初步的主动性。及至发展为成人,这种内在的动机世界,就能左右外界的影响,做出种种不同的主动的反应来。我们在与儿童交往中,经常遇到年纪幼小

[①] 范祖珠:《瓦龙关于儿童心理学几个问题的看法》,第55页。

的孩子,对事物的主观见解是很少的,一般都是听信大人的话的,可是在十二三岁前后情况就不同了,对周围的事物的看法往往有其主观见解,对大人意见,不是完全听从的,有时相反。这就是由于这个时期的儿童,生活经验多了,心理活动较前复杂了,逐步形成了这样那样的内在世界。由此看来,人的心理的性质,不但有内化的特性,也有外化的特性,由于人的生物性的、社会性的内因和外因相互转化而形成了一定的行为和活动。在发展顺序上看来,婴儿时期身体与动作发展较快;学前阶段语言与感知发展较快;小学阶段社交与逻辑思维的发展较快;青春时期生殖系统的发展较快。这可能是发展的一般规律。在瓦龙看来,愈是低级的心理活动,愈是直接反应外界;愈是发展到高级的心理活动愈转向内化,其内在联系愈紧密,其完整性愈高。

瓦龙在阐述心理发展的动力和规律时指出,心理活动中的矛盾统一、质量互变的问题。这是与他的辩证唯物主义观点关联着的。他认为发展不仅仅是心理机能数量的增长,而是由量变到质变,质量互变。心理机能数量的加多只是发展的条件,还不是发展的本质。心理的真正发展,有待于心理整体出现性质上的变化。瓦龙说:"心理活动不是在同一个和唯一的平面上继续不断的增长而发展的。它是从一个体系演化为另一个体系。各个体系的结构是不同的。因此,在一个体系中活动的结果,决不能变成另一个体系中的活动结果。一个结果,当它跟新的活动形式联系着的时候,就不是原来那一回事了。"[①]瓦龙这种见解是很精湛的。心理发展和其他事物发展的道理是一样的,都是在对立统一过程中量变引起质变、质量互变。这是事物发展的普遍形态和过程的表现。它的基本特性,在于深入揭示了发

---

① 范祖珠:《瓦龙关于儿童心理学几个问题的看法》,第56页。

展的阶段性。量变过程是一个相对平衡的过程,质变就是平衡的破裂过程。心理的整体变了,出现一个新的整体,其中虽有同样的活动,但因它在新的体系中取得了新的地位,获得了新的性质。这就是一种质变,一种飞跃。正如列宁所指出的:"渐进性没有飞跃是什么也说明不了的。"①

瓦龙很明确的指出,发展的动力和源泉在于事物的对立统一。他认为生物的起源与社会的起源两种因素在儿童身上是相互对立的。这就是说:"儿童一方面有极其复杂变化的社会环境,另一方面又有极其分化的能力设备,这两方面是对立的。但是同时社会环境只有通过儿童的生物方面的能力设备,才能对儿童起作用,换句话说,只因有了儿童的生物设备,社会环境才能起作用,而儿童的生物设备又是由人类长期过着社会生活才能逐渐形成起来;只因有了人类社会环境,儿童才具备这样的生物设备,所以生物和社会这两方面又是相互作用着的,这就是二者的辩证关系。"②但是这种对立在一定条件的变化中又统一起来,或者说在一定的阶段上这种对立又呈现平衡的现象。瓦龙举了个很有趣的例子:在婴儿时期,儿童会吸乳、睡觉,学会哭、喊、笑,以呼唤母亲来喂奶,满足生活的需要,在这种情况下,他自己的能力和环境的配合,使内外两方面平衡。但当环境变化和身体生长达到一定的程度时,又引起了矛盾,突破了原有的平衡状态,进入了一个新的质态,形成了一个新的阶段。低级心理活动是这样,高级心理活动的发展也是如此。例如逻辑思维过程,其中的感觉、知觉、表象、语言之间也包含着对立统一的情况。那么,为什么在心理发展每一阶段的相对稳定、平衡时而又

---

① 《列宁全集》第 38 卷,第 127 页。
② 范祖珠:《瓦龙关于儿童心理学几个问题的看法》,第 57 页。

被突破了呢？瓦龙说："与平衡同时有发生种种变动的倾向。变动的原因来自机体。在个体发展中机能跟着机体生长而觉醒起来，而且机体往往远远走在机能之先。觉醒的机能打破了这个阶段的平衡，进入了一个新的发展阶段。"①换句话说，机体生长唤醒机能，觉醒了的机能又打破了儿童与其生活条件的平衡关系，这样，儿童的心理便进一步向前发展了。从上述这段话看来，似乎心理活动的最初产生，必须在机体生长成熟到一定的程度才行，似乎是机体的生长对于心理的发生与发展起着决定作用，但是瓦龙并没有忽视心理活动的社会环境的因素。他说："没有任何一个心理反应不是依存于外在环境的，如果说出现的有早有迟，并不总是依存于外界环境，那么至少它的工具和它的内容总是这样。"②这就是说，心理活动的内容必然依存于外在因素。例如一个人能否说话，或在什么时候开始说话，都受机体生长所决定，至于他究竟掌握哪一种语言，则是看他所处在哪种环境，在中国说中国话，在美国则说美国话。

　　瓦龙在分析心理活动过程时，也运用了内因和外因这些概念。内因是根据，外因是条件，外因通过内因起作用，这是大家所熟悉的。不过瓦龙所说的内因是包括机体的生长与成熟、兴趣和学习的。这一见解具有很大的实际意义，机体生长成熟对心理活动的发展的重要意义是勿庸多说的，主要的分析一下作为内因的兴趣和学习的问题。瓦龙认为机体要实行一个活动还需要有一种力量。这种力量可能就是我们经常所说的内驱力。虽然机体已经完备但力量不充分，活动也就不能出现，这就要靠主体的兴趣来发动力量进行活动。即使兴趣减弱了，力量不足

---

① 范祖珠：《瓦龙关于儿童心理学几个问题的看法》，第58页。
② 范祖珠：《瓦龙关于儿童心理学几个问题的看法》，第59页。

了，经过学习也能使心理活动继续下去，兴趣是会恢复起来，力量也会持续下去。例如儿童的思维能力，本来就有的，但是要从"前逻辑思维"发展到逻辑思维就得通过学习，把原有的思维加以调整，变动原有动型之间的关系，改变动型本身的性质。经过这样的整合，才能出现高级的思维。瓦龙认为各种心理活动是有区别的，因为它们所涉及的机能的水平是不同的。在涉及到低水平的机能时，主要的甚至完全依靠成熟就可以了。愈涉及到高水平的机能，愈需要较多的学习。所谓外因，主要的是社会环境和教育。虽然瓦龙很重视内因的作用，但他从未忽视过外因。他认为人从初生起一直是受着社会环境和教育的影响。前面我们已经说过，心理活动的内容是决定于外在环境和教育。任何外在环境，总是通过具体的人当时所具有的心理状态的折射。因此不同的人，甚至同一个人在不同时间和不同条件下，对同一外界的作用的反应各不相同。外界作用是通过人的内部特点的折射，又取决于他的年龄、知识水平和积极性的程度。瓦龙这些论述，不但对心理学工作者有很大的启发，而且对教育工作者，特别是教师，更具有深刻的意义。要提高教学质量，增强教育效果，尽快地培养人才，那就必须深入了解学生的内因。即了解他们的生长和成熟、兴趣和学习的情况及特点，及时予以完美的文化教育与科学技术教育，使其有效地把所学的东西转化为自己的观点、信念和各种才能。

最后，瓦龙学派以辩证唯物主义的观点对于儿童年龄分期及其特征问题做了富有积极意义的研究，作出了贡献。它的特点：

1. 儿童心理发展具有连续性、阶段性及每一阶段的整体性。划分阶段应从整体方面看，而非以心理整体所含的某一或某些方面。在各年龄阶段中，照顾到智慧、感情、动作、个性等方面。发展中的尖锐的转变,为前后两阶段的分水岭,即以质变为准。

2. 儿童心理发展的各个阶段中,显示着各种心理活动之间,既有联系,又有对立。通过转化,从一个水平进入到较高的新水平。例如初生一年的婴儿,往往是由反射动作阶段转为情感阶段到感知阶段的事实,就是这样。

3. 要适当根据生物成熟的观点,个体发育最初阶段,它的发展服从于生物的规律性,但并非没有社会性的因素。心理发展的源泉主要的是机体与社会、自然环境的对立统一,其中生长成熟是很重要的。

4. 儿童从几个月起,就是一个具有社会性极强的人,在分期中必须考虑社会影响的因素。生物基础和社会基础的相互关系在心理发展中是在它的不同阶段适合于不同水平而以不同方式形成起来的。

瓦龙学派很重视学校心理学的研究。学校是一个良好的环境,其中的课程设置、教材选择、教学方法及规章制度等等,都是环绕着培养德智体全面发展的人才而进行的。因此,在提高教育效果的前提之下,积极地开展儿童和青少年的心理发展的特点的研究,是十分重要的。目前有些学校的教师为了迅速地提高教学质量,研究儿童的智力发展,这是很必要的,但是不能把智力研究孤立起来。有人以考试分数高低来看智力的发展的水平,这是片面的。智力测验,不能确切地看出智力的高低,因为智力测验的标准,难以规定,可能是由于科学发展还没达到足以完全测验出智力水平来。也有人把教育当作开发智力的工具,这是不科学的。当然教育对智力发展有很大的作用,但不一定都能开发儿童的智力,也可能阻抑了智力的发展。应该看到智力发展与个性、人格的发展密切联系着的,是跟人的社会性的发展密切联系着的。智力不是像矿藏那样早已成熟了,只须用教育这个"工具"去开发它。

瓦龙学派对心理学的研究是多方面的,实验研究的内容是丰富的。本文只就基本观点略述于上,可能有很多错误,请批评指正。

(原载《教育研究》1979年第5期)

关于心理学科学体系问题的一点看法

心理学成为一门独立科学,已有百多年的历史,在这百多年里,随着自然科学和社会科学的发展,对心理现象的认识逐步加深,出现了许多不同的观点和派别。从感觉论、经验论、构造论、意志论到行为论,直到目前,还在争论人的心理实质和活动规律问题。有人认为高级神经活动就是心理活动,用高级神经活动学说代替心理学;有人认为人是社会成员,他的心理活动实质是社会关系的产物;有人则提出"行为"或"信息"作为心理学研究的对象;也有人认为心理学与生理学关系密切,心理现象、心理活动可归结到生理方面去。以上这些从不同角度研究心理现象及其活动规律的观点,虽然存在着这样或那样的片面性甚或有些主观臆断,但是对心理学成为科学却起了多方面的促进作用。究竟心理现象的本质是什么,它的活动规律如何?迄今还没有令人满意的答案。这种情况,与目前科学技术突飞猛进的时代是很不相称的,尤其是我们伟大的祖国正在实现现代化的时刻,更需要在实践中,把心理科学转变为先进的科学,为实现四个现代化服务。

要使心理学真正成为一门独立的科学,就必须从理论上建立新的科学体系。这个新的心理学科学体系,是以科学领域中最高的层次为指导的。即以马克思主义的思想为理论基础,也就是说以辩证唯物主义和历史唯物主义为指导思想,有分析、有鉴别地清除过去心理学中的唯心主义与形而上学的思想影响,取其精华,去其糟粕,总结经验教训,真正把心理学的研究放在马克思列宁主义、毛泽东思想的理论基础上。有些同志说,马克思主义经典作家,不曾公开出版过心理学的著作,也没有专门写过心理学的论文,怎能用马克思主义指导心理学的研究呢?这可能是由于学习马克思主义不求甚解所致。其实,马克思主义经典作家在他们论述哲学、政治经济学、科学社会主义、军事、文艺及教育时,都科学地阐明了人的心理来源与实质及其规律问题。他们是从以下三个方面提出来的:"一是在哲学的根本问题上,即物质与精神的关系问题上,谈到心理的实质,指出心理是第二性的,是头脑的机能,是外部世界的反映;二是从生物发展上,从人的心理和动物心理的区别上指出,人的心理本质特征是自觉的能动性;三是在阶级社会中,从一些人的心理区别于另一些人的心理上,指出其本质特征是心理的阶级性。这三方面并非各自孤立的,而是有机联系的三个层次。"①这三个层次,对心理学基本理论问题的研究,提供了科学的依据。它说明了人的心理不是玄妙莫测的,而是人脑的机能,是外部世界在人脑的反映,是客观现实的主观映象。恩格斯说:"外部世界对人的影响,表现在人的头脑中,反映在人的头脑中,成为感觉、思维、动机、意志,总之成为'理想的意图'。"②大脑的机能是多种多样的,它对于体内和体外的影响,能主动地进行分析综合,概括为有层次、有序列、有一定结构形式表现出来,以回答外界的和内部的影响。心理的实质就是脑的这种传递信息、分析综合、整合反映形式。正是因为脑有了这种分析综合与整合机能,使我们才有

---

① 李世棣:《怎样理解马克思主义经典作家关于心理实质的论述》,1979 年心理所。

② 《马克思恩格斯全集》第 21 卷,第 323 页。

可能更加确切地反映周围环境中各种现象的多样性及其本质。大脑之所以有这种机能,是由于它具有高度组织起来的、多层次的、异常灵敏的神经细胞在长期的演化过程中产生的。有机体在与外界不断交往中,逐步同化、异化,由低级到高级发展成为一个壮丽的分析器、加工厂,特别是语言的发生,便形成与一切高等动物的脑不同的人脑,产生了超越一切脑的特殊机能。

　　大脑的结构是心理现象、心理活动的物质基础。每一种心理现象或心理活动,在大脑中有它一定的代表区,例如视觉、听觉或记忆等,但这些代表区都不是各自为政的,都要通过脑的分析综合的统整作用,才能反映出来。生理基础本身不等于心理活动,正如高级神经活动不等于心理活动一样。心理的东西是大脑反映机能的形式,而非大脑机能的本身。如果混淆了这种区别,心理学就变为生理学。一句话,没有脑的机能,就没有人的心理活动;没有被反映的外部世界,也就没有脑的机能。正是由于人脑具有这种反映机能,人的心理才区别于动物心理,才具有自觉的主动性。

　　人,能劳动会说话的人,既是生物的人,又是社会的人。特别是社会生产劳动和社会关系及语言的发展,对人的心理活动的影响最为深刻,这就是说人的心理活动的实质,既有生物性的因素,又有社会性的因素。在发展过程中,它们是先后交织着表现出来。例如初生婴儿,在发展中,生物性的因素起着重要作用,但到了一定的时期,社会性的因素却起着主导作用,其他方面的因素就退到不显著的地位。人的心理的阶级属性是阶级社会的产物,是阶级社会在人头脑中的反映。随着阶级的消灭,人的心理的阶级属性也就逐渐消退。而脑的分析综合与统整的反映形式,不管哪个阶级社会的人都是共同具有的。因此,我们不能把人的阶级性当作人的心理的唯一永恒的本质属性。

在我们研究心理实质时,就应从整体出发,重视心理各种属性的序列、层次及多水平的情况。如果我们把心理解为脑的机能的产物,这是较为合理的。因为"分析心理现象在行为和活动中的实在机能这一方面来研究心理现象的观点,可以阐明心理一系列重要特征"。同时,"研究心理在人的生活中的机能,合乎规律地会导致在对人生活于其中的形成,他的世界的复杂系统的多种多样中来考察他的心理的质的必要性。在心理的东西的研究中,不仅要发现机能的特征,而且还要发现系统的质的形式"。①所以,研究心理现象和心理活动时,就应从它的整合的、系统的实质出发,不能把它分割为若干碎块,孤立起来进行分析研究。据此,用三分法或二分法来研究心理现象和心理活动,其实际意义不大,作为一个整体的心理现象和心理活动,不能截然划分为三段和二段。

　　哲学研究的基本问题是物质与意识的关系。物质是第一性的,意识是第二性的。在认识论中,它要处理的是认识的主体与客体之间的关系,即二体论。我们所说的心理是大脑的机能,是客观现实的主观映象,就是承认物质是第一性的,意识是第二性的;承认在认识论中主体与客体的辩证关系。从而深进一步分析研究大脑反映机能的形式及其过程,即感知、表象、记忆、思维、意志与情感;同时研究人的意识的形成、特点及其作用。如果说哲学是第一层的知识领域,那么可以说心理学是第二层的知识领域。它们之间有密切关系,但不是同一的。心理学所研究的对象与哲学及认识论所研究的对象是不一样的,因此,不能以实践、认识、实践的认识论的过程代替心理学的研究对象。简单的说,它们二者之间,有联系,但不能看作同一的东西,也不能

---

① 罗莫夫:《心理学的系统观点》,1979 年 3 月心理学基本理论研究会,心理研究所,基本理论组。

看作对立的东西。从科学的发展来看,心理现象和心理活动的分析研究,对于哲学上的一些基本观点,可能提供一些科学的说明与论证,有助于理解哲学所研究的最普遍的规律,而心理学所研究的则着重它的特殊规律。二者不能混同。

运用唯物辩证法,说明心理现象和心理活动的规律问题是最富有科学成效的。我们要建立心理学的新的科学体系,就必须掌握和运用辩证唯物主义与历史唯物主义的立场、观点和方法。这是心理学科学体系的基本特点,离开了它,心理学的研究就会陷入混乱,心理的实质就会被曲解。应当看到,每个现象的一切方面,都是相互依赖,彼此有极其密切联系的。斯大林指出:"和形而上学相反,辩证法不是把自然看做彼此隔离、彼此孤立、彼此不相依赖的事物或现象的偶然堆积,而是把它看做有联系的统一体,其中各个事物或各个现象是有机地互相联系着,相互制约着。"①如果我们把心理的各种现象看做相互联系而又相互制约的,用矛盾统一,质量互变的原则说明心理本质及其发展变化的规律,那它就容易成为被理解被论证的东西了。心理现象的统一性,表现在它的一般机能上,它既是客观现实的主观映象,同时又完成着行为的调节机能。在个体发展不同水平上,这种调节机能是以不同的方式表现出来。所以,我们认为研究心理现象、心理活动,应有发展的观点、整合观点、系统观点,考虑到它一系列不同序列的关系。正如罗莫夫所说的,要以整体的系统的观点看待"反映对所反映的客体关系;反映对它的负荷者的关系;反映对行为的关系"②。只有这样,才能看到心理现象、

---

① 斯大林:《列宁主义问题》,1950年中文版,第705页。
② 罗莫夫:《心理学的系统观点》心理学基本理论研究会、心理所基本理论组。

心理活动的多层次、多序列而又整合的实质。那种把心理范畴分割为孤立的知、情、意三个范畴,或者分为知和情意两个范畴是值得考虑的。

总而言之,要建立心理学的科学体系,首先应深入研究心理现象、心理活动的实质问题,弄清它与哲学、高级神经活动和生理机制之间的联系与区别;第二,要研究心理发展的动力问题,用矛盾统一、质量互变、否定的否定原则,分析研究它的内部矛盾与外部矛盾及其相互转化的情况,从而理解它的整合性、系统性;第三,要研究大脑机能的多样性和心理现象、心理活动的多层次、多序列的表现;第四,要研究心理与意识的关系和联系,搞清意识的本质、特点及其作用;第五,要研究心理学的方法,心理学是一门边缘科学,所采用的方法是多方面的,比较重要的是观察、实验的方法。恩格斯曾十分肯定地认为用实验方法,可以提示人的思维规律。他说:"终于有一天我们一定可以用实验的方法把思维'归结'(还原)为脑子中的分子和化学运动。"[1]第六,要认真汲取现代科学技术中出现的一些带有普遍意义的新学科和新技术的成就。控制论、信息论、系统论、微电极技术、脑化学分析等,是现代科学中带有普遍意义的新学科、新技术。这些学科为心理学研究提供了新的工具。它可以帮助我们深入地探索人的心理的奥妙。如果我们把以上这些带有根本性的理论问题弄清楚了,就有可能把心理学的科学体系逐步建立起来。

(原载《江苏心理学通讯》1980 年第 1 期)

---

[1] 《自然辩证法》,第 20 页。

淡谈意识问题

意识和心理这两个概念,在哲学、生理学、社会学等学科领域中,都是联着用的,没有什么差异。但是在心理学领域内,意识和心理这两个概念是既有联系又有区分。究竟意识是什么,它和心理是否等同？它们之间的关系如何？需要我们进一步加以探索。

一、什么是意识？

意识问题是一个比较复杂的问题。历来的心理学工作者,都曾探讨过这个问题,但是迄今还没有阐述得很明确。正如狄慈根所说,"人的意识和万物是密切统一在一起的。我们这里所讨论的对象是无边际的,即使用全部语言的力量也是不能说尽的,只不过得到了一个不确切的观念而已。"① 其实狄慈根在1833年就对人的意识的本质已作了说明,他说,"意识就是理解的能力"、"意识就是存在的知识"。这个说明,看来只是依照拉丁语根所表示的有存在之意。他认为意识是存在的一种特性、一种形态。它之所以不同于其他存在形态,就在于它是意识的。堪得尔认为意识就是醒觉,这也是不确切的。意识固然不能没有醒觉,但是醒觉是醒觉,不等于意识。医学家告诉我们,病人

---

① 《狄慈根文选》,1954年版,第176页。

的病情比较厉害的时候,几乎没有意识,而醒觉还是存在的。詹姆士把意识看作是一种"意识流",这是描述了意识的动态,并没有说明意识的实质。拉希来把意识归结为物理化学过程,认为意识是高级的生理过程。华生则认为意识不是心理学研究的对象,不存在什么意识问题。这些见解是不正确的。不承认意识,意识还是存在的。把意识归结为物理化学的过程,如同把心理看作是人的一种内分泌,都是错误的。弗洛伊德从人的欲望——性欲出发,把目前正在进行的心理活动称为意识,目前未被注意和遗忘了的心理活动又分为隐意识和潜意识,并从此而说明"睡眠、做梦及精神病"的问题,这种设想,尚缺乏科学的依据。列昂节夫认为意识是一种心理活动的过程,通过感觉、思维等实现的认识作用。它必然与脑的机能联系着。他说明了意识产生和发展的过程,并指出意识必然与大脑的机能有关。这个说法是可信的,但没有完整地系统地说明心理和意识的关系及它们之间的区别。潘老认为意识就是一种认识作用。即在实践中的认识活动,不代表心理活动的全部,只代表知的一面,即认识的一方面。意识是实践中现实整体的认识作用,它包括感觉、知觉、思维的一种具有复合结构的认识作用或认识过程。思维是其中的最主要的成分,有思维才有意识,什么时候有思维什么时候就有意识。潘老这个见解,说明了意识的特点、产生的根源、构成的成分以及意识与心理活动的关系。无疑这是比较正确的。但是意识应该有其特定的概念以区别于"认识作用"。而且在"意识到"里面,还包含有主观和客观、思维与存在、形式和内容、现象与本质、属性和实体、特殊与一般之间的对立统一的问题。当然,从总体上讲,可以说意识是认识作用。但是人们的感性活动和理性活动,不是也可以称为认识作用吗?我们总是认为意识不是它的个别因素的联合,而是诸多因素矛盾的统一,形成一种主体的观念形式,以自觉反映的形式而存在。意识是以心理反映的形式为基础的。人们的感性活动和理性活动,只是为意识提供客观事物的一般现象和本质,而把这些来自客观事物的一般东西,进行高度的分析综合,既概括其相异的东西,又区分其已概括了的东西,自觉地进行调节活动,这就是意识的反映形式,也就是"意识到"的表现。所以,意识是反映的最高形式,意识不是物质的属性,而是人脑的机能,社会的产物。"随着物质生产和交往的发展,精神生产的分出和独立,语言的发展,意识摆脱了和直接实践的劳动活动的直接关系。于是意识成为人的高级反映形式。"[1]

根据以上所述,我们可以给意识作如下的解说:意识是最高形式的反映,同语言密切联系着,只有人才有的大脑的机能,这种机能概括地反映现实,深入区分已经概括的东西,概括相异的东西,自觉地调节心理反映的形式,并在此基础上进行有目的、有计划的活动。

二、意识与心理的关系

人的意识和心理的关系是十分密切的,从它们的发生、发展及其表现形式说,都是结合在一起的。故应从它们对待客观事物相互作用中,理解其共同的方面和差异的方面。

人的意识和心理是客观现实的主观映象。它的发生和发展是受着社会的、生物的发展规律所制约的。在人的社会实践中,主体与客体的交往日益频繁,日益扩大,逐渐形成了人的意识、心理的多层次、多水平的反映形式。离开了客观现实,离开了人

---

[1] 见《列昂节夫的意识观》,心科所。

的实践活动,就没有人的意识和心理。

在社会实践活动中,随着个体的生长、成熟及其所受到的教育和环境的影响,人的意识和心理的活动,便由简单到复杂,由低级到高级的发展起来。意识和心理的反映表现为不同的水平。意识的反映比心理的反映更高级一些,往往成为处理或调节心理反映的新质的形式。这是由于意识的功能性、概括性具有较高的水平所致。

马克思和恩格斯指出:"劳动不仅仅完善人的身体组织,而且是心理、意识的产生和发展的基本因素。同时,劳动把人变成社会的实体,生物个体由劳动而变成个性。社会意识中的生产关系对人的心理发展具有特别重要的意义。正在形成的社会意识在个别人的意识中打上了烙印。同劳动一样,言语交际形成人的心理的共性。言语的形成是人的心理发展中的一个革命。"因而"个体的发展受一切其他个体的发展所制约,他同其他的个体处于直接或者间接的交际中"①。这就是说,在人的社会生活和生产劳动中,人与人间的社会关系,形成了人的意识和心理,并表现在这些关系之中,从彼此之间的关系中人们认识自然、认识别人同时认识自己,这样就产生社会意识和自我意识。所以意识和心理的关系是不可分割的密切联系着,都是客观现实的主观映象,都是脑的机能。

但是意识和心理毕竟是两个不同的概念,因为意识不是泛指个体的各种心理过程或心理活动的内容,而是指脑的普遍功能状态。从个体意识的发展来看,在社会意识和自我意识未形成之前,心理活动已经存在了。例如婴儿在不会说话,没有思维的发展阶段,可以说没有意识,但他却有感知的心理活动。可见

---

① 《马克思恩格斯全集》第 3 卷,第 440 页。

意识既不是心理活动的全部过程,也不是心理活动的局部过程,而是大脑把来自客观事物的信息,转化为主体的观念形式或自觉反映的形式。

虽然,心理反映的形式也具有概括性、区别性,但是,它是初步的、限于一定的水平。意识是一种高级的反映形式。它能把感知、思维等心理活动所概括的东西,深进一步加工,提高到"意识到"的程度。

意识和心理不等同的方面,还在于意识是最高的反映形式。意识是主体对存在于意识之外的客观存在的意识到的过程。它能高度的、概括的认识现实中共同的和本质的东西,区分不同的东西,形成一种主观的观念形式,保证人在现实中最好的定向,运用事物的知识,使自己的行动合理适应,预见事件的来临。

意识在反映客观事物中不仅有显著的自主性和选择性,而且还能以某种方式"评价"它们。意识带有智力和情绪的性质。当然人的心理活动也带有这种性质,也带有主动性和选择性。不过它对客观现实反映还是限于一定的程度。如果要"意识到"所反映出来的客观事物之间的关系和联系,并从中感知它、思考它、理解它的意义以及评价它就得靠意识来实现。一句话,"人的意识不仅反映客观世界,而且创造客观世界"[①]。

意识最重要的特点,不仅是它的自觉性、主动性,而且还能把自己的感知思想的意图和体验告知自己,从而调节自己的力量,控制自己,完善自己。个人意识和社会意识是辩证的统一。个体意识不但能反映他的存在,而且能掌握人类积累的知识的结果。社会意识是由各个人在实践中向社会所提供的合理的经验和创造性活动而凝聚成的。社会意识一旦形成,它就直接影

---

① 见《列宁全集》第29卷,第194页。

响着个人意识。社会意识改变了，个人意识也就或早或迟的随之而改变。

总之，人的意识和心理在活动过程中是交织在一起构成了一个复杂的统一体，表现为层次重叠的反映形式。如果说心理是人脑对客观现实的反映的初步分析综合，那么意识是自觉的在此基础上深进一步进行高级的分析和概括，并给客观现实以评价和意义。

三、意识的生理机制

前面我们已经说过，意识是脑的功能。脑怎样具体表现这种功能呢？目前是很难予以确切回答的。因为脑的结构是亟为复杂的，它的活动也是多种多样的，真是令人莫测高深。但是近来有许多生理心理学家、神经生理学家、大脑生理学家正在以电生理学的方法和解剖生理学的方法研究人的意识的生理机制问题。根据他们所提供的说明，可以使我们进一步确切了解意识并非神秘莫测，而是真实存在，而且有它的物质基础的。虽然他们之间的见解不完全一致，甚至彼此相反。但是从脑组织的特性来说，他们都承认意识是脑的功能。所不同的地方是意识在脑中产生的部位问题。例如有人认为意识产生于脑中心。把中脑网状结构和丘脑的某些中心部分称为中央脑系统。这就是说，意识的生理基础是在大脑皮质之外，很可能是在间脑。丘脑的内髓板系统，脑干的网状结构和非特异的投射系统组成的中央脑系统，这一系统是接连着两边的大脑皮质的；有人则不同意这个说法，因为网状结构是分散的、缺乏精细组织中心脑部分，对于进行一定模式的知觉过程来说，是不大可能的。它的功能只不过是给脑的整体活动提供一般的、不分化的兴奋作用。意识是整个脑包括大脑皮层和中央脑的活动,也有人认为意识是从优势半球(如用右手的左半球)的神经元活动中得来。有力证明是在局部麻醉之下,切除非优势半球,病人并不丧失意识,切除优势半球则发生丧失自我意识和语言能力的严重后遗症。非优势半球只有模糊的意识。①

从上述三种说法看来,争论的焦点在于功能定位。究竟意识的生理机制是在中央脑,还是在优势半球?其实,脑是由亿万神经细胞组成的,它与外周神经系统的神经细胞具有不同的特性和功能。组成脑的主要神经元的形态和生理特性是多样的、多层次的,它的功能也是彼此不同的。脑的各个部分的这些多样化的细胞组合是不一样的,各部分的活动也是不完全一致的。在外界刺激作用下,无论产生哪种心理过程,都是以大量神经元集团有组织的,有一定时间、空间模式来完成的。这就是说,大脑对来自各个部分的信息具有自觉的整合作用和系统作用。

四、意识的内部结构

在十九世纪末,欧美各国一些心理学家,往往把意识的内部结构分为认识(智力)、情感和意志三部分。冯特和铁钦纳可作为代表。简单的说,他们认为意识是由知、情、意三种元素构成的,它的焦点是注意,并且认为它是被动的、静止的、与现实割裂的。这种观点在当时来说是一种新观点,对于新兴的"科学心理学"的发展起着很大的推动作用。但是他们毕竟是意识的唯心主义者,他们把意识封闭到"直接经验"范围之内,不能说明根据什么原因把心理元素结合成为意识。近来美国一些心理学家在

---

① 参见邵郊《生理心理学中的意识问题》。

研究人的催眠、沉默、神秘的思索及精神病理和药物等反映情况,试图从这些方面说明意识的形态和构成的元素。有人认为意识是由人的理解能力和创造性能力所构成。意识的破坏最常见的是对客观现实的空间、时间、相互关系的理解能力的丧失。上述这些说法,是从变态心理学方面论述意识的结构的,只可作为我们研究意识问题的参考。

最近苏联心理学家列昂节夫提出的意识结构是值得我们重视的。他认为意识的感性内容的特殊机能,是形成现实的具体映象的感性成分,是意识的最主要的形成者。在意识中,意义折射着世界,语言是意义的负荷者。在社会实践中所揭露的对象的观念形式,被改造和凝缩在语言材料中,以意义的形式表现出来。而且意义的作用是体现在个性化涵义之中,这就是对事物的主观意义。① 换句话说,列昂节夫认为意识是由感性内容、意义、个性化涵义三方面构成的。在实践活动中,感性认识把意义与客观现实联系起来,个性化涵义则把意义和主体生活动机联系起来。列昂节夫对意识的构成成分的见解是一种很有启发性的创见。他说明了意识是主体对存在于意识之外的客观存在的"意识到"的过程。但是我们总是感到意识除了感性内容、意义、个性化涵义之外,还有比较重要的因素应当列入。例如意识的自觉性、主动性及情感和意志等,这些也应该是构成意识的成分。因为意识不是被动的、抽象的,也不是孤立的。它既是客观现实的主观映象,又是客观现实发展变化的动态,同时又表现其对客观现实的改造或推动的功能。

应该看到在意识领域中,既没有任何一种不受社会制约的纯生物的东西,也没有任何一种不由脑的机能来实现的社会的

---

① 参见李沂《列昂节夫的意识观点》,《心理学探新》第1期。

东西。意识中的社会的东西和自然的东西始终都是以对立统一的方式存在着,始终都交织在一起运动着和发展着。① 基于这个观点,意识的内部结构可以概括为相互联系的四个方面:一是感性的内容。感知是意识和外部世界直接联系的渠道,外部世界的信息,通过感知的传递为意识的反映形式提供了初步材料。除了感知,我们就无从知道任何物质,任何运动的形态。当然,没有外部事物,也就没有意识。感知虽为人们对客观事物的表面的初步的反映形式,但是它为意识的构成提供了具体的、现实的材料,这是不可缺少的。意识的感性内容的特殊机能是形成现实的具体映象的感性成分。在意识中感性成分形成了一个重要的具有一定水平的层次。二是理性的内容。从感性而来的映象,在意识中以表象的形式保持下来。这种表象在时间和空间上相对的摆脱了客体的直接影响,只保存被反映的客体的最恒定的特征。表象又是向思维转化过程中的中间环节,即由感性到理性转化过程的一个中间环节。它有较高的概括性,在个别东西中表现一般的东西,在现象中表现本质的东西。特别是思维过程,更具有更高的概括性,来自直观的东西和初步概括的东西,经过脑的一定的加工精制的过程,形成了高级的抽象和概括的反映形式,并以词的形式表现出来。正如巴甫洛夫所说,"它是现实的抽象,并允许概括,它组织了那种附加的,即为人所特有的高级思维——人在周围世界及其本身之间以高级的定向工具"②。由于从感性内容转化为理性内容,就形成了意识内容的

---

① 参见赵璧如:《意识,心理同脑和外部世界》,辽宁社会科学院编印1979年7月,第24—25页。

② 巴甫洛夫:《高级神经活动生理学》,《巴甫洛夫选集》,人民出版社1958年版,第177页。

新的层次,具有高级的抽象概括水平。这就是说对客观事物的本质及其发展的规律性具有高级的新的反映形式。三是自觉的内容。意识的自觉性表现,绝非"存在主义"者所说的"自我精神",他们认为整个宇宙和全部历史是个人主观精神的产物。这是错误的。我们所说的作为意识内部成分的自觉内容是社会的、自然的东西在人脑中对立统一而形成的,它是脑的特殊机能。在生活和生产劳动中,把客观现实的东西转化为主体的东西,赋予一定的意义,以适应活动的需要。意识中没有自觉性的支持和表现,就不能称为意识。

实际上,每当客观现实发生变化时,人总是自觉地运用事物的知识,改变自己的行动,并"意识到"未来的结果,这是意识的一大特点。例如我们感知到许多先进生产者以卓有成效的措施提高社会主义觉悟、掌握科学技术,积极占领物质和精神堡垒时,就意识到占领物质与精神堡垒是实现四个现代化的基本内容。所以,自觉内容是意识内部最高层次的表现。四是情意内容。客观事物及其相互之间的关系是在人的头脑中反映出来,并作用于客观现实。在这样的过程中,意识始终带有浓厚的情意色彩。自觉地感知到、理解到、意识到都带有感情和意志的因素,往往成为意识内部活动一种推动力量。没有意识的情意是盲目的,没有情意的意识是空虚的。热爱和冷漠、意志坚定与摇摆,都会直接影响到意识的反映。例如,我们要尽快地实现四个现代化就必须在意识中形成一种强烈的感情和坚定的意志,从事于各项建设工作。所谓定向,就是指着意识内部情意说的。因此不能把意识内部的构成成分彼此孤立起来,它们是辩证的统一。

五、意识的特点和作用

意识活动的开展是人脑内把来自外界大量的信息和已保留的客观事物的意义，进行概括与区分，形成多层次多水平的主体的能动的反映。它既能从客观现实中引出思维、观念等，又能以此来指导自己的行动，使行动具有目的性、方向性。同时它又反过来对于客观现实的进程起着推动或阻滞作用。质言之，意识是物质高度发展的产物，它是存在的反映，又对存在起着巨大的能动作用。

人的意识具有自觉积极性，不但能积极地反映客观世界，而且能改造世界。意识能以思维或经验的形式作用于客体的反映，并给以分析、概括、评价和校正。由于意识有主动性和积极性，就能运用自然、社会的规律性东西创造新产品；依靠规律性的知识，确定个人的行为的标准估计过去，预见未来，选择最佳的行为方式，有计划地实现所预定的目标，并在这个进程中积极地督促和调节自己的力量。

社会意识是在自我意识形成的基础上产生的。社会的意识发展，又对自我意识不断地进行改善校正。当我们对待集体，对待社会的态度、情意发展了，就要求着自己的言行符合共同建立起来的社会意识。社会意识也就在自身上打上了烙印。

意识对个人的自我教育，也起着很大的作用，当我们意识到美好的未来时，便及时进行自我修养，自我教育，发扬自己的优点，改正自己的缺点。在批判自己缺点的同时改造自己的意识，充分发挥意识的能动作用。

(原载《江苏心理学通讯》1980年第2期)

关于意识的几个问题

当前对意识的几种看法

意识在心理学中是一个重要的问题,传统心理学一般不把意识当作心理研究的对象,认为意识是哲学研究的对象。特别是行为学派,他们不承认意识的存在。近几年来,由于科学的发展,愈来愈多的心理学工作者非常重视意识的研究,并把意识作为心理学的基本理论之一,出现了许多不同的见解,概括起来主要的有以下几种:

意识就是认识,是一种认识作用,这种认识是具有复合结构的特点。在实践中的认识活动,并不包括心理活动的全部。意识的明显标志是思维,有思维才有意识,没有思维也就没有意识,意识是人们的整体认识作用,其中包括感觉、知觉、思维等成分,而思维则是主要成分。

意识是一种心理活动,是通过感觉、思维等实现的认识作用,它必然与脑的机能密切联系着。

意识是知情意的统一,是感性认识与理性认识统一的体验。这就是说意识是感性与理性认识的总称,意识是一种流动的动态。詹姆士叫做意识流,麦德和马尔干认为意识有一个阈限,虽然它是流动的。

意识是人们的一种自觉认识与体验的统一。主体的自觉活动,就是意识活动,不自觉的活动叫做无意识的活动。简单的说自觉活动就是意识。

意识就是一种意识到,意识任何时候只能是被意识到的存在;而人们的存在就是意识到的实际生活过程。这种意识到的意思,也就是认识到的意思。它不是一般的认识,而是高级的认识形式。也可以说,意识是意识到处在它以外的客体的意识到的过程中,经过变换而以感觉、思维的形态或形式表现出来。简单的说,意识是主体对客体所意识到的心理活动的总和。

意识是人们所特有的,通过语言活动实现的自控自知的心理活动。

意识是高级的反映形式,同语言密切联系着。只有人才有的脑的机能,这种机能概括地反映现实,意识到现实,并在这个反映基础上调节人的有目的有计划的活动。正如马克思主义所指出的,意识是人们特有的反映客观现实的最高形式,是人脑的机能,是生物长期进化的结果,也就是物质发展最高的结果。

意识的特点

1. 意识是人对客观现实反映的最高形式。它与心理有密切关系,但不是完全相同的。意识是高级反映形式。人们对客观现实的反映,不是简单的,而是复杂的、多层次、多水平的,时有反复,有高有低,时存时消。它是心理发展的最高水平,它与感觉、知觉、思维、想象等心理过程是有区别有联系的。或者说,意识是心理发展的最高水平,也可以说是最高形式。

2. 意识与语言是不可分的联系着。语言的发展与意识的关系是相辅相成的。在人们的生产劳动、社会实践中,产生了语言,同时也产生了意识。美国堪得尔认为意识是一种醒觉,心理清晰的表现。当然,既是意识,自然就比较清晰,这是勿庸赘言的。人们在社会实践中产生了意识,它就能调节、改进人们的行动,并以内部或外部语言形式表达出来。这就是说,人们的实践就是意识的实体。这个见解是有一定道理的。

3. 意识是以主体观念和自觉反映形式占有对象世界的过程。当主体与客体在交往过程中,逐渐形成自控、自知,摆脱了外部具体活动,进一步调节外部活动,这就是意识的特征。人们的能动性,表现在积极主动地认识世界、改造世界的活动。它具有两种形式:一是主观形式,即意识的能动性;一是客观形式,即实践的能动性。二者具体表现在一个主体人的身上。而意识的能动性也表现在两个方面:一是意识的抽象能力和推理能力,从现象到本质反映客观世界,并不断地深化;一是主动调节和支配实践,并通过实践反作用于客观世界。所以意识具有主观性、自觉性的特征。

4. 意识是人们社会的产物。在生产劳动过程中,个体意识与集体意识发生了变化,人们意识到的东西日益广泛,其中包括生活中的一些独特的东西,使人们的本能变成了"意识到的本能"。随着物质生产和人们日益频繁的交往,精神生产逐渐分出而成为相对独立的东西,语言的发展,又使意识逐步摆脱了与实践的直接关系,而成为人们最高形式的反映。

5. 意识不仅具有能动性、自觉性,而且有创造性。意想着未来,指导着人们的实践活动,创造出新的东西来。

总之,意识一开始就是人类社会的产物,只要有人存在,它仍然是人们社会的产物。这是毫无疑问的。意识的特点还表现在它的对象和内容上。例如关于自身的意识,对环境的意识,对其他人和物的联系的意识,对自然的意识等。人类的意识构成了人类社会的意识形态。①

意识的结构

意识是人们对事物反映的最高形式,这是从人们对外界事物反映的系统性和整体性说的。人们的反映,不是简单的像镜子一样,也不是杂乱无章的,除非结构上发生了故障,一般的说,都是由低到高,由浅及深,从表面现象到本质,经过反复地实践活动,意识始终伴随着实践不断地转化为主体的东西。这就是从意识力量转化为物质力量的事实。在这个过程中,感性和理性活动的内容便是形成意识的重要成分。虽然感性内容是些初级反映形式,但是离开它就会使意识架空,没有实际东西。列昂节夫对于意识中的感性内容,小看了它,认为感性活动作用不大,这是不符合实际的。试想意识中没有感性内容,如何具体认识外界事物呢?如何进行抽象概括转化为理性活动?所以感性内容在意识中是很重要的。感性内容给理性内容提供了切实可靠的具体条件,理性内容又为意识的自觉性和创造性供备了潜在的推动力量。有人认为思维是意识中的重要因素,有思维才有意识,这是合理的。应当看到,感性与理性的内容是形成意识的基础,或者说是基本成分。

作为主体的人来说,既是意识的主体,也是实践的主体。前者表现为自觉性、主观性的精神力量;后者表现为客观的物质力量。这两种力量是互相制约、互相交错、互相转化的。客观事物的信息转入于主体,引起内部信息的活动,构成一幅复杂的、反复的,而又有层次、有系统的信息交换的场面。这个过程可能是

---

① 参见《马克思恩格斯全集》第3卷,第34—35页。

迅速的、顺利的、统一的,也可能是矛盾的、延缓的,可能表现于外部活动,也可能表现于内部活动,这要看主体与客体之间,主观与客观之间的状态而定,特别是主体方面的状态。在这个过程中,信息的交换,进行了调节、平衡、同化、加工、统一等活动,并以主体的行动表现出来。铁钦纳把意识的元素分为知、情、意。波林则以物理方式研究意识的结构,即所谓"维度"。其实,意识的内容结构不外以下几个重要方面:

1. 是感性内容,它的特殊机能在于形成现实具体映象成分,给主体以客观现实感。

2. 是理性内容,以概念进行思维,把具体事物形象之间的联系揭露出来,并用语言表达它的意义。

3. 是意义的主体化,意义具有两重性,它既存在于社会意识中,也存在于个体意识中。前者表现为意识的客体,后者表现为意识的机制。在意识中,意义折射着世界,语言是意义的负荷者。在实践中所揭露对象的观念存在形式被改造或凝缩在语言材料中,以意义的形式表现出来。由于事物的意义表现在个体身上,因而意识就带有特殊的主观性、偏倾性。

4. 意识既是一种最高反映形式,或者说是一种高级心理活动,当然,它的活动是通过感觉、知觉、思维等心理活动。这也就必然与脑及其机能关联着,是脑的特殊机能。

5. 是情、意的内容。情、意在意识中也是必不可少的因素。有人认为情、意不能算作意识构成的因素,这是一种忽视情、意在意识中的作用的表现。没有情、意的意识和没有意识的情、意是难以设想的。人的意识总是以心理过程为基础的一个有系统的整体,它是一种最高反映形式。

意识的发生和发展

意识的产生不是偶然的，它是自然界长期发展的结果。从无机物到有机物，由单细胞到多细胞，由感应性、感受性到脑的反映机能，是经过漫长的演化过程。在这个演化过程中，无论是在有机体结构方面，或者与其相应的反映形式方面，都有从简单到复杂，逐渐分化，从低级到高级的发展着。人脑的结构和它的机能之间的发展，是处于辩证统一的发展中。人的意识是心理发展的最高形式，它与动物的心理有本质的区别。人毕竟是社会的人，不再是动物的实体，人的意识是在其生活实践、社会实践过程中形成的，并自觉的有意识的反映周围的事物，调节自己的行动，有计划有目的进行活动。

毫无疑问，人脑是实现意识活动的器官。它有个长期的发展过程。由无生命物质到有生命物质，由网状神经到神经结的发展，由脊椎动物到人脑皮质的发展，是有一段很长的演化历史。意识就是人的这块大脑的机能。没有高级神经过程，人的意识是不可能产生的，但是只有人脑没有客观事物的存在，也不会产生意识。所以客观事物与脑的机能二者的关系是辩证的统一。意识作为反映过程，是来自客观事物的信息的获得与加工的过程。制定复杂的有计划的行动纲领，和保证监督行动的过程，其根源不应从大脑内部去找，也不应从神经过程的机制本身去找，而是从对现实的实际关系中去找，从人们所处的社会生活、社会关系中去找，才能得出科学的正确的解释。因为人是社会关系的总和，社会生活和社会关系是人的意识产生、发展的根源，也是人的意识活动的各种复杂形式的源泉。有人企图把意识归结为初级生理过程，从脑的初级过程中寻找意识的起源。

也有人把意识看作为自然过程,与周围事物无关的大脑的产物,这是片面的、不妥当的。还有人把意识归结为条件反射的锁链,它的机制可以强化。如华生及其继承者斯金纳就是这种观点。他们把人的意识看作是结合反射或条件反射的复杂系统。这就把人类复杂的行为简单化了。他们认为学习是由于刺激与反应的机制的结合与强化的结果。这种观点无疑地把意识抹杀了,把意识的自觉积极性、知觉与随意注意、抽象思维及高级情感等一笔勾销了。发人深思的是当前有些心理学派在积极研究人的先天的内驱力和后天获得的习惯。这是值得我们注意的。究竟心理学的研究方向是什么?怎样才算是科学的、正确的道路?不错,人的意识活动是离不开高级神经过程的规律,作为意识的器官的脑是意识的机制,但不能把高级神经过程的规律说成是意识。人脑只是实现意识的器官,而不是意识。人的意识活动的丰富性和多样性,不能用刺激和反应来解释的,也是解释不通的。这就是说,从人的精神内部或者从人脑的内部是不可能科学的说明人的意识的产生、发展及其存在的方式。怎样才能科学地说明这个问题?只有运用辩证唯物论与历史唯物论的观点、方法,正确揭露或阐明人的心理、意识产生根源,正确处理意识中的生物因素与社会因素的相互关系及其作用。美国有些心理学家企图测定生物因素和社会因素在人的心理生活的不同形式中的比重,认为人的心理社会因素逐渐增大,生物因素逐渐减少。他们认为儿童心理发展恰恰在于这两种因素相关的量的变化。乍看起来,这种见解似乎是重视了社会因素,强调了后天的影响,其实,并没有解决这种二因素说,或者说没有解决二元论的观点。因为他们把生物与社会的因素二者的关系只看到量的变化,而忽视了质的变化。精神分析派心理学家,却又十分强调生物的因素的作用。他们认为社会因素是阻抑了生物因素的正常发展,当人的性欲冲动(生物因素)受到社会因素的压抑时,就沉淀于意识下面,称之为潜意识。在潜意识中性欲冲动是最活跃的,如何表现出来呢?他们便提出了"升华"与"弥补"的办法。这就是分析派文学家所说的"创作的动力"。显然,这种说法是很片面的,或者说是错误的。社会因素与生物因素在人的心理、意识中不是简单的相互作用,而是作为社会的信息输入,同主体内部的信息或机能交换,引起量与质的变化,引起了结构机能的变化,产生了与前不同的新的东西,以主体形式表现出来。在这些新的结构形成过程中,逐步出现了意识这一高级反映形式。这就是说,意识产生于外部与内部信息的交换处。外部信息川流不息地输入,与内部信息不断地交换,经过矛盾统一或协调,形成新的与前不同的模式或机制,以调节、改进自己的意识活动。随意动作的起源也就是在这种动作中形成的。

个人意识与社会意识

人类在生产劳动中,产生了语言、思维,结成人类所特有的社会,在阶级出现之前,人类社会没有剥削阶级与被剥削阶级,大家共同劳动,共同生活,勤劳、勇敢、互助、平等的社会风气、社会意识逐步形成了,这些社会意识默默地感染着每一个社会成员,在每一人身上积成为个人意识的成分。社会上出现了阶级,占统治地位的阶级意识,又在每一个社会成员身上,刻印了阶级的痕迹,统治阶级的意识,给个人意识以多方面的影响。及至进入社会主义社会,共产主义思想为指导的高尚的社会意识,在影响着人,教育着人,把美满的高度文明的社会意识转化为个人意识。个人意识高度的发展,又渗透到集体当中去,直接影响到社会意识。高尚的社会意识与个人意识是相辅相成的,互为因果的。

从个体意识来说,自我意识的产生,是在初生后与父母、家人交往受到感染和影响而逐渐形成的。及至一周岁多学会说话的时候,就能区别自己和物体,例如"这是我的娃娃、那是他的皮球"等,具有显明的自我意识。个体意识也不是天生的,乃是来自社会意识。正确的高尚的社会意识对于个体意识具有极大的教育作用。它能促进或改变自我意识,使其向着高尚的境界发展,而具有崇高的自我意识又能推动社会意识向着美好的远景前进。例如,当前我们极力在增强物质文明的同时,积极提倡精神文明,这就是以共产主义思想为中心的社会主义社会意识影响每一个社会成员,使其成为有理想、有专业知识、有道德的高尚的人,努力实现具有高度文明的社会主义社会。

总起来说,人的意识活动形式是最高级的,它是通过大脑和高级神经活动规律而实现的。它是客观事物的主观映象,最高级形式的映象。意识是人们和社会环境复杂地相互作用的产物,是在社会条件下形成的。社会生活促进了新的机能系统的发展,大脑就是按照这种机能系统而进行工作的。意识就其来源说是社会的,就其结构说,是通过脑这种自然历史的高级产物而实现的。社会生活方式逼使着脑按新的方式活动,导致了新质机能系统的产生,也正是这种新质机能系统,才是心理学研究的对象。意识应当列为心理学研究的重要对象。

从笛卡尔起,占统治地位的内省派,把意识与客观存在割裂开来,把意识与实践割裂开来,把意识孤立地封闭在自身中,而行为主义派,则又把行为与意识割裂开来,把行为当作失去了任何内容的东西。这些都是不正确的。意识就其机能说,它是人的活动的调节器。意识的调节机能有两个侧面:一是意识调节机能的诱因侧面,在个性中以性格的形式固定下来;二是意识调节机能的执行侧面便以能力的形式固定下来。所以意识是人的高级反映形式,它调节着人的心理活动,认识活动,实践活动,从事于有计划、有目的的创造性的工作。①

[原载《南京师大学报》(社会科学版)1981年第1期]

---

① 参见鲁宾斯坦:《存在和意识》,赵璧如译,三联出版社1980年12月,第410页。

心理与实践的面面观

科学发展的趋势

当前科学发展的新趋势是学科的划分越来越细,分支学科越来越多,形成许多新的跨学科的科学。这些新学科的产生,对于科学的发展起了很大的促进作用。这些跨学科的新科学的特点是学科之间的互相依赖,互相渗透,互相交错。例如生物化学、分子生物学、物理化学、遗传工程学、社会心理学、教育心理学、工业心理学、商业心理学、运动心理学、医学心理学、教育经济学等。由于这些跨学科的新科学的发展,使自然科学与社会科学及哲学之间,也都相互包含。这是当前科学发展的一种趋势。当前科学发展的另一种趋势是密切结合实际,解决实际问题,形成各门各类的应用科学。在人们的实践中,这些应用科学,一方面不断地发展和丰富科学理论知识,提高科学理论水平;另一方面又进一步用它指导实践,使实践更加深入。这种反复实践,反复进行理论上的提高,就增强了人们的物质生活和精神生活。既发展了生产,提高了社会物质文明,又扩大了人们的眼界,密切了人与人之间的社会关系,提高了精神文明。我们伟大的社会主义祖国正进入一个巨大的历史转折时期,迫切需要各门学科紧密地结合实际,解决实际问题,为实现社会主义现代化服务。作为一门科学的心理学,也不例外。

从心理学史看我国近代心理学的研究

回顾一下心理学的发展史,对我们研究心理学是有益的。我们可以看到从有心理观念、心理思想、心理知识发展成为一门独立科学,经历了一个漫长的发展过程。过去有人认为西方心理学发展最早,而且出现了许多有成就的心理学家,而中国则没有。其实,根据中国古代文献的记载,中国在这一方面的研究活动,却比西方早,不过不叫做心理学而已。从春秋时代的孔子到清代的戴震等,有许多著名的学者、思想家、教育家对于心理方面的问题,都发表过很重要的观点。那种认为中国过去不曾有心理学,也没有心理知识和有关心理的思想,是不符合中国古代学术发展的实际情况的。

西方心理学也不是突然就成为科学的,它也是经过一个漫长岁月的发展过程。大家比较熟悉的是希腊时代的灵魂说、物活说、心身平行说等。这也是一些关于心理的观点或心理思想的表现。到十九世纪初期,生理学、解剖学、物理学、化学、生物学的发展,对心理学提供了一些科学根据,促进了心理学的发展。例如感觉神经与运动神经的发现、反射弧的概念的形成,就是在生理学和解剖学材料的基础上产生的;物理学的观察实验方法和化学的分析方法的提出,又进一步从方法上推动了心理学成为一门独立的科学。再到十九世纪后期,达尔文创立了进化论,说明了人是属于有机界发展的统一系统。人的心理生活乃是演化结果的表现。达尔文的进化论使生物学和生理学中的自然科学观点迅速地发展起来,促进了心理现象的研究方法。冯特采用了物理、化学等科学试验方法和分析方法,在一八七九年建立世界上第一个心理实验室,进行了大量的关于感觉、知觉和反应速度的心理活动的实验研究。此后,他又进行了联想和情感的实验研究。他认为构成人的意识的元素是知、情、意。从此,大家公认为心理学开始走向科学的道路,成为一门独立的科学。此后,所谓科学的心理学在欧洲、美洲广泛地传播开来,后继的心理学工作者和散处各地的冯特的弟子,各自设立心理实验室,开展心理现象的实验研究,发表各种独特的见解,形成了心理学的若干派别。

在中国,西方心理学已流传了几十年。从廿世纪初到现在,各级师范学校与大学有关的系科,均开设了心理学课,设立了心理学研究机构,开展了一些实验研究,培养了一批心理学工作者。心理学的发展对教育、医学等方面的改进起了一定的推动作用,产生了良好的效果。但是,不可否认的是,几十年来我们始终没有摆脱掉心理学中的唯心论和机械论的束缚。有些心理学工作者不加深思地一味强调西方心理学各家学说,推广其流派,或者复述欧美心理学工作者的一些个人的见解,严重脱离我国实际,缺乏批判性和创造性。新中国建立之后,在学习苏联先进教学经验和科学成就的号召下,又有脱离我国社会主义革命和建设的实际需要的现象,生搬硬套地运用了苏联心理学家的一套见解和学说,忽视对我国历史上的一些先进的或者合理的心理学思想和观点的研究;对于一些心理学工作者在结合实际的研究中,涌现的新成就和实践经验,也不及时去进行总结。这种一边倒的学习态度,先倒向西方,后倒向苏联,怎能建立具有中国特色的科学的心理学呢?如果这些年来,我们能认真地学习和掌握并运用辩证唯物论和历史唯物论的立场、观点和方法,密切结合实际,正确处理古、今、中、外心理学中先进的、合理的、行之有效的因素,取其精华,去其糟粕,并切切实实地开展一些实验研究,解决一些实际问题,我相信,不仅能使心理学在社会主义建设事业中发挥其应有的作用,促进物质文明与精神文明的发展,而且能在这个基础上建立起以马列主义、毛泽东思想为指导的新的科学的心理学来。当然,学习并介绍外国的先进经验和科学成就是必要的,认真总结我国历史上的心理观点、心理思想和近现代一些心理学的研究,也是必要的。但是,我们一要结合中国实际,洋为中用,古为今用;二要有分析,有鉴别,不能盲目信从;三要从实际出发,实事求是,敢于创新。

心理学改造的必要性

目前,我国在实现社会主义现代化的进程中,迫切需要多快好省地培养出一定数量和质量的各类建设人才,迫切需要迅速地提高全民族的科学文化水平,因而也就迫切需要自然科学与社会科学在物质文明和精神文明的建设中,积极发挥作用,努力做出贡献。作为科学的心理学,更应当克服因循守旧,抱残守缺的态度,抛弃形而上学的观点,积极投入社会主义社会实践中去,深入地研究在人们的实践中所出现的心理变化和发展的规律,具体阐明形成某些才能和品德的规律性,进一步指导实践,发展科学,改进工作,提高建设社会主义物质文明和社会主义精神文明的效率。

同时,大脑生理学、遗传工程学等学科的迅速发展,对于心理学中的一些传统的观点和解释,有的予以否定,有的予以新的科学的说明和校正。例如关于意识、记忆、学习等问题,都有与过去不同的新解释。新兴的信息论、控制论与系统论等学说,也不时向心理学冲击,提出质疑。例如反映、信息与意识之间的关系问题。总而言之,不论从社会主义建设发展的趋向,或者从科学进步的前景来看,都迫切要求心理学以辩证唯物论的观点、方法为指导,把人们生活实践、社会实践引进心理学,彻底地改造心理学,建立具有中国特色的心理学科学体系,使心理学切实有效地为我国社会主义四个现代化服务。

心理与实践的关系

一九八〇年,中国心理学会继天津学术年会之后,在重庆举行了心理学基本理论专业讨论会,着重讨论了实践与心理的关系问题。中国心理学会理事长潘菽同志对这个问题作了极为重要的发言。他说:"在心理学基本理论问题的研究中贯彻辩证唯物论的理论指导,就必然要把心理和实践的关系这个问题提到首要的地位。"我认为这个问题提得好,提得及时,提得正确。心理学如果不以实践的观点来阐述心理的发生和发展,就容易成为无源之水,无根之木,失去了科学的依据。有人说,实践是哲学上的概念,把实践作为心理发生和发展的根源,有许多心理现象无法解释。例如大脑的活动、体内的活动等,都不易以实践说明的;也有人说,在马克思主义经典作家那里,往往把实践与活动并用的,以活动来说明心理的产生和发展有什么不可以,为什么非用实践不可呢! 这些顾虑是可以理解的,一定的困难是存在的,但不是难到无法克服的地步,只要深入地理解人的实践的实质和它与人的认识、心理等方面的关系是可以把一些问题弄清楚的。实践这个概念,既有严格的意义又有广泛的意义。它不只是指外部活动,而是指外部与内部活动的统一整体。马克思主义经典作家那里是把实践与活动连起来用的,但是马克思十分重视实践,强调实践的重要性,他多次指出:实践是人类的"感性活动"、"客观的活动"、"物质性的活动"。实践是人类其余一切活动的基础和动力。因此,我们要改造传统的心理学,提高其科学性,就必须从实践的观点出发,密切结合实际,建立新的心理学科学体系。

马克思主义者认为人类与自然界的关系,开始于自身的自然,作用到自然界,引起了自然界的变化,同时也改变了自身的自然。这就是说,作为自然的人类,通过与自然界的交换过程,改变了自然,也改变了自身。经过这样的与自然界交往,使人的机体高出于一切高等动物之上,形成了人类社会;脑的生理结构及其机能的发展,使人类由生物的实体变为社会的实体。也正是由于这个过程,使人类逐渐形成自觉的、有意识的实践活动,积极地反映客观事物,理解客观事物的变化及其意义,调节自己的活动。随着人们的实践活动,心理意识也就日趋复杂,日益发展,具体表现在实践过程中。列宁指示:"世界不会满足人,人决心以自己的行动来改变世界。"[①]可见,实践不仅有普遍性的品格,而且具有直接现实性的品格。

心理、认识与实践

实践对于理论认识,不但具有检验和校正的特点,也具有改造或提高理论认识的特点。实践是高于从感性到理性的认识的。具体地说,实践是人类有意识、有目的地改造客观世界的物质活动。实践与心理活动、认识活动的过程表现在主体活动的三个交织在一起的序列。心理活动和认识活动来自实践,由实践产生,又回到实践活动中去,受到实践的检验和纠正,同时,心理活动和认识活动又推动或提高了实践活动。心理过程、认识过程与实践过程是辩证的统一。从感知到思维到意识的心理过

---

① 列宁:《哲学笔记》,第229页。

程,也就是由感性认识到理性认识的过程,通过实践,揭露事物的现象和本质及其变化发展的规律性,加强改造客观物质的活动。

从广义上说,实践还有许多基本实践以外的实践形式,例如艺术实践、教育实践、文艺实践、社会实践等。这些方面的实践,形成了艺术心理、教育心理、文艺心理及社会心理等过程。一句话,人的一切活动都应包括在实践活动之内。虽然有些实践不是直接表现为改造世界的活动,但可以通过这些活动影响人们的思想、感情和意识活动,改造他们的主观世界,间接实现其改造世界的作用。这样,人的实践,除有计划、有目的、有意识地改造客观物质活动以外,还有些无计划、无目的、无意识的实践活动。二者是一个辩证的连续发展的过程。所以应当把实践的狭义的定义与广义的含义结合起来运用,才能对马克思主义的实践观点有一个全面的理解,才能更好地解决实践与心理的关系问题。

根据马克思主义关于实践的含义来看,实践的内容是丰富的,形式是多种多样的。随着社会的进步,科学技术的发展,实践的内容和形式也在不断地发展。实践之所以具有客观性和改造世界的特性,乃是由于实践在人的主体与客体之间的关系中,不断地进行协调、统一、改进、提高,以进行有意识、有目的地改造客观事物的活动。实践作为物质与精神的变换过程,它的起点是人的主体活动,终点是实践对象的形态改变,这个形态改变,又影响到人的主体活动。人的心理由实践产生,又伴随着实践不断地转化为主体的活动。实践、心理、认识、意识等过程,是一个不同层次、不同水平、不同序列的整体,具体表现在人的主体活动上。实践一步一步地由浅及深,由低到高的发展,人的心理活动、认识活动、意识活动也随之逐步加深,并改变或调整实践的程序与方法。所以,实践是心理活动、认识活动及意识活动赖以产生和发展的基础。

从信息论的观点来看,人的心理活动过程是一种信息交换过程。在实践中,客体信息的输入,与主体内部信息交换,形成各种表象或映象,再作为信息传至效应器官,表现为内部和外部行动或者编码,储存起来,以便提取。列宁指出:"在唯物主义者看来,人类实践的'成功'证明着我们的表象和我们所感知的事物的客观本性的符合。"①

人的心理活动不是单一的动作,也不是简单的刺激与反应,而是一个复杂的、系统的整体过程。从感知、记忆、想象、思维、情意到有意识、有目的行动,都是在实践中产生、发展和实现的,表现着重叠、交错的整体性以及发展的连续性;表现着各种信息因素的矛盾统一性;表现着多层次、多水平的现象。这都是由于实践形成的。在人的心理每一层次的发展中,都决定于外部信息的内化,经过主体的折射,并在结构、机能上引起量变与质变活动,然后才转化为外部行动,形成改变或改造客观事物的活动。同时在心理活动的每一发展阶段,每一层次上,也都是以人的主体自觉地进行着不同程度的分析、综合、概括、归纳等实践活动,并予以对照、校正和验证。因此,忽视实践,心理学不能真正成为一门科学。

活动能替代实践吗?

苏联心理学家列昂节夫主张活动论,他认为心理是由活动产生的,并表现于活动中。马克思主义经典著作中,也曾把活动

---

① 列宁:《唯物主义和经验批判主义》,人民出版社1971年版,第131页。

与实践连起来用。我们讲实践,并非完全排斥活动。不过实践这个概念及其含义比起活动一词来,是更具有辩证唯物论的方向性和科学性,具有鲜明的批判性和创造性。马克思关于实践的观点是在他总结和概括人类产生和发展历史的基础上提出来的。他认为生活实践的观点,应当是人类活动的首要的观点。实践具有明显的自觉性、目的性、客观性、社会性。活动一词则缺乏这些特点,而且动物也有活动,它的心理的产生和发展是否同人类一样呢?活动不能表达一个人的本质,而在实践中则易见其本性;活动对于人的心理没有制约,没有改造客观的性能,而实践对于心理则起着决定性的制约作用,对于客观世界具有改造的性能;实践能使人的心理活动切实地正确地符合客观现实,解决实际问题,活动则无从表现这种意义。因此。正如潘菽同志在《对活动的看法》一文中所说:"光讲活动仍不能解决把心理学孤立化或半孤立化的问题,只有接受实践的观点,才能克服这个缺点。只有将心理与实践联系起来,才能理解心理的实质。"

(原载《教育研究》1982 年第 10 期)

个性形成与发展问题刍议

个性的形成与发展问题,在心理学理论体系中是一个重要问题,最近有些著名的心理学家,把人的心理现象分为心理过程、心理状态、个性心理三个基本范畴。可见个性心理在心理学理论体系中的地位,它是整个心理学的一个重要组成部分。把个性的实质及其发展规律研究清楚了,不仅会使心理学理论体系更加充实,而且对于推动物质文明和精神文明,提高教育质量,陶冶人们的高尚的道德情操,都具有重大作用。传统心理学对于个性的认识比较混乱,没一个统一的公认的说法。有些心理学家认为个性是个体固有的性能,是以人的素质为基础的。它的发展过程只不过是人的自然条件与社会的影响以不同程度的组合的结果,并以此否认个性的社会本质。究竟什么是个性?它的实质是什么?个性的形成与发展如何?对这些问题,我想谈谈个人的不成熟的意见。

一、什么是人的个性

首先,要把个体与个性区别开来,因为个体与个性是两个不同的概念。个体是在一定的外界条件下种族发展和生理发展的产物,它是先天的,由遗传决定的。我们这样说,并非认为遗传是永久不变的,它在一定的条件下也会发展变化的。一般地说,由遗传而来的个体是很少变化的。而个性则不是与生俱来的,初生婴儿有什么个性？他的个性是后天形成的。个性的特征也不是由于人的个体生理特点所决定的。个性中的遗传因素只是给个性形成和发展提供一种前提条件，或者说提供一种潜在的可能性，但是把这种潜在的可能性转化为现实并形成一定的个性，主要的是随着个体年龄增长的内部与外部交往所形成的主体、客体的相互作用而形成的。作为自然的人，在长期与自然、社会交往中，生活实践与社会实践使人由生物的实体转变为社会的实体，并成为社会关系的主体，从而发生了主体与客体、主观与客观的相互关系。由于这种关系的发展，个性不是外界影响的直接积累，而是在人的生活和社会实践中自己所造成的特点，表现为一个人的个性。个性心理特点的综合，便成为性格，对性格的一定评价，就是我们常说的人格。

　　人的心理活动形式，也和其他事物运动一样。在一定的条件下，在不断发展变化之中，有时表现出相对的静止不变的状态，在这种情况下，个性心理活动比起心理过程来显得高度的稳定性、恒常性、少变性。例如感知到一种事物是一种心理活动而和它相应静止状态就是相应的感性知识；快乐是一种心理活动，而这种活动的静止状态就是一种情操。在人的心理现象中，每一种范畴的心理活动都有它相应的静止状态，也就是都有它各自的特性。因此，我们可以说，一个人的全部心理活动与它相应的全部心理状态就是这个人的个性。"一个人的一种心理活动当它正在表现或进行时，就是一种心理过程，但当它停止进行时并不完全消失而以一种静止状态继续存于头脑中或整个身体中，到了适当的时候仍能活动起来。这样一个人的个性仿佛就像一个人的全部心理活动的储存所。一个人的全部个性就是由他所能作出的全部心理活动所与之相应的全部心理状态所构成的。因此，一个人的心理活动有多少范畴，他的个性内容或结构也就有多少范畴与之相应。"① 人的心理活动在不断地发展变化，人的个性也随之而发展变化，这是合乎规律的。

二、个性的形成

在欧美一些心理学家中，有人认为个性是由生物的欲望或性欲构成的；有人则认为个性是由许多层次的需要构成的。需要有低级需要和高级需要，由低到高的需要似若阶梯不断发展，人的个性也就由此形成而发展起来。这些说法是片面的。人的个性固然是与人的气质、欲望、性欲、需要、兴趣、情绪、定势、习惯及道德品质等有密切关系，而且这些东西在个性发展中经常不断地变换他们的位置，成为个性在一定时期中的一定形式的条件。但是一个人的个性形成并非是以这些东西为主要成分的。个性的形成，首先是在于人与外界相互关系的广度，也就是时间与空间的各种信息，它可以把个体内的各种潜在的因素转化为各种能力，以主体的态度表现出来。第二由于主体的内因和外因的交互关系，构成了个性的诸多层次，并按照一定的顺序发展起来，产生了对客观事物的主观见解。这些心理活动，有时直接表现出来，有时则储存于头脑中，以待适当的时候再活动起来。第三，内因与外因的交互作用，逐步形成以内因为主的心理结构，并以稳定的恒常的活动形式回答外来的信息。第四，人在生活与社会实践中获得一定的经验和知识后，主观能动性便成为起主导作用的内因，表现为个性积极性的特点。以上这些层次是交织在一起的，是彼此为用、相辅相成的。

能否把人的需要当作个性形成的根本动力？我们认为这是

---

① 见潘菽：《心理学》百科条目，征求意见稿，第29页。

不完全符合实际的。当然,需要对一个人的个性发展来说是有一定作用的,但是人的需要也是由低级到高级的发展着,也是表现着若干层次的,并且在多层次的需要基础上构成多层次的动机活动,随着年龄的增长,表现为不同的形式。看上去这好像是形成个性的主要因素,其实不然,创造着人的个性和动机的需要,不是什么别的,而是历史的产物。从人的需要中最明显地反映出来的,是社会对人的影响。

在个性心理的研究中,有人认为个性中的社会因素与个人因素是对立的,个人成分是个性的固有物,它与人的社会环境有不可调和的矛盾。美国的阿尔波特就是这种观点。他说:"儿童从生命之初,就抗拒着周围环境对自己的巨大影响。人的整个一生在个性的形成中都潜在着两种倾向,一种是种的延续倾向,一种是自身个性的倾向,种的倾向从个性倾向中反映出来,又反过来使个性之光更加璀灿。"① 很明显,阿尔波特的观点是在竭力否定个性的社会本质。我们应该看到,心理的因素不仅作为被制约的因素,而且作为制约着其他方面的因素表现在人的生活中,个性作为社会关系的产物,不仅决定于外因,而且也决定于内因,这主要看客观的具体情况而定。以主体态度去理解人的社会决定性,并不等于以人的社会性代替一切。人是一种"特殊的主体",其特点是包括自己的社会本质的表现。主体性的特点不仅说明是社会的人,而且说明个性的水平是决定于社会关系的特点的。在消灭人剥削人的制度之后,必然使人全面地变为实践活动的主体。人的真正价值将开始用社会发展中的创造性成就来衡量,所以我们说,社会关系不光是个性形成的外因,而且是个性的本质。

---

① 见阿尔波特:《人格心理概论》,第 106 页。

马克思主义关于个性社会本质的理论,是我们研究个性心理的指导思想和理论根据。马克思说:"甚至当我从事科学之类的活动,即从事一种我只是在很少情况下,才能同别人直接交往的活动的时候,我也是社会的。因而我是作为人的活动的。"他指出,不应该"把社会当作抽象的东西同一个人对立起来。个人是社会的存在物,因此,他的生命表现,即使是不采取共同的、同他人一起完成的生命表现这种直接形式,也是社会生活的表现和确证"。所以,人的心理发展和作为个性的形成过程是社会的过程。社会不仅是形成着个性的一种外力,而且也是个性的本质。[1] 可见,个性是人的社会关系的产物。人的本身是社会的,因而他的全部心理活动及与之相应的心理状态,都是由于作为社会的人身上产生的。只有外因还不能形成个性,外因通过内因起作用,内因是主导的。用恩格斯的话来说,人的机体内有一种"独立的反应力",这种能力是通过外因才发生作用的,人是有可能过渡到现实。

三、个性发展的阶梯性

研究心理学的人,应当现身说法,仔细分析一下自己的个性的实质及其发展特点,承认个性的社会本质,就应当重视外因与内因、主观和客观之间的关系和相互作用;研究这种作用所形成的新的结构和机能,并以个性的形式在主体上具有内部世界自身的特点而表现出来。这样,我们才能从发展着的社会关系中,历史地分析人如何确定自己的地位,从而看到个性发展的特点及其对行为的调节作用。

---

[1] 参见《马克思恩格斯全集》第 49 卷,1979 年版,第 125—132 页。

个性的发展也和心理过程的发展一样,既有发展的连续性,又有发展的阶梯性。人的个性不是一生下就有的,初生婴儿是谈不到个性的。但是一个人从行为的情境性、依赖性成为一定的个性却表现着一种阶梯式的发展过程。这个过程是比较复杂的。第一,它随着一个人的年龄的增长、成熟、自然特点的变化而变化;第二,在与外界事物的交往和家庭环境的不断地影响中形成着个性的特点及差别性;第三,在成人的思想、品德和行为的感染下,形成了一定的个性倾向性;第四,由于有计划有目的的教育,使个性获得较高的水平。以上这些层次是彼此密切联系着不可分割的。在三岁以前的幼儿,他的心理活动不够稳定,对外来的影响还没有形成一定的见解,只是在头脑里蕴藏着尚未编码的即将变化的东西,给个性的内容提供了一定的条件。有人说,幼儿心理上不成熟乃是由于他们的神经系统的基本类型的特征不够成熟,这是不确切的,这个问题到目前还没有定论,我们只能承认神经类型的特点与个性的表现有一定的关系。人的年龄越小,先天的条件的影响相对的越大。如果教育得法,不论怎样的先天的条件,都可以变为形成个性特征的推动力量。

随着年龄的增长,主体对来自内部、外部的信息交换过程中的矛盾统一,在个性上出现了不同情况,从一个人的初生到衰亡,经历着若干发展阶梯,在每一个发展阶梯过程中,个性的变化也是有梯级的。从总的方面看,个性发展在较长时期内表现着缓慢平静、稳定地进行,这是个性发展中的主要特征;也有时或者说在短的时期内,个性发生剧烈的变化,带有急风暴雨般的激进的特点。我们看到三岁以前的小孩子会说话了,开始有了自我意识,他的个性便从情境性、依赖性转化为相对的独立性,对自己的行为开始知道有些调节。因此三岁孩子在个性发展上较前有急剧的变化,表现着任性、调皮,到了七岁的年龄,儿童的心理上往往有失去平衡的样子，情绪与意向不稳定，有些固执、违拗的特点；十二三岁的儿童对过去的一些感兴趣的东西，变得很淡漠，甚至于消失了，他的行为带有明显违拗和反抗的特征，同时由于与其他儿童交往较为频繁，独立性有所增长，对外界事物和人与人间的关系他既有一定的见解，又无见解，时常表现着半独立、半自主，而又独立和自主不起来的状态。到了青年和成年期就不同了，生理心理等各方面的发展已达到成熟的程度，生活经验与社会经验比较丰富，在各种教育措施中所获得的知识、技能、理想、道德品质及世界观等，都对他们的个性发展变化起着重大作用，他们对来自自然、社会、人与人的关系等各方面的事情，都有其独立见解和评议准则。因此，人的个性在这个时期，表现得相对的稳定，内部起伏变化不大，也就是内部、外部之间的矛盾呈现一定的平衡状态。除非是外界情况突变，内部矛盾难以解决，就不能引起个性剧变。到了老年，个性的变化又是一种情况。年龄大了，生理与心理及其功能都接近或已进入衰退的时期，虽然，由于每个人的身体内部和外部各种条件不同，衰退的有快有慢，但又总是要衰退的，这是自然的规律。在个性表现上，由于神经系统的抑制力量减弱，内部各个器官的结构及其活动机能也都逐渐衰退了，因而老年人对一切事物有他固定的观点和处理的办法；对新鲜事物感觉迟钝，甚至于反对，相当固执，对于以往经历过的事情记忆深刻，叙述起来不但兴奋而且清楚有条理，而对目前的人和事则往往记不住也理不出个头绪来；在与孩子们相处，往往以教训的口吻谈论他的"想当年"，对于一些琐事经常是唠叨没完，啰嗦起来没个了，表现得保守固执，甚而至于顽固；不过也有的老年人看问题是非明确、判断正直、灵活敏捷，颇有老当益壮或者返老还童的神态。总之，在人的个性发展阶梯中，每一阶梯有一个转变时期，即由前一段所累积的经验与新输入的东西,引起了一定量的发展,发生了质的变化,形成一种新的质来把内部之间及与外部的冲突统一起来,使个性发展到与前不同的状态。转变期的本质,正如苏联心理学家维果茨基所分析的是前一年龄期曾经是主导活动形式,现在不再是主导活动了,而是从中酝酿出新的活动形式和活动动机。这样就不可避免的使过去的那种个性的倾向性失去了意义,而替代它的是一种新的活动形式。从一个发展阶梯转到另一个发展阶梯时,儿童在探索着新的活动形式,同时以相适应的行动和目的充实起来。在新的活动中,产生了各种心理过程,从而导致一个稳定的发展阶梯的到来。[①]

四、个性的倾向性

前面已经提到辩证唯物论和历史唯物论是研究心理学的指导思想和方法。它指引着心理学解决个性中社会因素与个人因素、外因与内因的对立问题。马克思主义指出,尽管人是一个有些特殊的个体,"但同样地他也是总体、观念的总体、被思考和被感知的社会的主体的自为存在,正如他在现实中既作为社会存在的直观和现实享受而存在,又作为人的生命表现的总体而存在一样"[②]。这就是说,人的个性是有统一性的,个性的不同的倾向性并非并列的,而是有等级有层次的统一性。倾向性是个性统一性的具体表现,人的需要和兴趣不仅是有丰富的内容而且是多种多样的,它们汇集到一个中心,形成了个性的统一性和

[①] 参见《苏联德育心理研究》,陈会昌译,1982年山西省教育科学研究出版,第7页。

[②] 《马克思恩格斯全集》第42卷,人民出版社1979年版,第123页。

整体性。而个性的统一性和整体性以最集中的方式表现在个体的集体主义倾向中。西方的个性心理学家则否认这种最基本的倾向，他们过高的估计模仿、暗示等活动，或者把行为外部反映作为个性的主要倾向。这是不正确的。集体主义倾向性是以个人利益服从公共利益为前提的。马克思指出："在真正的集体条件下，各个个人在自己的联合中并通过这种联合获得自由。"也就是说，在真正的集体中，人的自由不是由于逃避某种事物的消极力量，而是由于表现自己真正个性的积极性而产生的。这种积极性的特点并非单纯是以个人利益服从公共利益，而是以集体的方式体现个人利益，把自己的精力、力量、才能和时间全部贡献给公共事业，并为别人的需要自己而感到愉快和满足。这样，集体主义动机为个性真正自我实现创造出最佳条件，通过共同的集体主义目的体现出来的个人的倾向性是集体主义的基本原则。

在当前的条件下，培养个性的集体主义倾向是教育工作中的重要任务，通过集体主义的教育培养学生成为具有积极的生活立场和对待社会义务的自觉态度的新人。个性的集体主义倾向与个性的一般道德发展有密切联系，一个人只有为集体、为人民的利益而忘我地奋斗，才能使自己的个性达到完美的地步，人的本性才达到真、善、美的境界。人的个性的社会积极性，不但创造世界物质与精神财富的总和，而且发展着作为个性的主体。集体主义占优势，是个性高度发展的标志。

（原载《教育丛刊》1983年第3期）

江苏省心理学会的 35 年

一、江苏省心理学会的筹建

省心理学会的宗旨是以辩证唯物主义与历史唯物主义为指导思想,团结广大心理学工作者从事于学习和研究的群众性的学术团体。

1949年初,全国解放时,江苏省分为苏北、苏南和南京市三个行政区域,即苏北、苏南、南京市政府。中华人民共和国成立后,1951年苏北、苏南、南京市合并为江苏省。因此江苏省心理学会的筹建和成立,是经过几次变动的。1949年初,南京市科学技术协会设有心理组作为组成部分,以团结心理学工作者,开展心理学科学研究,因而以此为基础,建立了中国心理学会南京分会,这就是江苏省心理学会的前身。1950年5月,中国心理学会南京分会正式成立,负责人是当时的南京大学校长潘菽,会员大多数是南京大学、金陵大学、金陵女子文理学院、南京华东精神病防治院的心理学工作者。他们大多数是由南京市科学技术协会心理组的会员转属为中国心理学会南京分会的会员,在筹备分会的成立中,他们做了以下几项工作:

1. 召集心理学工作者,举行座谈会,检讨心理学中存在的唯心论和机械论的偏向,以期能用辩证唯物论和历史唯物论作为心理学的哲学基础。

2. 调查和了解南京市心理学工作者的情况和人数,做了组织和发展会员的准备工作。

3. 与南京大学心理系合作,举行心理仪器展览会,参观者四百余人。

4. 积极开展心理科学知识普及工作,组织并推动会员到中等学校做了五次有关心理学知识的通俗讲演。

1951年,江苏建省后,高等学校进行院系调整。有些会员调离南京,会务暂告停顿。1953年冬季,根据中国心理学会总会指示,召开了扩大理事会一次,理事会二次,商讨了原省会员登记、发展新会员、改选理事会等问题。当时共有会员三十五人。

1954年4月11日召开会员大会,改选理事会,并由华东精神病防治院的洪士元会员介绍了"睡眠治疗法",对睡眠治疗法在临床上的应用及其效果,作了较详细的说明。同时,该院王慰曾院长引导全体会员参观并介绍了该院工作的情况。最后,大会选出了新理事会。潘菽、陈鹤琴、高觉敷、洪士元、杨永芳、曹飞、包志立等任理事。不久,南京大学心理学系,并入北京中国科学院心理研究所,潘菽同志与少数会员去北京工作。

1954年5月10日,南京分会新理事会召开第一次会议,讨论理事分工与今后工作计划问题,推选出陈鹤琴为主任理事,包志立为秘书,曹飞负责组织工作,高觉敷负责学术研究工作。学习计划是组织会员学习苏联专家彼得鲁舍夫斯基教授在北京师范大学讲授的讲义五章。6月28日召开第一次讨论会。同时各单位正在进行的"巴甫洛夫学说"学习继续进行。7月18日举行经验交流会,由精神病防治院、南京大学、南京师范学院等单位的会员准备学习总结,交流经验。

1955年10月江苏省苏州地区也成立了心理学会分会,负责人是江苏师范学院张焕庭教授和吴增芥教授,会员大多数是江苏师范学院和苏州医学院的心理学工作者。学会成立之际,便组织会员每隔两周去中国科学院上海分院学习巴甫洛夫高级神经活动学说和条件反射学说,并召开了学习心得交流会。同时推荐肖毓秀、朱鹤年两位会员先后去北京师范大学就教于苏联专家普希金与彼得鲁舍夫斯基,学习教育学与心理学的基本理论。

　　在这个期间,南京心理学分会在心理科学研究方面也有了新的开展。首先是学习苏联先进教学经验和科学成果。在学习过程中,学会举行了几次关于"心理学的对象"、"心理活动与高级神经活动的关系"、"心理学与哲学的关系"等问题的讨论会和座谈会。1954年苏联专家费拉托夫来宁视察,曾向全体会员作了心理活动和高级神经活动方面的报告。费拉托夫明确指出高级神经活动与心理活动都是大脑活动的产物,二者是不可分割的,但又不能混同。高级神经活动与心理活动的生理机制,应当从物质第一性的观点来解释心理活动。关于心理学在科学中的地位问题,他赞成赫尔岑的说法,认为心理学位于社会科学和自然科学的界限上,是接近于真理的。心理学必须有其自然科学的基础,但不能失却其社会性,生理学能阐明心理过程之生理机制,但不能说明人的心理过程的社会内容。因此,心理学首先是社会科学,然后是自然科学。会员们听了专家的报告,颇受启发,从而体会到心理学对于教育、医学、文学艺术等方面,关系密切,作用很大,加强了会员们学习和应用心理学为祖国社会主义建设事业服务的信心。

　　1952年,苏联专家彼得鲁舍夫斯基、马努依连柯及彼得洛夫斯基在北京师范大学讲学。学会一方面派出个别会员去听讲,一方面组织会员学习和讨论彼得鲁舍夫斯基的讲稿,使会员进一步加强了对以辩证唯物主义和历史唯物主义为指导思想的心理科学体系的认识,在改进心理学教学内容和方法、提高教学质量上起了较大作用。

总之,中国心理学会南京分会自成立以来,经常组织会员系统地学习苏联生理学专家巴甫洛夫高级神经活动学说。还参观了南京大学心理学系建立的条件反射实验室,做了几次关于巴甫洛夫学说的报告,放映了条件反射电影。精神病防治院的会员们将巴甫洛夫学说的睡眠疗法应用于临床,做了预防儿童精神病的设施并介绍了经验。

二、江苏省心理学会学术活动的开展

50年代末到60年代初,心理学界在学习苏联先进科学理论基础上,开展了学术活动,出现了心理学的学习和研究的繁荣景象。在此期间,江苏省心理学会成立了,心理学工作者的学术活动更加活跃,对心理学科学理论研究和心理学教学工作的发展,起了很大的推动作用,取得了良好的效果。

1959年5月4日到10日,江苏省心理学界为了迎接全国心理学学术讨论会的召开,举行了一次为期七天的心理学问题讨论会。对当时心理学工作者争论的几个问题作了进一步的探讨和研究:第一是关于心理学的对象问题。与会者都不同意曹日昌同志的"心理学主要应该是研究物质怎样思维"的提法,因为它不能揭露人的心理实质,更不能阐明在阶级社会里人的心理的阶级性。第二是关于人的心理的阶级性问题。这个问题引起了热烈的争论。有三种不同的意见:绝大多数的同志认为在阶级社会里,既有阶级性,又有共同心理规律性和共同的心理状态,但没有超阶级的共同。当共同规律在具体人身上起作用的时候,不能不受到阶级的影响。有少数的同志认为人的心理在阶级社会里只有阶级性没有共同规律性。也有的同志认为人的心理只有自然性(即反应)没有社会性。第三是关于心理学的科学性质问题。主要的也有三种意见:一种意见认为,人是社会的实体和自然实体的统一。心理学是研究怎样通过脑转化为主观的心理活动的,因而主张心理应该是一门"中间科学"或称为"边缘科学"。第二种意见认为,人的心理本质是社会关系的反映,人的心理现象是社会现象,所以心理学是属于社会科学的一门科学。第三种意见认为,按照恩格斯提出的科学分类的原则,人类的全部知识可分为社会科学和自然科学两大类。哲学则是自然科学和社会科学的一般概括。而思维本身则是由辩证法和逻辑学所研究的,心理是研究个体精神现象的科学,因而主张心理学是"思维科学"比较合适。为此还出版了《心理学问题讨论集》专著,并在北京学术年会上进行展览。

1959年10月,南京师范学院、南京精神病防治院、江苏省教育科学研究所和江苏师范学院等单位的会员在积极地参与学术活动的过程中,还联合编写了公共课心理学教学提纲和教育系用的心理学讲义。1960年春季,编写了《马列主义经典作家论人的心理》、《毛泽东同志论人的心理》两本专辑。同时,协助南京师范学院教育系设置了心理专业,招收学员,开设普通心理、儿童心理、教育心理、心理学史等专业课,为培养心理学专业人材提供了一定的条件。

由于教育事业和科学技术发展得很快,江苏建省伊始,即成立江苏省科学技术协会,负责组织、领导各种学会活动,提出将南京心理学分会、苏州心理学分会统一起来,扩大组织、发展会员,筹建江苏省心理学会的建议。1962年秋季,经过一段时间的调查、了解和酝酿,召开了会员代表会议,选出了江苏省第一届心理学会理事会,理事长陈鹤琴,副理事长高觉敷、张焕庭,秘书长肖毓秀。会员共有四十四人。

1963年11月15日到19日,省心理学会在南京举行年会。收到论文十七篇,其内容包括心理学基本理论、儿童心理、教育心理、医学心理、体育心理等方面。这些论文是会员通过一年多的科学研究、理论探讨,把医务工作与教育工作实践经验加以总结而写成的,对心理科学的发展和教育实践都起了一定的积极作用。参加这次学术年会活动的有七十多人,其中除南京市区有关单位的心理学会的会员外,苏州、扬州、徐州、无锡、常州等地区的高等师范和中等师范的心理学教师也来参加了。在这一次学术年会中,会员们本着"百花齐放,百家争鸣"的精神,宣读并讨论心理学与无神论、儿童心理发展的动力、教育小学生意义识记的研究、儿童思维特征与教学问题、病态人格特征和个案研究等论文。对南京师范学院教育系编写的中等师范学校的教育心理学教学大纲进行了讨论,交流了心理科学研究的经验,制定了进一步开展会务活动和学术研究的规划。会议时间虽然较短,但气氛热烈,思想活跃,相互启发,共同提高,收获是很多的。与会同志一致表示要努力深进一步提高心理科学的理论水平。最后由南京师范学院副院长张焕庭教授做了总结发言。会后,学会印发了1963年年会论文选编。有的会员有感于盛会,联句成诗曰:"相隔十六年,始得相重逢。心理入长征,万马齐奔腾"。

在十年动乱中,心理学被"四人帮"诬蔑为伪科学,心理学工作者受到严重的迫害。心理学课程被砍掉,学会被解散,会员下放到农村、山区接受教育。心理学领域成了重灾区。清除了"四人帮",心理学工作者得到解放。1977年中国心理学会开始恢复活动,江苏省心理学会也相继恢复了。1978年4月11日在南京召开理事扩大会议。会上介绍了国内外心理学发展情况和动向,提出了学术活动的计划。许多会员对被迫停止活动十多年的江苏省心理学会又恢复活动感到欢欣鼓舞,纷纷表示一定要努力工作,为促进科学技术现代化服务。当时理事长陈鹤琴已八十七岁高龄,还表示要把他的关于儿童心理方面的研究成果整理出来,为我国儿童心理研究作出贡献。

1979年底召开了会员大会,举行了学术交流和理事会改选。选出新的理事十九人,名誉理事长陈鹤琴、高觉敷,理事长张焕庭,副理事长陶国泰、吴增芥,秘书长程昌柱。

三、江苏省心理学科学的发展与学会机构的扩大

江苏省心理学会自成立以来曾举行过几次较大的学术活动和科普讲座。在学术活动中,讨论、研究了心理学的基本理论问题,交流了教育心理、儿童心理等方面的科学研究成果,取得一定的效益。在科普方面也做了许多工作,据不完全统计,从1981年初到1983年5月,全省有两万五千八百多人听了讲座,有八千九百多人参加了为期三个月到六个月的心理科学培训工作,成绩是较好的。从各地区举办的"培训班"、"科学普及讲座"所宣讲的内容来看,在一百七十二个专题中,有普通心理学、发展心理学、教育心理学、医学心理学、社会心理学、文艺心理学、管理心理学及法制心理学等。这对于江苏各阶层、各行业的广大干部和人民群众学习和运用心理学知识为社会主义现代化服务,起了积极的作用,使心理学面向现实,走向社会展开了新途径。

1979年底,在南京举行第二届学术年会,收到论文三十多篇,作者就论文的基本观点和主要内容作了发言,会员们热情地进行了讨论。为了进一步交流科研经验,推动工作,1980年5月创办了《江苏省心理学通讯》,并商定于学术报告和讨论会之后,即将论文汇集,编辑出版一期,现已出版五期,收入论文一百

四十七篇。心理学和教育学工作者及社会人士反映较好,他们认为《江苏心理学通讯》办得具有特色。此外,学会还出了简报,83年以来,共出了二十期,互通信息。在这次学术年会上,根据各地区会员的意见,召开了理事会,研究了江苏各地区筹建心理学会问题和学会扩大组织的问题。

1983年7月初,省学会召开了会员代表会议,进一步研究了深入开展学术研究的问题,筹建和成立各地区心理学会的问题,省学会组织机构扩大的问题。明确提出学术研究要以辩证唯物论和历史唯物论为指导思想,要结合实际以"面向四个现代化"作为心理学科学研究的方向。改选了理事会,考虑到有些理事年事已高,不宜担任繁琐的工作,因而推选高觉敷教授为名誉理事长,吴增芥、陶国泰等同志为顾问,张焕庭为理事长,丁祖荫、洪士元、赵兴中为副理事长,程昌柱为秘书长。为了适应心理科学普及的新要求,理事会建议从各地区实际条件出发先后成立地区心理学会。到1985年全省已成立了九个地区心理学会。

	地区心理学会	挂靠单位	成立年月日	理事长
1	徐州市心理学会	徐州师范学院	1983年12月	邓芝铭
2	盐城市心理学会	盐城师范专科学校	1984年1月	万恒德
3	镇江市心理学会	镇江师范专科学校	1984年2月	庞树藻
4	淮阴市心理学会	淮阴师范专科学校	1984年3月	吴元润
5	扬州市心理学会	扬州师范学院	1984年5月	洪良华
6	南通市心理学会	南通精神病防治院	1984年7月	周勤方
7	常州市心理学会	常州师范学校	1984年11月	邱学华
8	无锡市心理学会	无锡市教育局和无锡师范学校	1984年12月	张百川
9	苏州市心理学会	苏州大学	1985年4月	赵兴中

以上这些地区心理学会成立之前,都先开学术报告会或讨论会,多方面开展心理科学的研究和科普工作。市级学会成立之后,会员迅速增多,科学水平日益增高。可以说,江苏省心理学会开始进入了一个发展热潮。为了适应这种发展的新情况,省学会需要改善工作,扩大本身的组织结构。除1979年成立医学心理专业委员会外,1983年开始增设了管理心理组、法制心理组、科普组、问题儿童服务处、编辑出版组。并协同南京日报社筹建"智力开发研究所"。现有会员285人,其中全国会员78人,省级会员207人。

四、江苏省心理学会的基础力量与发展前景

在省心理学会内,心理科学研究的基础力量是比较强而稳定的。有较大成就和贡献的八十岁以上的老年心理专家,如陈鹤琴教授、高觉敷教授等,他们先后在儿童心理学、西方心理学史及实验心理等方面进行了研究,写出了专著,主编了教材,介绍了西方心理学史和发展动向。这些著作对国内、外心理学界都有一定的影响。省学会的顾问和理事会中年龄较大的有些同志是心理学界知名人士,如张焕庭教授、陶国泰教授、吴增芥教授、丁祖荫教授等。特别值得注意的是近年来在心理学学术活动广泛而深入开展的基础上,涌现出一大批中、青年心理学工作者,其中多数是地方学会和各专业学术活动的组织领导者,他们不仅在心理学理论和研究方面能力较强,而且对学会的各项学术活动和组织工作都能积极主动,任劳任怨,出色地完成了学会交给他们的任务。目前学会在全国理事会任理事的、在各专业委员会任委员的、在总会刊物任编委的有九人。这样,江苏省心理学会的深入发展是有条件的,效力是可以设想的。因此,我们

有信心使学会真正成为群众性的学术活动的中心。

在国际学术交流方面,江苏省心理学会的活动领域正在日益扩大,美国几所大学心理学工作者来学会访问,了解学会活动情况和会员科研成果。美国的尼布拉斯克大学、芝加哥大学、澳大利亚南威尔士大学和香港大学的心理学工作者,也时常通信交流资料。目前省心理学会正在积极地推动全体会员,深入实际,进行调查研究和实验研究,提高心理科学的理论联系实际水平,为祖国四化建设做出贡献。

作者附记:本文是应中国心理学会约稿而编写的,由于资料欠缺和时间紧迫(1985年5月交稿),写得不够完善,希望同志们提供资料并提出意见。

(本文作者还有肖毓秀,原载1985年江苏省心理学会《心理学论文选》)

漫谈心理健康问题

心理健康问题是当前社会心理学研究中的一个重要问题,也是人际之间普遍存在的一个社会问题。平日同别人交往、给朋友写信或与亲友会面时,总是用"敬祝健康"为祝愿。不过在这种场合中所说的,大多是指身体健康而言的。不言而喻,其中也包含着心理健康。心理健康与生理健康是紧密地联系在一起的。常言道,健康的心理寓于健康的身体之中。人的身体有了病或生理上有缺陷,都会影响到人的心理健康。例如因病而引起的忧愁、焦虑、烦恼、抑郁等,就会使人产生不愉快、心情不舒畅等不健康的心理状态。反之,一个人长期的过度的忧愁、焦虑、烦恼,又能影响到生理上的变异或病态,如高血压、神经官能症、头痛、胃痛等。心理的健康与生理的健康,有时互为因果,相互影响。但是二者并非完全一致,并因人而异。生理健康的人,不一定就是心理健康的人。如有人身体特别健强,而他的内心世界和言行却很不健康。同样,心理健康的人,不一定是生理健康的人。有人虽然身体多病,但是光明磊落,人格高尚。这种现象,在日常生活中是常见的。

生理健康主要的是来自人身体的自然素质强、体内结构耐力大,再加上丰富的营养和适宜的体育锻炼。而心理健康则是由于人的机体、器官的各种功能,特别是大脑的功能。人从自然的实体转变为社会的实体,成为社会的主人。对来自外部的种种信息,经过头脑的分析、综合、加工,与其内部信息形成一种交换过程，使客观与主观统一起来，形成为一定的心理状态，并以主体形式表现出来。这些由主体表现出来的为人们所赞誉的心理活动是具有一定的社会价值、教育价值和发展意义的。它的发展是与一个人的思想水平、科学知识水平和理论水平有关的。一个有高水平的人，他总是胸怀宽大、心境舒畅、目光深远、态度乐观，善于处理人际关系和有关的各种社会问题，并与社会发展的方向取得一致。可以说，他的心理是健康的。

心理健康是一个比较复杂的问题，也是目前社会主义现代化建设中需要认真研究的一个问题。特别是在科学技术的迅速发展，生产水平日益增高，人民生活日益改善的今天，更需要人人有一个健康心理从事于物质和精神文明的建设。同时，由于国民经济迅猛发展，城市与农村，都发生了很大的变化。农民富起来了，农村的建设和城市的建设，都在日新月异的发展，人们所接受的信息不断地增长，人际关系日趋频繁，空气在不断地变换成分，作息制度的改变，劳动时间的更换，睡眠、休息以及交通、厂矿、企业所产生的噪音等，都能使人精神不安，心理失调，严重地影响人们的心理健康。特别是正在发育成长的儿童和青少年，更应该重视他们的心理卫生和身心健康问题。

近来，西方心理学界和医学界都很重视人的心理健康问题。有许多专家从事于这一方面的研究，并描述了心理健康的标准和定义。例如有的心理学家说："心理健康是指一种持续的心理状况，主体在这种情况下能作良好的适应，具有生命的活力，能充分发挥其身心的潜能。这是一种积极的、丰富的状况，不仅仅是没有疾病。"也有人说，"心理健康就是合乎某一水准的社会行为;一方面能为社会所接受,另一方面能为本身带来快乐"。①在国内也有许多心理学家在研究人的心理健康或心理卫生问题。他们指出,"心理健康就是指人在知、情、意、行诸方面的健康状态,主要包括:发育正常的智力,稳定而乐观的情绪,高尚的情感,坚强的意志,良好的性格以及和谐的人际关系等等"②。以上这些见解,对于进一步研究人的心理健康是有裨益的。

心理健康,是由许多正常的心理因素综合而成的,不是一个固定的心理状态,乃是随着人身心发展所出现的合理的相对稳定的心理状态。这种相对稳定的心理状态,不是天赋的或自有的,而是通过一定的社会环境和教育而逐步发展起来的。幼儿时期,身体增长和脑的发育都比较快,因而正常的幼儿一般的都是好奇、好问、好活动,在父母和教师的教导下,懂好坏、有礼貌、团结友爱、讲卫生等。这些言行,就是幼儿心理健康的表现。

青少年时代,正处于青春发育时期,随着年龄的增长,身体迅速长大,脑力很强,性器官开始成熟。一般正常的青少年,特别是少年,往往处于独立性和依赖性、自觉性和被动性、坚强性和幼稚性错综复杂的交织在一起,充满了矛盾。这就迫切需父母和教师,从实际出发循循善诱,把青少年各种心理活动引向健康发展的轨道。在良好的家庭环境和正确的学校教育下,身体健康的青少年,在心理活动方面,都是表现着思想活泼、喜爱活动、感情热烈、喜欢交友、学习努力、工作认真,在各方面都要努力有所表现。有的青少年求知欲很强,肯钻研、欢乐、正直、勇敢、公平、热爱集体与友伴。随着科学知识和文化水平的不断提

---

① 白振放:《心理健康标准》,《人民大学书报资料社》,1984年第10期。

② 陈家麟:《心理健康与智力发展》,《心理学通讯》,1984年第2期。

高,青少年开始有自己的人生观和世界观。自我意识也发展起来,能从他人的言行中认识自己,积极模仿英雄模范人物,主动的进行自我教育。对于社会问题,青少年感受敏锐,积极投身于了解社会、认识社会,努力使自己的一切同社会要求一致,跟上时代的发展。当遇到前进中的困难时,他们总是要千方百计设法克服。在个人需要与国家、集体的要求矛盾时,他们勇敢地克制自己,使自己坚决服从国家或集体的需要。以上这些主要的心理状态,可以说是青少年时期心理健康的标志。到了成年,心理健康水平比青少年大大的提高了。健康的成年人,他的学习、工作、社会经验、人际关系等都接近成熟或已经成熟了,都具有一定的正确的世界观和人生观,懂得人类社会发展的未来,认清自己在社会主义现代化建设中的任务;热爱伟大的社会主义祖国、热爱社会主义、热爱中国共产党、热爱自己的事业;认为经常忘我的不懈的从事于社会主义现代化建设的工作是一种无比乐事;胜不骄、败不馁、遇到挫折能善于正确的调整;有自知之明,获得成就;能看到自己不足的地方;见微知著;有正确的自我意识,能控制自己;在任何情况下,能表现出谦逊、谨慎、守纪律、有毅力、有干劲;深刻理解生活的意义,敢于坚持真理、敢于改正自己的错误、敢于前进、敢于改革、敢于胜利。这些便是成年人心理健康的表现。老年人,由于身体器官的功能随着年老而衰,因而在心理健康水平上就远远不如成年人,可能同七八岁的儿童差不多。但是,不能一概而论,其中有许多差异。有些身心健康的老年人,他们的心理健康水平是很值得赞扬的。例如,有些老人心胸宏伟、目光深远,"咬定青山不放松,立根原在破岩中。千磨万击还坚劲,任尔东西南北风"①,而且深明大义,懂得"长江

---

① 郑板桥诗。

之水后浪推前浪",现代化建设是一代青年替老年。欣然发挥"余热",尽自己所能多作贡献。他们的心情是振奋的,看今朝人才辈出,万众一心齐奋斗,到明日生活翻番,全国欢腾庆胜利。总之,心理健康的老年人,能以深厚的感情正确处理个人与家庭、社会和青年一代的关系,欢乐地度过晚年。

在莎士比亚一书中,莎士比亚曾经把人的一生描述为一种舞台,每一个人都要在舞台上表现自己。幼小时,背着书包欢乐的走向学校,早上的太阳照射在他的身上,使他感到温暖和舒服;进入了青少年,身心发展得很快,精力旺盛,觉得有无穷的力量,每日像善跑的野马一样,东奔西走,十分活跃;到了成年,青年时代的服装收起来了,穿上笔挺衣服,满嘴的誓词、格言,驯服下一代,并努力创造新生活;到了老年,裤脚管变肥大了,行动像蜗牛,童头豁齿,耳聋眼花,说话声音像吹笛子。莎氏这一种描写,完全反映了十四、十五世纪欧洲社会的情况。时过几百年,而莎氏对儿童、青年和老年的心理特点,所作的描述还是很有意义的。他认为心情美的标准,既因时代不同而异,也因人的年龄不同而异。中国古代的哲学家、思想家和教育家也都谈到过这方面的问题,如"真、善、美"、"过则无惮改"、"闻过则喜"、"己所不欲,勿施于人"等。这些见解,都近似于伦理道德的说教,谈不上心理健康,充其量不过是些好的思想而已。

心理健康对于人的智力开发、学习、工作和人际关系等都起着极为重要的作用,一个心理健康的人,在正常情况下,他的大脑皮层神经过程的灵活性、强度、平衡性都是比较强而敏锐的,分析综合能力也比较高,这就给人们的智力发展起着促进作用。"研究表明,如果一个学生始终感到心情愉快,无忧无虑,就能够调动他的智力活动的积极性,易于在大脑皮层形成优势兴奋中心,也易于形成暂时神经联系和使旧有的联系复活,进而能促进智力的发展。"如果心情不好,经常烦恼、忧郁、惧怕,就会压抑或阻碍智力的活动和发展,从而影响到他的感知、记忆、思维和想象。所以健康的心理能促进智力的发展。

从学习方面来说,心理健康的人在学习中善于运用脑力活动,能主动地生动活泼地学习。同时,在遇到困难问题时,他能以分析问题、解决问题的能力,克服困难而获得成绩。研究表明,心理健康水平高的人,他的学习能力强,掌握和运用知识比较有好的效果,学习成绩是较高的。可见,心情愉快、兴奋、激动等健康的情感,就能强化人的智力活动,增强学习效率,否则是不易获得好的学习效果的。据调查表明,学生心理健康状况是与学习成绩直接相关的。心理健康的学生一般都有正确的学习态度。他们能认真克服学习中遇到的困难。对于生活中所遇到的不顺心愿的事,也能正确处理。他们往往是把主要精力用在学习上,所以学习成绩较好。而心理不健康的学生,经常表现出精力分散,计较个人的得失,害怕困难,不能正确地处理所遇到的困难问题,所以学习成绩一般较差。例如调查心理健康较好的高中学生 62 人中,学习成绩较好者有 31 人,占 50%,中等 21 人,占 33.8%,差者 10 人占 16.1%。心理不健康者,他们的学习分数一般都低。

心理健康对于提高工作效率的作用也是很显著的。心理健康的人,对于工作的目的性是很明确的,工作态度也是很端正的。他在工作中,时常把自己的工作与国家和集体交下的任务联系起来,并把它与科学技术革命联系起来,努力革新,认真工作,竭尽自己的智慧和力量,努力提高工作质量和效率。例如今天社会主义现代化实践中所涌现出的许多先进模范人物。他们的心理是健康的,他们为人民所拥戴。那些对工作敷衍了事,不认真负责、得过且过的少数人,他们的心理一定不会是健康的,这是毫无疑问的。因为心理健康对于人的工作是富有积极意义的,具有生命的活力。奔放的心情,热烈的态度,力求实效的作风,一心把工作做出成绩来,正是心理健康的表现。

心理健康对于人际关系是富有和谐的和团结的意义。一个心理健康的人,总是以肯定的态度对待与自己交往的人,谦逊、公平、诚恳、宽厚、尊重别人、信任别人。既对别人施予感情,又能接受别人的感情;既虚心听取别人的意见,又能及时改正自己的意见。在与别人相处时,满腔热情地与人为善,既坚持正确的原则,又能热情地帮助别人,团结友爱,像磁铁一样吸引着周围的人们,共同为实现社会主义现代化而奋斗。

总之,心理健康对于人的各方面的发展作用是很大的。它不但对于人的智力、感知、记忆、思维、想象、感情意志的正常发展和个性的形成,起着重要的作用;而且对于人们学习、工作、生产劳动等水平的提高以及预防疾病也起着促进作用和保证。

如何培养心理健康呢？这是一个比较复杂的问题。它的形成和发展涉及到自然环境的变化,例如山川、河流、草原、森林、平原、矿山、气象等方面的改变和移动;涉及到社会结构、社会制度、政治形态、经济发展、文化教育的设施以及人际的往来等,都会直接间接的影响人的心理健康。所以要培养人的健康的心理,首先要善于科学地改善或调理自然环境与社会环境。资产阶级的社会学家、社会心理学家、社会卫生学家和心理学家及医生等认为科学技术革命会给人造成健康失调的危险,因而悲观预测,"杞人忧天"的唉叹,说什么"人类注定要灭亡",这种技术恐怖症是在社会真空中,脱离开科学技术的社会形式来观察科学技术的结果。实际上,无论是科学,还是技术都不会对人类有所威胁。当然,随着科学技术进步的后果,可能带来一些因素对人们的心理健康有不良的影响。但在社会主义社会及其现代化的条件下,人的心理健康是全国性的任务,正在大力提高物质文明和精神文明的建设,一切危害心理健康的过程和现象都能够预先防止或大大减轻。随着两个"文明"的发展,人的心理健康越来越完美,这是完全可信的。第二,树立正确的世界观。要以辩证唯物主义和历史唯物主义的立场、观点、方法看待周围的一切现象和问题,明确社会发展的方向,以及个人在社会发展中的作用和应尽的义务。这样,才能正确处理各种矛盾,满足于自己的学习、工作和生产劳动的成就,终日乐呵呵地为社会主义现代化建设而服务,使生活富有活力和深远意义。

第三,自我意识的培养。自我意识是人们的过去经验和现在经验的整合体。它能引导心理活动向着合理的方向发展。儿童一岁多,会说话了,与别人经常交往中,就开始树立自我意识。随着年龄增长,直到老年,不断地学习和积极地社交活动,自我控制的能力逐步加强,使其言行与社会需要渐趋相符,意识到必须控制和调节自己的本能冲动,才能适合社会的要求,不能听其为所欲为。从而逐步养成自觉性、坚韧性、灵活性,既不盲从,也不独断;既不踌躇不前,也不鲁莽从事。总是谦虚、谨慎、勤奋、勇敢、细致地正确处理人与人之间的关系和工作中的矛盾,并经常获得心情满意的体验,形成健康的心理。

第四,家庭、学校、社会的一致性。培养健康的心理,从幼小开始,直到老年既有连续性又有阶段性。有人说,人的发展是一个进化过程,在这一过程中,每个人都普遍体验着生理的、心理的、社会的等活动顺序。正如前面所述的莎士比亚的描述一样。父母在家庭中所给予儿童的心理健康因素,应在学校中得到教师的继续发扬和加深,到了社会上,又得到社会的正确舆论的赞扬、鼓舞和奖励,这样就会逐步养成健康的心理。尤其是青少年的心理健康的培养,更应当使家庭的影响、学校的教育与社会实践的锻炼统一起来。可以说青少年心理健康是家庭、学校和社会统一教育的结果。

[原载《昆明师专学报》(哲学社会科学版)1986年第1期]

个性心理问题的探讨

一、个性心理学说

个性问题,在当代心理学研究中是一个比较重要的问题,也是一个需要弄清楚的问题。心理学派别不同,观点不一,对个性的理解也是各有千秋。有的说个性是指人的品格的各方面,如智慧、气质、技能和德行;有的说,所谓个性是指"一个特殊个体对其所作所为的总合";有的说,个性是"个体与环境发生关系时身心属性的紧急综合";有的说,个性是人的行为的整合机能而区别于他人;也有的说,对个性的理解应从人的身心倾向、特性和反应等方面统一起来加以认识,个性不是固定不变的,而是随着身心变化而发展的,也不是人的单纯行为和理想,而是一种制约着活动倾向的动力系统。到目前为止,对个性的定义,还没有一个为心理学家共同接受的定义。但是综合起来看,对个性的解释却有融合的地方,都是把个性理解为具有一定倾向性的各种心理品质的总合,也都认为要明确个性的特点,必须从人的心理的整体性、独特性、多面性和动力性等方面系统地加以说明。

在个性的理论研究中,心理学家各有各的见解,彼此所依据的理论也难统一起来。今将个性学说中主要的流派简介于下:

1. 分析心理学派的个性理论是以弗洛伊德为代表的。他以精神分析法,研究他所遇到的各现象及其意义,从而查明各种心理症状的起因。他以"本我"、"自我"和"超我"的概念为核心创立了他的个性理论学说。弗洛伊德认为本我是个体的生物成分,自我是心理成分,超我是社会成分。本我、自我、超我这三方面既在发生上又在机能上彼此有密切联系。本我某处与躯体直接接触,接受本能的需要,并把它转化为愿望。本我是不分善恶的,也没有什么道德不道德的问题,只是受快乐原则的支配,它是无意识的。自我是本我的一部分,受外部影响而改变,自我的力量完全来自本我。超我是自我的一个方向,它使自我在观察过程中发挥作用。本我、自我和超我总是经常发生矛盾的。本我受着快乐的支配,要求满足,超我不允许,本我被压抑下去或变为潜意识,沉隐在意识底层。自我不仅经常受到超我和本我的影响,或者说受到超我和本我两方面的支配,而且还必须适应现实的要求,不然就难以在社会上活动。因此,自我必须经常协调这三方面的需要。用弗洛伊德的话说,"可怜的自我"。这就是心理分析学派首脑人物的个性理论的结构。

弗洛伊德是以生物的性本能的冲动为个性形成和发展的动力,把社会的机能只能在限制和检查"欲望"上起作用。看不到个人欲望满足过程中所产生的矛盾是由于社会环境影响所致。他只承认生物本能的动力性,忽视社会条件与生物本能的对立统一,显然,这是片面的,不能使人信服的。弗洛伊德把个性发展归之于性心理的发展,并臆造出性的发展特点,并按照其特点划分个性发展的三个阶段:前性期阶段、潜伏阶段和生殖阶段,这就完全抹杀个性的社会环境的因素,因而受到个性心理学研究者的非议。但是弗洛伊德提出的个性发展的关键时期是在童年时期,颇为许多心理学家所赞同。

2. 因素分析的个性理论,主要的倡导者是卡特尔,他用因素分析法研究个性特点及其因素。他认为人的个性是特性的结合体。特性可以从个人行为上加以推断、判明。他说,特性可分为"表面特性"(Surfa Ce Trait)和"潜源特性"(Sour Ce Trait)两类。个人与环境交互作用时,行为反映着相当多的表面特性,如一个人的能量、胆量、精神状态等表面特性。潜源特性代表着较深刻的、较少变化的、较重要的个性方面,代表着特性间的相关的原因。潜源特性是同影响个性形成最基本的力量和社会因素相符合的。卡特尔说,人的行为是复杂的、多变项的,只有用因素分析的方法来描述它、测量它。他认为个性基本结构的原素是特性(Trait)。它是从行为而得出的,既表现着特征化和相当持久的行为属性,又表现着广泛的行为倾向。所以特性表示着在不同时间和各种情况下行为的某种类型和规律性。特性的种类很多,有人类的共通的特性,有个人独有的特性。有的特性决定于环境;有的特性决定于身体结构。这其中的区别最重要的是表面特性和潜源特性;还有能力特性、气质特性和动态特性的区别。表面特性是指聚在一起的比较突出的持久的行为。潜源特性是指行为之间成为一种关系,会一起变动,而形成单一的、独立的个性,几种潜源特性可以配成多种复杂的表面特性的类型。这些潜源特性是通过因素分析而得出的,是从个性的整体性出发的,强调了个性的差异。

卡特尔的个性因素分析法,可以说是受到当时的化学家门得列夫的化学元素分类法的影响。他把特性分为动力、能力和气质三类:动力特性指的是指向目标的行为;能力特性涉及到个人为达到目的而正确有效地工作;气质特性涉及到情绪反应、速度和能量。他先把个性分析为若干特性,然后合成为一个整体,说明一个人的个性。他借助于测验、生活纪录和访问卷等分析整合而成为个性的特性因素论。这些特性既与遗传有关,又与成熟有关,所以卡特尔认为人的个性发展是由于成熟、学习和经验而引起改变的,从孕期到青春,人的个性经历着最重要的发展阶段,一至五岁时,对于正常与异常两类特性的发展都很重要,五岁至青春期各类特性保持不变,七八岁时孩子开始脱离父母的影响,获得了一些社会准则,构成兴趣中的主导倾向和独特的感情型式,最后对领导服从特征也开始出现。大约十岁或十一岁的时候,团体、班组、学校等像家庭一样影响个性的发展。因此青年期是对人提出众多的要求的时期,他或她面临着这一阶段所特有的许多生物方面与智力方面的变化。随着适应性的需要,自我便突出发展,同时不得不推延性欲的满足,力求保持父母的赞许,日益增强独立性的趋向。①

卡特尔的因素分析个性理论的主要特点如下:① 把人看作是一种能量系统,遵循增强和紧张减除原理而发挥其功能。这种能量可以用客观的测验工具进行考察,对受试者的生活纪录、访问卷所测量的结果,进行因素分析,这是有创见的。② 卡特尔把个性结构分为若干层次,从表面特性到潜源特性,或由潜源特性转变为表面特性,在不同的时间和条件下有不同的特性表现,人们既有共通的特性又有独特的特性。这种分析法是有道理的,也是符合实际情况的。③ 个性虽属于行为中比较稳定的持久的特性,但因生活条件、社会环境与年龄增长而改变的、发展的,不是固定不变的。④ 对个性发展提出了比较合理的见解,他认为遗传与环境的交互作用是个性发生与发展的原因,由遗传造成的差异和由环境造成的差异之间的关系是负相关。社会对先天不同的人施加压力,使其趋向于社会上的大多数。如天生支配性强的人,就劝其不要那样支配人,而对天生较服从的

---

① [美]Lawrence A. Pervin:《人格心理学》,郑慧玲编译,桂冠图书股份有限公司 1984 年版。

人,则鼓励他表现得自我肯定一些。

3. 人格主义的个性论是以默里为代表的。他深入分析个性概念的影响,强调环境对个性影响的重要意义,强调行为的生理基础。默里认为个性是机能形态与力量的连续性,通过有结构的统治地位的过程和外现行为从生到死序列上表现出来。个性有明显的连续性。行为的动力是依赖于脑的活动。脑区的力量是以需要出现的。这种力量能组织知觉、统觉、智慧活动和意志活动,并使某些不合情意的活动循着一定方向改变。① 默里把基本需要分为潜在需要与显现需要两类。潜在的需要是受意识压抑或受约束的,而外现的需要是个人意识许可自由表达的。这一观点,显然是受了弗洛伊德分析学派的影响而得出的。

简要的说,默里的个性学说,有以下几点:① 个性是表现着连续过程,它贯穿在人的一生连续发展,是脑的活动;② 个性是经常斡旋于个人需要与环境要求之间,有助于个人适应环境的特色;③ 强调个性的动力性质或机能性质,并大量地利用弗洛伊德的一些概念,说明无意识在个性发展中的作用;④ 经常把人与其环境联系起来陈述他的个性理论。这一点,无疑的是比较正确的。

4. 个性的自我整合论。这一派的代表人物是 C. 罗杰斯。他认为每一个健康的人,都需要对社会的和个人的两种类型的关心,假若他或她没有感受到对别人的关心和自身价值的意识时,这个人就不可能是正确的,也不可能正确充分发挥他的作用,不论是起源于外部或内部的刺激,都是通过个人神经系统的自由传导而不经受防御机制的歪曲。只有这样的经验才对意识

---

① J.P. 查普林与 T.S. 克接威克:《心理学的体系和理论》,林方译,商务印书馆 1984 年 2 月版,第 276—277 页。

充分有效,也才能对象征和自我和谐(Self—Congruen—Cy)有效。由于环境像流水般不断冲击,自我也在变化并影响自我的自我评价。神经过敏或顺从的孩子在他人意见中找寻评价标准。一个充分发挥作用的人,将不考虑关于任何价值条件的问题。例如母亲强调吃某种食物对身体健康有益,孩子只好接受他的价值判断,尽管不适合孩子的自我,因不能惹母亲不悦,也就只好食用了。一个健康、成熟的个性是创造性与适应性的调整。一个健康而又能充分发挥作用的人会接受并利用一切经验。这就是说,在自己与他人的关系中是已完成理想调整的人。罗杰斯的个性理论乃是一个在发展中的个性观,也可以说是一个乐观主义者。他与弗洛伊德的悲观论调相反。罗杰斯的创见是把自我引进了心理学,并使之成为实验研究的有效对象,并作为个性理论的核心。①

5. 行为主义对个性的看法与上述各学派的理论不同,它认为个性是一种象征的说法,没有实际意义。什么个性特性或因素分析等个性理论,都是些假说,实际上不存在的,人的行为都是习惯的,人与人的个体差别是由于不同环境和强化形成的,行为的前提条件是环境的变量。某些行为似乎相当稳定而不受情境的影响,乃是由于情境可能是等同的或近乎等同的。

总之,以上这些个性理论,多半是着重个性的解释,而对个性的预测或个性的发展及其与社会变更的关系,却很少论述。他们的注意力集中在个人的反应中重复出现的那些行为特点。按照这些说法,可以把个性看作是具有时间延续和环境变动的行为,也可以把个性看成一个"制动器"。它能减缓行为变化的

---

① J.P.查普林与 T.S.克接威克:《心理学的体系和理论》,林方译,商务印书馆 1984 年 2 月版,第 288 页。

步伐和削弱环境影响的效果。个人全部行为中所有的反应,不都是同等重要的,有些行为比另一些行为更有力,更容易发生。①

二、个性心理结构

个性心理的结构是比较复杂的,其中包括许多成分和层次,这些成分又是密切联系在一起的。可分为狭义的和广义的个性心理结构。从狭义的个性心理结构成分说,一是个性倾向性,即人对社会环境的态度和行为的积极特征,包括需要、动机、兴趣、理想、信念和世界观等;二是个性的心理特征,即人的心理特点的独特结合,包括完成某种活动的潜在可能性和特征,也就是能力、气质、态度等,也可以说是人们的性格。从广义的个性心理结构上说,除上述较稳定带有一贯性的个性特点外,还包括心理过程如认识、情感、意志等;还包括心理状态,如情感、激情、注意、信心、疑难等等。② 总之,个性心理结构是具有整体性的,其中各个成分并非机械的综合,而是彼此紧密的联系着,相互依赖着,形成个性的整体结构。

人与外部信息交往过程中,个性是积极的活动者,学习和掌握社会经验,改造周围现实等活动,总是要通过动机、兴趣、理想、信念、世界观等内部世界去实现的。这些内部世界系统,使人以不同态度和不同程度的积极性组织自己的行动,有目的有

---

① 德拉根斯(Juris·G·Drguns):《个性理论》,张小林译,1986年《文摘》第3期,第23页。

② 高玉祥编著:《个性心理学概论》,陕西人民教育出版社1985年版,第19页。

选择的对客观现实进行反应,构成了活动的动力系统。个性倾向性是与稳定经常活动的动力系统相联系的。它是决定于集体主义、个人主义、信念、理想等动机内容。个性倾向性是人积极活动的动力,它制约着人的所有心理活动,表现出个性的积极性。个性心理结构的动力性,不是一成不变的,随着生活环境的变化,逐渐发生变化。它的特征是在一定的情境下会变异的。如顽强的特点,可能是高尚的个性特征,也可能成为卑劣的个性特征。如果它同集体主义联系起来,就成为高尚的,如果与利己主义联系起来就会变成不良的品质。

个性心理结构的学说,也有许多不同的理论,这里仅介绍其影响较大的学说。

勒温的个性结构论。他认为人的个性是由许多交织起来的层次构成的。首先指出,个性是属于人的内部领域和环境疆界地带的边缘领域。其中包括认识环境变化的、具有情报机能的知觉系统,如视、听等,由身体表示或动作把内部领域的状态传出去,借以影响环境的运动系统,如语言、姿态、观看等。边缘领域的内侧属于内部区,如意图、要求、相应的紧张体系等就是位于这个区域。内部区又可分为中心层和边缘层,二者机能各不相同。边缘层和运动区较接近,易于联系,因而与边缘区域相关联的事件容易有表示的机会。由于中心区域组织较复杂又与运动区域没有直接接触,所以发自中心区域的事件,就较少的露于外。例如一个人受到指责,如果只影响边缘区域,就较易发怒,体验程度较浅。如果中心区域也受到影响,体验就较深刻,不容易公开表露于外。

勒温的个性心理结构理论是按照力学原则构成各区域的依存关系。"例如人在安静时,其边缘区域和运动区域之间的疆界在动力上较弱,而边缘区域和中心区域间的疆界在动力上较强。

假如一个人处于情绪高度紧张的情境之内,他往往具有更大的自我控制,与此相应的则为边缘区和运动区出现更大的隔离,同时内部区也较前统一。"①

勒温的个性心理结构理论的优点:一是分析的较为精密,成体系,明确地指出个性结构的质的特征;二是把个性结构分为若干层次,每一层次相互联系,相互作用;三是重视了情境的作用。但是勒温的个性结构理论不是以客观事物为根据的分析个性产生的原因,而是借用动力学和拓朴学去分析各种概念,把人的心理化作一些纯数理问题,割裂了综合分析,因而不能完全正确地揭示个性心理结构。

对于弗洛伊德的个性心理结构,在前面已涉及到,他认为个性结构是本能为核心的,把本能当成个性积极性的源泉,所有内部冲突都是本能冲动之间的无意识斗争。人的各种文化形式和复杂的个性行为都是由本能结合而成的。

鲁特卡尔和莱尔喜的个性心理结构理论。他俩都是德国的心理学家,都主张个性是由若干层次构成的。鲁特卡尔认为个性作为整体结构可分为五层:一是生命层,二是植物层,三是情绪层,四是人格层,五是自我层。只要了解各层次之间的发展关系及其整个结构,便能全面理解个性。

莱尔喜提出"基础层"与"上层建筑层"的说法。基础层是指身心发展的生物因素,如性欲、激情、生命的冲突,它们是自发的发展,较少受外来的影响;上层建筑是指身心发展的社会历史因素,它产生于大脑皮层,如思维、意志、美感等。

鲁、莱二人把个性作整体理解,看到各层次之间的相互联

---

① 高玉祥编著:《个性心理学概论》,陕西人民教育出版社1985年版,第25页。

系,并把个性发展与神经生理知识联系起来加以研究,这是有益的。但是,他们没有正确地进行科学的分析,还不能揭出个性的实质。

苏联彼得罗夫斯基和科孔列夫二位心理学家提出一种个性动力结构理论,叫作"动机圈",认为人的个性在很大程度上取决于这种动机圈的组织,它是个性形成的基础。动机圈是一个复杂的构造,以动机需要区为中心,在需要动机周围排列着地位不同,具有各种各样特征的完整结构。这些动机系列可按内容和随意性自觉调节水平划分,也可按稳定性的程度或占优势的程度划分。动机圈中任何一种动机系列占优势,只是说明什么样的能力的总和。世界是客体,它构成了个性的内容。"自我"——"世界"是个性的结构需要,是主体与周围世界联系的"方式"。因而需要不是人类活动的根源,而是人类跟世界积极联系中构成的。生理需要和高级需要之间存在着相互作用的情况,性欲或其他生理需要,往往以隐蔽的形式潜伏在许多高级形式活动中,但这不是升华过程,乃是通过情感迁移,以一种确定的需要作为名称,使紧张得到和缓、满足,或者以某些形式的生理需要衰退。

动机圈理论的优点:一是以动机需要为基础展开了分析,找出了在一定时期和一定条件下占优势的动机系列及其作用;二是抓住了需要和满足需要的现实可能性之间的矛盾,揭示了个性形成和发展的规律,在理论上和实践上均具有积极意义。问题是需要系列在动机圈内有哪些?起什么作用?它与其他动机系列的关系如何?都没说明。值得我们进一步加以研究。

比利时心理学家牛廷把个性分为"隐私性"和社会性两个方面。隐私性和社会性有时对立,在个体意识最隐私性的水平上所感知的个性不一定符合与社会相联系的个性。正常个性的发展是和不同年龄阶段的儿童的特殊动机相联系的。教育工作者若能提出适合儿童需要的东西,那就会事半功倍。牛廷认为个性是一种完整的系统,是发挥机能作用的方式。这种方式包括"自我"和"世界",自我是个体的心理机制,在克服种种矛盾进行整合的过程中发挥作用。他说,矛盾是正常人建设性的紧张状态。在这种整合过程中,内心紧张逐渐减小,私隐可能退化。和谐的"我"决定于把个性结构的隐私性与社会方面整合起来的过程。这一种一致化的动力,根源于内在稳定性的需要,对"我"保持一致的一种倾向,通过"自我形象"或与他人联系所起的社会作用。

牛廷的个性心理结构理论是些抽象的概念如"个性的一致性"、"需要的稳定性"、"全面整合性"等等,都是复杂的抽象,难以理解。比较可取之处是提出了个性发展的动力是矛盾的整合。

司普兰格的个性结构理论是把个性结构与精神价值、社会文化联系起来加以分析,把人分为六类,即理论型、求实型、爱美型、社交型、政治型、宗教型等。这种见解是把个性的产生是来自"自我"中某种独立自主的实体,而非社会关系的产物,显然是不正确。[①]

三、社会生活实践与个性心理发展

关于个性形成的因素问题,西方心理学已经谈论到考察个性的成因,必须放在社会关系中加以分析,因为人与人的关系,情绪体验等都是在社会关系中形成的,并随着社会环境的变化

---

① 法国社会学派《个性理论》。

而变化。这是符合实际的,正确的。遗传的因素,只是为人的个性形成提供一定的可能性。人的气质对人的行为是有影响的,但非一成不变。这是生物学、进化论、遗传工程学早已证明了的。例如赛大的研究,他认为个性是公共社会发展的产物。个体具有先天特点,人是生物进化的产物,生物进化成分被重新改组成为个体,而非成为个性。列昂节夫说:"个性是社会历史发展和个体发展的产物。"鲁宾斯坦认为"个性不是从最初起就有的现实,个性是通过行动在他的活动进程中形成起来的"。这就是说,人的本质并非是单位所固有的抽象物,在他的现实性上,它是社会关系的总和。在人的发展中社会性的东西和生物性的东西有着复杂的相互关系,公共的社会关系是个性的机制。个性的特点是对生命活动的占有所获得的结果,它的基础是主体全部活动的特殊结构,是在主体同世界之间人的关系的一定发展阶段上产生的。所以个性是在与别人交往中充当某一角色的行为中发展起来的。①

社会生活实践,是指社会活动、生产活动、科学技术实验研究、文化、文学艺术活动等。社会实践最终决定人的个性形成和发展。社会实践对青少年更多地是通过家庭、学校、社会发生影响,青年人走向工作岗位社会影响便直接发生作用,在反复地学习和担当新的角色以及对事物的态度等行为方式,就逐渐形成或改变某些个性特点并发展着个性。一个走上工作岗位的青年人,与同事和领导的关系、本单位的风气、友谊、公务等,对个性的改变和发展都会起着重要的作用。如果各方面的关系都很协调,受到欢迎,在温暖的人与人间的关系中,不仅使自己热衷于

---

① 法国社会学派个性理论中的赛大的意见和列昂节夫及鲁宾斯坦的主张。

事业,发挥自己的积极性和创造性,而且能使自己的才能形成独特的风格,表现出活泼、主动、积极等特点。相反,如果长期缺乏这些条件,就可能影响其不安定,表现出消沉、冷淡的特点。

人们长期从事于特定的职业或工作,对个性形成和发展也有重要意义。一个人从事某种职业,要求他反复扮演该种角色,进行同其职务相称的活动,也会逐渐形成某种行为方式和个性倾向。例如多年从事于自然科学的工作者,一般讲有语言比较简明、推理强、沉静的特点,而长期搞社会活动的人,那就有比较活泼的个性。

社会环境和生活环境对人的个性形成和发展影响是巨大的。但非机械地决定人的个性。人作为主体总是通过自己的观点、观念有选择地接受外界影响,在改变环境的过程中发展着自己的个性。①

(原载《教育丛刊》1987年第2期)

---

① 王锐生:《个性发展与生活方式》,《百科知识》,1986年第3期。

我对弗洛伊德精神分析心理学的一点看法

一

精神分析学说是十九世纪末在欧洲奥地利维也纳兴起的一派学说。它的创始人是奥地利著名精神病理学家布洛伊尔和弗洛伊德。1893年他们联名在一份精神病学专业杂志上发表题为《论癔病现象的心理结构》一篇论文,阐述用"催眠术"治疗癔病的新方法。不久改用"宣泄"法,之后又使用了"自由联想法",深入了解癔病发作的原因。1895年布洛伊尔与弗洛伊德共同发表了《癔病的研究》一书,引起了欧洲各界人士的很大反响,这是精神分析学说发端的基础。由于他们共同治疗一位女精神病患者移情于布洛伊尔,使布洛伊尔离开了那个女病人,由弗洛伊德单独进行治疗。在治疗过程中,弗洛伊德深入地接触了病人的心灵,探索她发病的原因。在这个过程中弗洛伊德发现了病患者心灵中潜意识活动,并提出人类心灵中无意识、潜意识、意识的性质、内容及其关系问题,把自我观察引上了新生之路。他认为人类的言语是主观派生的产物。为个人所独有!通过潜意识进入意识而得到表达。1895年弗洛伊德对自己的梦首次作了分析,与布洛伊尔的意见不合。次年与布洛伊尔决裂,开始对自己进行精神分析,阐述了人类精神生活各个方面,形成弗洛伊德独立的普通心理学理论。经过十年的分析研究,弗洛伊德精神分析心理学说盛行于欧洲,1909年传入美国,成为心理学重要派别之一,称为精神分析心理学派。

以弗洛伊德为首的精神分析心理学派开创不久,欧洲一些国家:奥地利、瑞士、法国、英国的著名精神病理学家、医学家、生理学家、心理学家及文艺创作家,都在致力研究弗洛伊德的精神分析心理学说,形成了心理学研究中最有影响的心理学派。在当时,比较著名的年轻的精神分析心理学家奥地利的阿德勒、瑞士的荣格等人都是弗洛伊德的亲密助手和朋友,也都是精神分析心理学派的倡导者。但是他们在实践中,对弗洛伊德在精神分析心理学中的一些基本观点和解释有分歧,最主要的是对弗洛伊德所坚持的"泛性论"、"婴儿享乐说"、"潜意识"、"无意识与意识的相互关系说"、"梦的解释"以及所谓"依底怕斯情结"等,阿德勒与荣格各有各的见解,与弗洛伊德的见解有矛盾,发生了争议。弗洛伊德虽是博学多才很有远见的人,他却不能容忍阿德勒和荣格的正确意见。因此,在1911年和1914年先后与阿德勒、荣格决裂,分道扬镳。阿德勒以"自卑情结"和"弥补作用"为中心创立"个体心理学",荣格则发表了《变形象征》一书作为基础而创立了"分析心理学",都与弗洛伊德精神分析心理学区别开来。本文所谈的是弗洛伊德的精神分析心理学,不涉及到"个体心理学"与"分析心理学"。

二

弗洛伊德精神分析心理学说的根基是很明确的,它是以性欲为核心的"泛性论"。弗洛伊德认为性欲与生俱来,最初依附于其他生命机能,弥漫于初生幼儿全身,随着年龄增长,经过一段复杂的漫长的发展过程,形成最初几个阶段的组织结构,开始服务于生殖的目的,变为独立的成人正常的性生活。从而性本能的功能日益强烈、扩大,不仅能繁殖后代,而且成为各种活动或工作的推动力。性本能这种功能弗洛伊德称它为"力比多"(libido)。它是一种欲力,迫使性的欲望通过身体和精神活动表现出来。这就是说"力比多"具有使人寻求快感和满足的性欲能量。弗洛伊德之所以有这种见解是他在十九世纪九十年代治疗精神病时提出来的,他认为性冲突是精神病的重要原因。因而他于1905年发表了《性三论》一书,着重描述了"力比多"的发展过程,及其在人格形成中的作用。在这本书中,弗洛伊德提出他所命名的"伊德"(id)、"自我"(ego)、"超我"(Super ego)一套专门术语。所谓"伊德"也就是本我。它是生物性冲动和欲望的贮存库。本我是按照快乐原则活动的。它不顾一切地寻求快感和满足。自我是在个体成长过程中从本我(伊德)分化出来的。当本我的要求与现实相抵触而不能得到满足时,便产生了自我。自我的职能在于与外界进行调节。自我本身没有能量,它的动力来自本我。如果本我与现实发生抵触时,自我便进行调节,使其得到一定的满足。超我是人格中的道德部分,它代表着理想、完善而不是实际快感。超我是从自我中一部分发展起来的。即由自我典范和良心两部分组成的。本我、自我和超我这三个体系之间并没有明确的分界。在人的一生中它们是既对立又相互影响,且合成一体。这些影响的融合构成了人的整个精神生活。①照弗洛伊德的说法,本我、自我、超我中间以自我最可怜,既受本我(性欲)的冲击,又受超我的逼使。在人格形成的过程中各具有不同的功能。弗洛伊德主观主义的杜撰这一套术语,

---

① 参见《弗洛伊德自传》,顾闻译,上海人民出版社1987年2月版,第158页。

与其说是创造,不如说是一种文字游戏。实际上,是把生物的我、社会的我和理想的我,割裂开来而否定了社会的制约性,否定了人的社会性。

三

弗洛伊德在分析精神病患者的病因时,提出了无意识、潜意识、意识问题,这是与他后来提出的本我、自我、超我相接应的。他说,无意识包括各种原始冲动、欲望、本能等,其中主要的是性本能,它在人的行为中具有决定性的作用,特别是精神病患者,都是由无意识中的性冲突引起的。无意识与本我的性质、内容一样,性欲、欲望得不到满足或发泄,又不能渗透到意识中去,就产生了精神病。癔病的原因,证明了这一点。这是弗洛伊德与布洛伊尔在十九世纪末对癔病原因所作的结论,同时,他们称"潜意识"为"自我催眠"。二十世纪初期,弗洛伊德在这个基础上,对潜意识又深入一步进行了阐明,他说潜意识已成为任何人的心理机制,是心理不可少的重要组成部分。潜意识与意识是一种心理动态,彼此不是平静的而是经常相互对立斗争的。这种状态是人的心理力量和精神力量所在,可以说是人的心理生活永恒的规律。弗洛伊德说,意识似若一种礼俗、道德、法治的"监督",对无意识和潜意识的性欲、欲望等不符合现实原则要求的东西,经常进行检查、监督,不让它们表现出来,而潜意识中欲望、性欲等却时时想冲出意识约束而表现出来。这一点,最好的说明是弗洛伊德对梦的解释。弗洛伊德认为潜意识为人类所共有,它的形成有一个漫长的过程。在个体发展的初级阶段,儿童的心理还不分好坏、善恶、羞耻等,支配他生活的只有一个"快活原则"。到了青少年发展阶段,快活原则或者说"快感原则"失去了作用，新的现实生活原则出现了，常常与快活原则背道而驰，欲望经常得不到满足，性欲时时受抑制，因而出现了青少年的烦恼、苦闷，若有所失。这些不快之感，又不能直接表露出来，于是压抑下去。潜伏在意识的底层。即埋藏在潜意识中，与意识分清了界线。机体所作的一切背离意识要求的东西，被排斥进了潜意识的世界。有时表现为失言、诙谐、失常甚至发作为精神病症。有时形成人的双层人格。这就是弗洛伊德精神分析心理学对潜意识的性质、内容及其形成的描述。在这里，我们可以看到弗洛伊德精神分析心理学对精神病患者心理因素分析的比较深入，找出了病源，作出贡献。同时，分析研究了人类心理、意识的各种动态及其在人的生命中的作用。促进了心理学的深入发展，扩充了心理学研究内容和范围，这是心理学界公认的弗洛伊德的功绩。但是弗洛伊德把无意识、潜意识与意识割裂开来，各自独立地发挥作用，只看到它们的对立，忽视它们的统一，这是片面的。我们认为人的无意识、潜意识、意识是一个有层次性、联系性、系统性的整体。它们之间的对立斗争是存在的，但是，意识是统一的主导方面。意识的生理机制是人的高级神经活动最高层的功能。它来自自然与社会的相互作用。因为社会使人类由自然的实体转化为社会的实体。动物是靠本能生活的，不加区分地把动物的性本能与人类的性生活混为一谈，把动物的心理和人的心理等同起来，这是错误的。

四

当前文学、艺术界一些青年作家在讨论文学、艺术作品创作的动力中，有的作家十分肯定的说，作家的动力是来自弗洛伊德所提出的无意识，或者说是"力比多"，也就是来自"性欲本能的冲动"。因为弗洛伊德认为,"美",这个概念是根植于性欲冲动之中,无意识又是性欲本能冲动的所在地,或者说是仓库。人们的赏美活动则围绕着性冲动来进行,从性欲中获得美的享受。文学、艺术创作家们试图在作品中得到欲望的满足,性欲的宣泄,找到快乐。因此有的作家热衷于无意识中的"原型",把它作为作品创作的内驱力。这种看法和作法不是一种偏激的问题,而是值得研究的问题。难道我们伟大的社会主义祖国的许多杰出的作家的创作动力都是来自什么"力比多",来自无意识中的性欲和欲望冲动吗?显然这是不符合创作家们的动机的。

那么无意识,在创作中有没有作用呢?首先我们要明确,无意识、潜意识与意识是交织在一起的。德国著名诗人歌德早已说过:"无意识、潜意识与意识像经线和纬线一样交织着。"在人的生命中既有自觉意识又有无意识,既有理性也有非理性的东西。英国神学家早在1678年指出:"生命中可能存在着某种我们不能清晰地意识到或不能及时注意到的能量,对它的作用我们称之为生命的感兴。"从情感方面探索无意识的是法国卢梭,他发现自己有一种莫名其妙的抑郁情绪,这种情绪的形成,既不是来自自己的理性、判断,也不是来自自我意识,而是来自一种自动的压抑状态。此后欧洲有一些哲学家也都重视无意识的研究。如主张"超人主义"的哲学家尼采,则大肆宣扬并亟力扩大无意识在人的生活和创作中的作用。由此,弗洛伊德便十分肯定无意识的力量,把无意识看作是文学、艺术创作的动力和本质,从而否定人的心理、无意识、潜意识和意识的社会制约性及人的本质,否定人的本性的历史性,把人的行为动机完全归结于机体内部的刺激,无限扩大了性欲冲动的能量,这是不正确的。当然,在意识的整体中存在着性欲、欲望等因素,并在一定条件下起着一定的作用。但是起决定性主导作用的是意识的自觉性和主动性。意识的这种自觉性和主动性不是来自无意识中的性冲动,而是来自作家正确运用了社会的、政治经济的、历史文化的实践经验和理论知识,去认识和观察世界。充分调动自己的全部思想、感情和意志,驱动自己的感受、体会、想象和智慧等,从而构成一种晶莹灵活的精神力量,在意识领域中突然发生似若"生命之光"的灵感,使作家以奇妙的精神力量写出具有巨大感染力的作品来。这种灵感就爱因斯坦的话来说:"决定一切观念,却是突然在脑子闪现发生的。"这就是说作家的创造动力就是令人神往的灵感。灵感一旦来临,作家精神盛旺,心灵闪光,喜悦之情,若颠若狂难以形容。正如晋代大诗人陆机所说:"应感之会,通塞之纪,来不可遏,去不可止,芷若景灭,引就响起,与物感应。"而且,灵感的形成并非是无意识的独特作用,而是创作家的意识、情感与意志共同奋进而出现的突发性、突变性、突破性的融合作用,使创作者所有智慧、能力和情意凝聚一起突现"应感之会"。所以说,灵感是作家经过刻苦努力、深入钻研、反复思索、善于追求高尚境界,突然出现的闪念而来的。近代文学家王国维对灵感的来历作了很好的说明,他说:"昨夜西风凋碧树,独上高楼,望尽天涯路;衣带渐宽终不悔,为伊消得人憔悴;众里寻他千百度,回头蓦首,那人却在灯火阑珊处。"这就具体阐明了创作家的灵感,不是以空想或无意识而获得的。

五

弗洛伊德精神分析心理学说是欧洲十九世纪末资本主义走向帝国主义时代的产物,具体反映了资本主义社会的意识形态。弗洛伊德精神分析心理学中所举出的例证,绝大多数是些变态的精神病的资产阶级的贵男贵女。今天看来,时代不同,社会结构不同,民族历史文化不同,因此在心理学基本问题上的说明,应与以前大大地不同了。尤其在当前科学技术飞跃发展的今天,各种边缘科学的崛起,自然科学与社会科学及哲学相互渗透的情况下,竭力宣扬弗洛伊德精神分析心理学说的基本观点,那就是非常不适宜了。

弗洛伊德精神分析心理学说,是由医疗精神病,主要是癔病发展起来的,对精神病病因作了深入的分析,了解病患者的心理活动的状况并在方法上提供参考,是有成就的。但是以病人的心理分析所得的结论,推广到一般正常的健康人身上,那就难以说明问题的真相。虽然说"食色性也"人类所共有,但是社会主义社会的人性与资本主义社会的人性是根本不同的,不能不加区别混为一谈。

把无意识、潜意识与意识割裂开各自独立起来,并把它们看作是性欲、欲望的贮存所,制造出"本我"、"自我"、"超我"、"力比多"等一套术语说明人格形成与发展,这完全是主观主义的、非科学的。弗洛伊德喜爱欧洲的古典文学、历史文化和古物,并有较深的研究,因而在他的学说中经常引用了古希腊神话中的故事和洪荒时代传说作例证,这是把心理学推向神秘化和"自由联想"的境地去了。

弗洛伊德精神分析心理学说的要害问题,是它只重视人的精神现象,忽视人的精神现象发生的生理机制。虽然,弗洛伊德青年时代曾做过动物的生理解剖和说明,但在分析人的心理产生的原因时却片面的从人的精神现象作出结论,看不到人的心理活动的社会背景和生理机制,使心理学变为一种纯现象,显然是不符合实际的。

(原载《教育丛刊》1988年第4期)

服装心理学初探

　　服装心理学是一门应用科学,也可以说是一门边缘科学。它与哲学、自然科学、社会科学的各类知识和各门艺术有着密切的联系和关系。服装心理学,不仅反映着人的心理活动的状况,而且表现着人们的物质文明和精神面貌。常言道:"人是服装马是鞍,打扮起来挑戏班。"这就是说服装既能表现一般人的内心世界,也能说明各种各类人物的行为。

　　近十年来,由于我们伟大的社会主义祖国进入了改革开放、大力发展生产力的新的历史时期,人们的物质生活与精神生活有了显著的提高,心情振奋,积极愉快,过去那种民不聊生、愁眉苦脸的日子一去不复返了。在这安定团结、欣欣向荣的发展形势下,我国人民的心灵深处热切地希求美丽而又舒适的服装,以表现自己的身份与审美观,特别是当前的男女青少年,更是千方百计地考虑他们所喜爱的服装。因此,当前许多心理学家、服装设计学家、美学家等异口同声地提倡服装心理学的研究,试图把它建设成为一个具有科学体系和研究方法的服装心理学。

　　毫无疑问,服装在人类发展历史的长河中,是随着人们的生活环境的变迁而发展的。历史学家表明,最早的人类是以树叶或草编物为服装的,其目的在于保护身体的安全和卫生。随着社会的发展,人们在实践中,逐渐把围在身上的编织物,变为裙子,发展为短裤、短衫、长衣等。阶级社会出现了,服装便因之而表现其各自的地位和身份。如士、农、工、商、官、兵、贵族、贫农、但具有心理因素而且有生理因素,有的医生在治疗神经病实践中发现,一个小脑病患者,当她穿上红衣服时,她的平衡感觉就发生混乱,头晕目眩,几乎要摔倒。当她穿上绿色衣服时,那些症状便消失了。心理学的研究表明,肌肉的机能和血液循环,在不同的彩色影响下发生不同的变化,蓝光最弱,随着色光变为绿、黄、橙和红而依次增加,长光波的红色引起扩展反应,而短波的蓝色则引起收缩反应。淡蓝使人获得宁静的环境,浅绿使人感到温暖,有宾至如归的感觉。彩色之所以有这样的感染力,其原因是光波刺激视网膜,转换成生物电、脉冲,传至大脑视觉区,形成视知觉。不同的波长(彩色),产生不同的能量机构,不同的光量(明度),形成强弱不同的区域,产生扩张或紧缩感。如面积相同的几何形,白色显得大,而黑色则显得小,因白的光强,视觉区形成了强场,黑色为弱场,显得小。前者有扩展感,后者有紧缩觉。这样看来,肤色白的人,在彩色服装选用上受限制较少,肤色黑者不宜用彩色鲜艳的服装,宜用中间偏深的彩色;介乎白黑之间者宜用偏浅、偏深的彩色服装,不宜用与皮肤色相近的彩色,皮肤粗糙的人不宜用嫩色。此外,人可用对彩色的错觉以弥补自己的体型、脸型等方面的先天不足。如瘦小者宜用浅色,胖子宜用深色,窄肩者用全身同一色调为宜,腰节低腿短的人宜用全身统一色调,臀部大腿较小者宜用略暗的肤色衣服,长脸者宜用浅色,圆脸的人宜穿深色的服装。总之,制作或选购服装时,要从自己身材、肤色、爱好出发,使服装与需要和动机协调起来。

3. 服装与性格。性格是个性的核心,是一个人最明显最重要的而又区别于他人的个性心理特征,是一个人对现实的态度及与其相适应的行为方式。人对现实的态度主要表现于对社会、事物、他人和自己等方面。因此,正直或阴险、诚实或虚伪、节约或浮华、谦逊或傲慢、勇敢或怯弱等,都是不同的性格特征。在人们穿着的服装样式、彩色上往往表现出他的性格来。例如一个性格外倾的人,多善于表现自己,善于广交朋友,热衷于公共社交活动,他就必然注意他的穿戴,衣服样式和色彩多以适应其内部世界和外部世界的活动。彩色明亮而潇洒的服装,有力地表现着他生动热切的心情。内倾的人则不然,他们喜欢墨绿、淡黄或深紫色的服装。这种内倾的人,对于问题,常常是深思熟虑、反复推敲,因而在服装上也是仔细地考究它的样式和彩色,以表现他的潜在的力量。中倾的人,则既要求鲜亮又不要过于刺眼的服装,有时也乐意穿碎花鲜亮的衣服。性格活泼的人,多半是喜爱穿样式新颖、多彩多花的服装;性格倔强的人,对于服装往往不拘一格,或者习惯地着一种样式和一种彩色的服装。浪漫派的人物,对服装较为随便,有时衣冠楚楚,一丝不苟,有时落拖不拘,灰衣褴衫,毫无顾及,颇有旧社会的"名士"风度。特别是性格倔强的女性,他们在服装上是与众不同的,喜爱穿她自己认为最美的服装,不考虑他人如何看法。身心健康的人,对于多样化,对于新鲜事物具有持续不断的需要,随着物质生活和文化生活的提高,在服装上日益新颖和多样化。这就是说,由于各人的性格、气质、文化水平和修养不同,就产生了与其相对应的服装样式和服装彩色。他们各自用这些多种多样的样式和彩色来装扮自己,以表达他们的思想内容和感情体验,获得美的享受。这些各人性格的特征又很自然地反映在各自的彩色服装上。至于彩色情感问题多只能就纯色而言。灰色所表达的情感是很复杂的,对它的理解还需要鉴赏者具有较高的水平。因为由色彩到灰色,其间有无数的过渡色,这里就不详谈了。

4. 服装与环境。人的环境是多方面的,自然环境有山、水、大陆、海洋、湖泊、天空、气候等;社会环境如农村、城市、政治经济、文化教育及人际关系等,不论是自然环境或社会环境,作为一种信息传入人的机体内,与内部的信息进行相互影响、相互交换,形成机体的主观意识并发展为外部活动(行为)。环境不同、地区不同、民族不同、社会制度不同,各个人所表现的行为各异,在服装上是容易区别出来的。地球的热、冷、温带及春、夏、秋、冬的变化,使人们的衣着及其彩色均带有各个地区、季节的特色。美国是一个多民族的、历史较短的新兴国家,他们既充满了冒险精神,追求新奇、灵活多变,又讲究实用,从而导致了美国人在选用服装时十分强调个性化、新颖化、实用化。一般的喜欢运动服、便装套裙、牛仔装、上下色彩相异的西服便装等。其特点是比较简洁、随意、实用性强,色彩也较鲜艳,给人以朝气蓬勃充满活力的感觉。中国是一个历史悠久,文化昌盛的国家,中华民族具有勤劳、勇敢、宽厚仁爱、善于制造、追求和平的特点,因而在服装上多是朴实、大方、素雅、浑厚,色彩多为淡雅而洒脱的补色。可以说是"浓妆淡抹也相宜"。

农村的人,限于地域和劳动,多以红、绿、蓝、白彩色服装为主,因气候关系也多用黑色或深蓝色服装。在交通便利的城市中,市民的生活方式和服装样式及彩色,多受外域或外地的影响,特别是男女青少年,大多喜欢追求奇装艳服,以猎奇为快,一般文化水平较高的人,如教师、作家、科学工作者及文艺工作者等,则经常是以服装的简明、柔和、整洁、美观为主。

5. 服装与职业。所谓职业是指人们在社会地位中所从事的作为主要生活来源的工作。它与服装有密切关系。当然,职业同而服装不同,如商人;服装同而职业不同,也是常见的,如西服,不论是从事什么工作的,都喜欢穿西服。一般的讲,人们的服装因其所从事的工作而异,农民经常在田野劳动,日晒长,且有灰土,因而多穿补色的或黑、蓝色的结实的服装,也有少数的青年农民,喜爱穿用引人注意的服装。工人在工厂或其他操作地方,因其所做的工作性质而穿用相适宜的服装,选用服装的色彩也是如此。知识分子的工作特点,决定了他们的服装样式与色彩。教育人的人首先要受教育,不仅在德、智、体、美、劳作为受教育者的模范,而且在言谈、仪表、行为、服装方面成为学生的表率。失去身份而穿着华贵、曲线、松露、艳丽的服装显然是不恰当的。它对于培养有理想、有文化、有道德、有纪律的人是很不利的。实际上,在知识分子的社会地位和待遇的目前状况下,对那些华贵的服装,既不需要,也不可能。至于部队的服装,乃是以质地耐磨又具有保护色作用的黄、灰、蓝色彩为宜。以上所列举的几类人的服装,从人本心理学来说,人们有一种"归属"心理,儿童时期,归属于家庭父母,到了学校则归属于教师,及至开始工作了,工作的性质和类别,使其归属于某一类别工作的群体组织。这是由人们的需要而产生的。当人们已经获得一定程度的安全感的时候,他就会为满足"归属"需要而努力,可能从事工、农、商、学、兵、知识分子等工作,加入某一群体业务,接受它的规定,服从它的制度,穿起他们带有某种色彩标志的服装,以便感受到归属感。所以各类工作群体的成员所穿着的服装有其明显差别。有人说,这是人们的"从众行为",其实不然。从众行为是一种"随大流"的行为,可好、可坏、或顺或逆,顺其流向。而归属行为是以人们成长心理的需要为依据的。有了归属感,也就会有安全感、自尊感,进一步得到自我实现。俗话说,"物以类聚、人以群分"。以群体组织的力量,努力发挥自己潜力,在自我实现过程中,相对应的发展审美感和审美能力,使人们的服装样式及其彩色倾向朝着真、善、美的境界前进。

服装与民族的风俗习惯也有密切的关系,也是一种归属心理的表现。我国是一个多民族的国家。各民族的传统习惯、文化教育不同,在服装上各有各的样式和彩色,例如维吾尔族、蒙古族、藏族、苗族等,几十个民族在服装上各放异彩,美丽、壮观,反映了各个民族心灵上的振奋和欢乐。

　　服装心理学在实践中,并非把人的心理(行为)与服装割裂开来研究,而是将行为与服装统一起来,作为一个研究对象来进行。因此,服装的设计、剪裁、缝制等是一种精细的心理活动和行为技巧,也是一种创造性的艺术活动。

(原载《心理学探新》1990 年第 1 期)

三 老年学类

老年心理刍探

老年问题是当前世界各国普遍存在的重大社会问题。目前,中国六十岁以上的老人约有八千万。如果照这个数字推算,全世界约有四十几亿人口,那就有近四亿的老头、老太。近来一些国家的科学技术突飞猛进,很快地提高了生产力的水平,生产效益倍增,人们的生活日益富裕,医药和医疗条件及营养品,越来越完善、丰富,劳动保护、环境卫生日益有效,防止老化的办法越来越多,这就使人有可能较前长寿。因此,老年人越来越多,队伍逐渐增大。如果充分发挥这批老年人的"余热"或者说"余力",对于社会事业的发展,将是一股不可轻视的力量。世界各国都在注视这个问题,积极建立老年组织机构,创建《老年学》,开展老年事业的研究,尽可能地解决好老年人的生活、学习、工作及保健问题,使老年人在有生之年,竭力为社会多做贡献。同时有的国家增设了老年研究所,在大学里建立了老年学系、老年学专业。我们是社会主义国家,党中央和人民政府是十分重视老年事业的,成立了老龄工作委员会,具体领导老年事业的发展,把老年组织起来,添设了老年大学,使老年人继续从事学习和工作,以发挥他们的作用。同时还开展了老年科学研究,对于《老年学》的对象、任务、内容范围和方法等做了研究。明确《老年学》是对老年问题进行综合研究的新兴的边缘科学。《老年学》的主要内容,包含着老年医学、老年心理学、老年生物学、老年卫生学、老年体育、老年教育、老年哲学及老年政治经济学和老年社会学等。老年学的研究方法,一般是用观察法、访问法与书面调查研究法等。至于"老年"一词的定义与标志,专家们争论很多,因篇幅有限,不逐一介绍,本文只就老年心理学方面做一些初步探索。

老年心理学与儿童心理学是对等的。一个是人生的前半段,一个是人生的后半段。从人的整个心理发展过程说,是一个有系统的整体。前后之所以有差别,主要的是前者正在生长、发展、成熟;后者则是衰退和消亡。过去心理学家都集中注意于正在生长、发展的儿童和青少年的研究,而对于开始衰退遂即消亡的老年心理却很少重视。重视了人的前半生心理活动的研究,而忽视了后半生心理活动的研究。西方心理学家霍尔于1900年在分析现代人类行为和人的各种器官的功能时,划分了生命的阶段,并制成年表。1922年他公开发表了专著《人的后半生》。不过他在考察儿童和青年心理发展时,没有详细阐述老年人的心理活动问题,只是描述了"老年"这个词的性质和老年人的行为变化问题。他认为人的各种行为的稳定,是在青春时期发身之后。随着年龄的增长,到四十岁以后即开始衰老。二十世纪初期,心理学家所重视的是老年的精神状态和老年心理过程的研究。1960年和1964年,詹姆斯和白尔瑞先后对于老年心理学研究范围做了说明。他们认为老年心理在一定时间内分化、变异。老年人的智能、情绪、社会行为等的变化早在成年时代就开始了。老年心理学的范围是从十八岁,机体成熟起到老死的整个年龄阶段。老年心理学的任务,在于阐明老年人的心理活动的规律性和它的特殊性,防止那些对老年人的心理变异的机械论和形而上学的观点。1966年莫乃赫曾与许多科学家合作,研究老年人的行为的质变和量变,用科学方法论述了老年心理学在人的整个一生中的连续性和变异的特殊性。①

第二次世界大战之后,欧美对老年问题的研究进一步大量开展,产生了《老年学》和有关的许多科学,如老年衰退学、衰退心理学、老年卫生学、老年体育学、老年病理学等。此外,还出现了大量的关于老年问题的论文,形成了老年学的历史文献。

一、老年人的脑细胞是否衰退?

一般说,老年阶段还是有许多智能的,并因教育而益增。当然,人到了老年期,各个器官的功能减弱,记忆力与体力都比青年时期差。但在语言和认识能力和经验的运用方面,却不逊于青年,甚至比青年时期稳定、明确、丰富而有力。老年人的视、听、嗅觉及适应能力所以衰退是由于生理机制进入老化所致。根据动物脑各区的解剖,发现有老化现象,首先在感觉高级中枢——丘脑处产生。这可能是老年人的视力、听力减退和敏感性降低的原因。② 有人说,老化的表现,主要是脑细胞本身的老化。七十岁的老人的脑重只有青年时脑重的百分之九十五,大脑颅内空隙相应增加,大脑皮层的回缩小,回间的沟变宽、变深,脑膜厚,不透明,蛛网膜逐渐纤维化和钙化。脑液增多,树状突萎缩而体积小,重量轻。但其功能还是很好的。虽然,它的组织水分、核糖核酸、蛋白质、脂肪含量和更新率随年龄增长而减少,但足以维护老人活动量的需要。老人的神经细胞内的褐色素颗粒增多,使脑细胞的代谢和机能减弱,但并不影响老人的智慧。其实脑细胞的增殖与消亡,并不是到老年才有,青年时期已经有

---

① Viclor M. Agruso:《learning in the later years》,P. 1—3,1978。

② Viclor M. Agruso:《learning in the later years》,P. 4—6,1978.

了。青年时期,神经细胞增殖的多而快,消亡的少而慢,而老年则相反,增殖的少而慢,消亡的快。但在合理的生活条件下,营养适宜,脑力锻炼得法,就能使脑细胞维持其活力,一时不会衰老。这是合乎"用进废退"原则的,常用脑力活动,助以身体锻炼的人,就不会很快的衰老。相反的,饱食终日无所用心,那就衰老得快。①

大脑生理学家认为,表现在细胞衰老的各种变化中有一种脂褐质色素的积累,它是脂肪代谢生产的废物。这种脂褐质色素在不同年龄的人脑细胞中含量不同。六十岁以上的人,大量色素积累,甚至把细胞核挤到一边,占据细胞二分之一的空间。老年人由于体内酶系统发生变化,循环不正常,溶酶体中的脂褐质色素就变成一种不规则的状态。不过细胞内的脂褐质色素,不只是老人有,儿童也有。随着年龄增长而增加,到了老年它就累积多了,成了一种障碍,影响到细胞的正常功能,从而使人体出现种种衰老的状态。这也不是不可逆的。如果找出破坏这一循环的因素,进一步控制细胞的老化,就可减缓脑衰老的过程。实际上,现在已有这方面的医药,如维生素 E,通常是用于保胎的药,却也能减少脑细胞中的脂褐质色素。我们不幻想长生不老,使脑衰老的慢一些,多用几年是完全可能的。② 也有例外,有的人到七十、八十、九十岁没有这种现象。在医学方面,有人将人和动物的胚胎细胞或幼儿的内分泌腺和脑细胞注射到老人体内,会使老人改变衰老的状态,脸上的皱纹变光滑了,白发变

---

① 卢伟成:《细胞衰老与人体寿命》,《光明日报》,1980 年 4 月 18 日。

② 刘路沙:《何以减慢脑的衰老过程》,《光明日报》,1981 年 1 月 16 日。

黑了,器官的功能变灵活了。

在体力方面,根据日本帝国大学万井政人教授的调查研究,男的二十岁体力迅速增强,二十岁到二十五岁达到顶点,三十岁后则直线下降。过了三十岁,每隔六年,体力年龄变小一岁,向儿童时代返回。如果照此下去,七十岁老人的综合体力年龄,男的体力和七八岁儿童一样,女的只有五六岁儿童的体力。[①]

美国国家老年研究所,曾进行一项关于脑化学的研究,结果是这样:健康的老年人的脑同健康的青年人的脑同样活跃有效。虽然因新陈代谢渐渐变慢了,出现老年人喜欢简单化的情况,但语言能力并不衰退。所以老年人要经常手脑并用,参与社交活动和学习活动,使脑细胞中的树状突发生新的变化和增长,使核糖核酸的含量增多,就不易衰老;不然,就衰老得快。[②]

二、老年人还有学习能力吗?

关于老年人的学习能力问题,是一项比较复杂的问题。有人说,八十岁的老人,由于脑细胞数量减少,其重量仅及青年人脑的百分之六十左右。而且因脑内结构变化、化学变化及生理变化,致使老年人的智力下降,学习困难,记忆力衰退等。果真如此吗?其实不尽然。老年人的现有的脑细胞,足以保证他日常的智力活动,学习能力还是很强的。实验证明,人的智力维持和发展,主要的不决定于人的年龄,而是与人的健康、营养、手脑

---

① 李德明摘译:《从生物学观点看衰老》,《心理动态》,1984 年第 1 期。

② 许淑莲:《西方老年心理学研究概况》,《外国心理学》,1984 年第 4 期。

并用有关。老年人的理解性的记忆和语言表达能力不比青年人差。对问题的分析、归纳、判断、推理比青年人强。老年人的智力是很稳定的,在一定的条件下,还是持续发展的。有一些老年人到了七十、八十,甚至九十岁,其智力仍然有所发展。学习和工作效率很高。如希腊剧作家索福克勒斯,年九十岁仍在编写剧本;恩格斯七十多岁还在学习一种外国语;中国唐代的医学家孙思邈、甄权、王冰等写出他们的医学理论时,都在八十、九十岁以上。①

西方有的心理学家把人的智力分为两类:一是液化智力,二是晶化智力。前者是指直接依赖于生理结构的智力机能,如思维的敏捷性、知觉的整合能力等。后者是指与积累的知识、经验有关的习得能力,如常识、词汇及语文能力等。老年人液化智力显然减退,而晶化智力却保持稳定,有时还有所改善。有人说,人脑有一种起着关键作用的本能,叫做"凝聚智慧"。它在健康活跃的人的整个一生中,总是持续发展着。"凝聚智慧"是指一个人用他累积的全部综合知识来判断和解决问题的能力。在人身上还有另一种智慧,叫做"流动智慧",是指理解和使用抽象关系的能力。这两种智慧,就是到了七十、八十岁,它们并不衰退,而且还在增长。总而言之,只要老年人身体健康,没有病变,经常运用脑力,他的智慧还是敏锐的,学习能力仍然会很强的。实验证明,人的某些心理因素,如记忆力、分析力、感觉运动反应等,是属于容易因年龄大了而衰退的,其他因素如语言知识、理

---

① 邵道生:《老年人的智力衰退问题》,《人大复印报刊资料·心理学》,1981年8月。

解力、判断力及抽象思维等,不但没有衰退,反而有所增长。①一句话,老年人仍然是有相当好的学习能力的。

三、老年人的情绪不稳定吗?

人到了老年,在待人接物中,遇到与自己观点相违背时,就容易闹情绪或唠叨没完,甚至大发雷霆,对过去的事,由于印象深刻,便滔滔不绝地话当年,而对眼前发生的事情,却随看随忘。对于瞬间记忆力很差,如拨电话号码,忘得很快。看到一些事物的变化,就容易凭着自己的经验加以评论。如果碰到一个引起紧张性的刺激袭来时,不但激动得很厉害,而且需要较长的时间才能恢复平静。可见,老年人的情绪的强度和变异与青年时期不同。情绪体验的强度和持久性可能是随年龄增长而提高。情绪的变化,往往与衰老相联系。本来对某种事物具有积极情绪的,随着年龄增大可能变为淡漠,变为消极情绪。这是与老年人的文化水平,家庭经济生活,社会关系及环境条件等有关联的。有人说,影响老年人情绪变化的因素,大体上可分为生物的、社会的和心理的三类。生物性的因素是指中枢神经系统在结构上的变化。敏感性与反应性下降,内部态度与反馈机制变得不灵活,便出现消极的情绪。社会方面的因素是老年人的社会地位、社会交往及家庭状况等。如果老年人身体健康,有一定的文化科学知识修养,生活富裕,而又获得自己乐意的学习和工作或研究的机会,那就会产生积极的情绪。心理的因素是指人自认为老了,怕活动,怕动脑筋,"四大皆空",就会出现消沉的情绪。资

---

① 邵道生:《老年人的智力衰退问题》,《人大复印报刊资料·心理学》,1981年8月。

本主义国家的老年人,多数是靠很少的养老金、社会救济或保险费维持生活的,孤苦伶仃,缺乏生活意义和情趣,因而时常出现厌世、悲观的情绪。①

人的智能是有差异的,表现在认识、记忆、理解和抽象概括等能力上。情绪和情感也是这样,早年形成的动力定型,往往到老年也不易变化。儿童时期喜欢吃的东西或常去玩耍的地方,到了老年仍然喜爱吃,留恋或怀念那个地方。脾气急躁的人,情绪和感情易表现于外部言行。而缓慢的性格,则表现于体内的变化。这种情况到了老年可能有不同的变化。有的老年人富有感情,情绪稳定,更加积极地学习、工作,参加各种社会活动,心境是愉快的。有的老人则相反,对于周围发生的一切事物,则淡然处之,甚至有反感。情绪在人的活动中是一种有力的动力。它既可使人积极,又能使人消沉。这是与一个人的思想、观点和世界观直接联系着的。情绪与情感是既有区别又相联系的。情绪带有情境性,一般是不稳定的,随情景消失而减弱或消失。情感则是比较稳定的,它是人对现实事物的比较稳定的态度。情绪与情感密切相联系着的,情绪的各种不同的变化一般是受制约于已经形成的情感,而情感又在各种变动着的情绪中得到自己的表现。许多研究成果证明,情绪的生理机制在很大程度上取决于下丘脑、边缘系统、脑干网状结构的机能。大脑皮层则调节着情绪和情感的进行,控制着皮下中枢的活动。年老的人有的由于各个器官功能衰老,控制力与调节力都有些减弱,因而情绪和情感的表现,喜、怒无常。但是有的老年人则有正常的良好的情绪状态。

---

① 梁宝勇:《老年人的情绪》,《外国心理学》,1983年第4期。

四、老年人的睡眠少了吗？

睡眠是一种良好的休息，白天忙碌，到晚上就要睡眠休息。青年人往往熬夜，晚睡晚起。随着年龄的增长，睡眠情况起了变化。儿童和青少年的睡眠时间较长，一般是8—10小时。六十岁以后，睡眠的时间逐渐减少。有的老年人由于体弱，即使不睡眠也得上床一息，终日离不开床。有人说："孩子离不开娘，老人离不开床。"可见，老年人时常需要躺在床上休息或睡眠。睡眠是机体的主要功能，它的任何失调，对于人的健康都是有损害的。近来有人研究结果，认为有一种"睡眠素"在人脑中起作用。这种"睡眠素"是从山羊脑脊髓中提取的一种物质，只把万分之一克的"睡眠素"注射到其他动物身上（如猫、鼠），就能使它们熟睡两小时以上到十二小时。可以设想，如果把它放进一个城镇的饮水系统中，在一个下午就可使该城镇所有居民都熟睡下去。美国哈佛医院与哈佛大学，做过多次试验研究，证明这是一种极为有效而又无危险的生物武器。那么，"睡眠素"的成分是什么？试验者证明，这种物质是山羊脑脊髓中的液体，其中含有蛋白质、肽链和各种活跃的氨基团等化学成分。人的睡眠是否也是由于什么"睡眠素"的作用？这是值得进一步实验研究的。

根据生理学家的研究结果，认为人的清醒与睡眠，都是开始于脑神经干，在脑神经干上排列一种特殊物质细胞，称为网状物质。它们向大脑皮层发出警觉信号。因此，人就清醒了。这种网状神经细胞，也称为"清醒细胞"。但是网状物质，要处于活跃状态，需要有一定压力。黑暗、安静和单调的语词可减弱这种物质的作用，使另外一些细胞活动起来，这些细胞便构成外部刺激和大脑之间的一道屏障,这样就开始进入睡眠。① 老年人的网状神经及其中的突触部分,都因老化而功能减弱,致使老年人的睡眠时间短而浅,有时形成半睡眠状态。但是,如果生活有秩序,饮食有营养、节制,能经常做些适宜的运动,老年人的睡眠,仍然可以睡得很熟,休息得很愉快。

睡眠的形式和特点,因人而异。有人晚上开始睡得很轻,逐渐进入熟睡,次日近天亮时,睡得最深。这叫做"朝形式"的睡眠。有这种形式的人,可以晚起床。另外一种睡眠形式,与此相反,叫做"夕形式"的睡眠。有这种睡眠形式的人,晚上一上床即睡得很熟,随着时间的推进,逐渐减轻,及至次日天亮时,就清醒了,可以早起床。也有人睡眠的形式是介乎二者之间的。尽管睡眠形式多种多样,但不都是天赋的,而是在生活、工作和环境中形成的。至于人在睡眠中是侧卧、仰卧、覆卧,这是由于机体本身和四肢的肌肉、筋骨疲劳情况而反复运用,是和习惯有关的。一般说,老年人的睡眠时间比青年睡眠时间短,程度浅,翻动的次数多。健康的老年人一夜之间能熟睡五—七小时,就足以恢复其体力,在生活、工作、休息等方面,老年人比青年人更需要有秩序,有固定的时间。在睡眠前不吃茶、酒、糖。卧室要通风,被褥要清洁、柔软,枕头适宜等,以维持老年人的健康。

(原载江苏省心理学会1984年《心理学论文选》)

---

① 《我们为什么会睡眠?》,《参考消息》,1978年9月13日。

人口老化与老年学问题

一、人的寿命与年龄

一个人的发育、衰老是随其年龄增长而出现的。从初生婴儿到青少年时期,身心各方面的生长、发展较快,像早上八九点钟的太阳一样光明璀璨,即平日人们所说的"风华正茂"。到了成年时期,身心发育及其认知能力均已接近成熟,各种智能日臻完善,个性与性格较前复杂而稳定。随着年龄的增长,到了四十岁以后个体的各种机能,开始先后走下坡路,出现与前不同的变化。脑细胞的增殖较前一阶段少而慢,消亡的多而快。胶质神经细胞逐渐衰亡。脑重减轻,七十岁老人的脑重只有青年时脑重的百分之九十五。脑内各种神经细胞、器官逐渐发生了质的变化、内传信息能力减弱。

1942年据何伯尔(APPTL)对人脑检测结果,人到老年脑重减少百分之十。脑内各种神经细胞、器官逐渐发生了质的变化,内传与外传信息能力减弱,因而出现了肌肉松懈,体力下降,易于感染病变,反映迟钝,适应力降低,视力、听力、记忆力、认识力均开始衰弱,行动迟缓,皮肤皱褶,出现了一般老年人的现象,进入了衰老时期。

但是,人的发育、生长、成熟到衰老的过程是一个具有连贯性、阶段性、系统性的发展整体。在各个发展阶段出现的年龄特征,乃是由于各个年龄阶段的体内动力系统与其外部信息交换过程中形成的。前一段出现的特征,常为下一年龄阶段的新的特征所代替。有的特征继续表现在后继的年龄阶段上,甚至终身,而且人脑并非是一个均匀性组织,脑的各部分细胞在结构和功能上有很大差别。因脑细胞衰老与死亡的程度并非普遍的平均进行,而是在脑的特定区域,在特定时间内以一定的速度减少。人脑死亡细胞主要是在大脑皮质的第二层和第四层。这就是说,人年老了各个器官发生了变化,但衰弱、消退的程度不一,快慢不一,不是齐步的。

究竟人的寿命与年龄的关系怎样?有没有统一性与差别性?从寿命与年龄的关系说,寿命的长短是以年龄为标志的,年龄愈高寿命愈长,反之亦然。早年夭亡是说明其寿命甚短,长生不老是对年龄高的老人的美称,并非有真正长生不老的人。根据这一点,所以说寿命与年龄具有统一性,或者说寿命与年龄是同义的。其差异之处是寿命与年龄的内涵不同。一个人的年龄只不过是表明他在地球上生活的时间,或者说年月,并不意味着他能活到多高的年龄。有人说,人的年龄高低是决定于人的寿命,认为寿命是生命之神定的,它的长短不以人力为转移的,测八字、算命的"预言家",就是以此蒙骗人的。他们以祸福、利害为据,说明人的寿命的长短。其实,所谓寿命,正如奥地利著名的精神分析心理学派的头领弗洛伊德所说的,人的生与死是自然进化序列中,由无机物变为有生命的物体,自身就自然地把生与死嵌入到有机体内,由生气勃勃发展到顶点,即开始走向下坡路,消退衰亡而变成无机物。这就是以年月为标志的所谓人的寿命,也就是人们所说的"生命"。然而人的寿命的长短,不决定于生命的本身,乃是决定于身体结构和器官功能是否健全和健康,所处的生活环境、社会制度是否优美、富裕、合理,物质文明与精神文明是否高尚,以及营养、保健、体育运动是否合理等。如果完全解决了这些问题,人就有可能达到延年益寿的最高境界。

有人认为,人的生理上和心理上的某些典型的年龄变化,不是老年人必然会有的变化,而是病变,其中有不少病变是可以预防和治疗的。究竟人为什么会衰老呢?近来有几种说法:① 人衰老的原因是由于体内的新陈代谢有故障,受到内部和外部的影响,使代谢失调。其起因与程序是由于遗传安排的,是不可逆的,衰老机制则是由代谢表达的。② 人体内有一个"时钟",或称为"生物钟"。它控制着生长、发展和衰老,时钟停摆了,人就死亡了。③ 人与其他高等动物一样,有一个"生命系数",寿命是生长期的五倍至七倍。人的生长期一般是二十五年,若以五倍或七倍计算,就可能活到一百二十五到一百七十五岁。象与人的生长近似,它的寿命同人一样。马的生长期是五六年,那么它只能活到二十到三十岁,如果按这样说法,人都能活到百岁多以上,达到无疾而终。④ 内分泌说、免疫说等,这里限于篇幅,不逐一介绍了。以上这些学说,都是从一个方面或一种现象为出发点的,可能这些都是致人衰老的因素。但个体发展变化是有差别的。如何深入地科学地探索人的生命奥妙,却是当前研究人的科学的重要课题。

二、人口老化的因素与后果

根据苏联老年专家索宁和杰什金的研究,最近一个世纪内,经济发达的国家出现了人口年龄结构的变化,它的特点是老年人的比例增加,十四岁以下的低年龄组人口的比例减少。这就是说,在低死亡率和低出生率情况下,形成了一种年龄结构,它的特点是老年组的人口比例高。瑞典人口学家孙德堡认为人口再生产的特点与人口的年龄结构有密切关系,他提出了年龄结构分类法。他分类的原则已成为现代许多年龄结构分类的依据。波兰研究人口老化问题的著名人口学家罗赛特发展了孙德堡的人口老化量表,把人的六十岁作为老年的界线。根据他的分类,凡是六十岁和六十岁以上人口的比例在总人口中低于 8% 的国家是属于"年轻型"的国家;凡是这个年龄组的人口在总人口中比例是 8%—12% 的国家则属于"老年型前期"的国家。如果一个国家老年人比例超过 12%,则属于"老年型"国家。如果老年人口达到 18% 和 18% 以上,那就是"高度老龄化"的国家,我们可以参照上述"人口老化"的量表确定某个国家或地区人口老化的程度。①

1959 至 1985 年十几个经济发达的国家六十五岁和六十五岁以上的老人比例占该国家总人口的百分比如图:②

国家	1959	1965	1970	1975	1985 个 测
比利时	11.7	12.5	13.3	14.2	13.4
丹 麦	10.3	11.4	12.1	13.0	13.7
法 国	11.6	12.0	12.8	13.3	11.7
英 国	11.5	12.0	12.8	13.5	13.5
荷 兰	—	6.3	7.0	7.9	9.5
挪 威	10.6	11.9	12.8	13.4	14.0
瑞 典	11.5	12.6	13.6	14.7	15.9
芬 兰	—	7.9	8.9	10.3	11.4
联邦德国	10.4	11.9	13.3	14.2	12.6
意大利	8.8	9.7	10.6	11.7	12.0
加拿大		7.6	7.8	8.0	—

---

① 见《现代外国哲学社会科学文摘》,1986 年第 6 期,第 29 页。
② 抄自《现代外国哲学社会科文摘》,1986 年第 6 期,第 30 页。

从表中我们可以看出多数经济发达的国家到 1985 年时,六十五岁以上的老年人的比例增高的很快。形成这种情况的原因:① 人的平均寿命增长。以中国说,1949 年人口调查,平均寿命三十五岁,而 1982 年人口普查,平均年龄男的六十七岁,女的六十九岁,若以六十岁以上为老人,1982 年全国已有八千万老人,江苏省有 630 万老人。南京市有 53 万,老龄人口都占其总人口的 6% 到 10% 以上,最近又有所增长,也进入了老年型的国家。② 计划生育,出生率降低了,而且儿童保健工作较前大大改善,出生率低,死亡率也低。这就形成了老人的比例增大。③ 除医学成就外,毫无疑问,生活条件和生活方式也会影响人活大年纪。④ 勤劳、无私、乐观,也是寿命长的重要因素。

所以设想,随着社会的发展,物质与精神生活新的增长,人的寿命必然越来越长,老年人口的比例也必然增大,到 2000 年时,世界老年人口可能占总人口的 15%—20%。因此,老龄人口问题,已成为当前一些经济发达国家的重大社会问题。如何发挥这一支老谋深算、年愈花甲的力量,使其从事于力所能及的工作,减轻劳动年龄人口承担超过劳动年龄人的经济负担,推动社会迅速地合理地发展,是一个刻不容缓的问题。实际上,人口老化的过程,在劳动结构、经济组织、社会关系、家庭关系、精神面貌等各方面上已产生了一系列的影响,出现了许多急待解决的经济问题。同时,也引起了人类学家、生理学家和心理学家的重视,从而积极开展了关于"老年学"问题的研究。

三、人口老化与劳动资源

人口年龄结构日趋老化,便带来了一系列的经济问题,引起了社会组织、生产劳动、文化教育等方面的变化。特别是劳动力的组织结构与劳动资源问题,更是迫切需要研究的问题。究竟人口年龄老化,对劳动力的组织结构和劳动资源有何重大影响?要回答这个问题,首先应明确劳动的概念。现在与过去不同,过去认为劳动只是指体力劳动,现在的劳动概念是包括脑力劳动在内的,即体脑结合的劳动。其次,应具体问题具体分析,不能笼统地一看到六十岁以上的人,就认为无劳动潜力了。实际上我们经常看到,许多身心健康的老人虽年逾古稀,他们的劳动潜力还是很不错的。当然,劳动的强弱、劳动性质、内容和劳动态度等是有个别差异的。但在身心健康的情况下,老年人存在着各种不同性质、不同程度的劳动潜力这是事实,是不能否认的。我们应从国民经济发展总形势和人口老化的劳动潜力的具体情况考察这个问题,也就是说,从宏观与微观两方面研究人口老化与劳动资源与劳动组织结构的问题。从宏观方面说:① 由于国民经济迅猛发展,文化教育、科学技术水平日益提高,新的发明、创造大量涌现。电子计算机、机器人、卫星、激光等很快大量的应用到各种建设事业上去。这就逼使人们必须迅速改革物质生产和精神生产各方面的劳动组织结构。开拓劳动资源问题,综合利用劳动力,使国民经济向着更高的境界发展。② 任何一种企事业或工作单位,都需要有效的组织管理,把各方面的人力、物力、财力充分发挥起来,对各种产品的性质、规格和需要的劳动数据深入地进行分析,权衡产品所需要的体力、脑力和物力各种因素及分量。这就是说,有的工作使用的体力多些,有的使用的脑力多些,有的工作则是体脑结合的。如一个机床厂,其中有翻砂工、磨床工、钳工、锤工,还有运输工、装饰、仪表、鉴定等工种,在这些工种中,有的体力劳动较强,有的脑力劳动较强,有的则是体脑结合的。另外还有许多轻微劳动的工种。总而言之,国民经济的大发展,必须开拓劳动资源,把具有一定的劳动潜力的老年人组织进去,做其力所能及的工作是有益的,不仅能使劳动组织形成一种纲举目张的网状劳动结构;更重要的是扩大再生产,提高产品的数量。③ 按照人口年龄老化的量表看,六十岁到六十五岁,就算老龄了。但没有谈到老年人的劳动潜力的问题。我们不妨就六十岁以上的老年人的体力看看他们还有没有劳动力。据日本帝国大学万井政人教授廿项体力测验结果表明:人的年龄增长综合体力也起了很大的变化。男的二十岁时体力迅速增长,到二十五岁时达到顶点。三十岁以后便慢慢下降,七十岁的老年人综合体力年龄等于七八岁的儿童。可见,老年人的体力随年龄增大下降了,不过,这只是指一般的老年人综合体力说的,身心健康的老年人综合体力可能达到十二三岁的儿童,女的达到九、十岁的儿童。从事于脑力劳动的人与此不同,他们的智能维持到八十、九十岁以上还是不弱的,而且有些智能活动较青少年强的多。从微观层次上看,每个老年人身心健康情况、文化程度、认识能力、科学技术水平等都有差异的。他们有着各种不同的劳动潜力,如果把老年人的劳动潜力适当组织起来,运用起来,涓滴汇江河,将是社会主义现代化建设一股不可轻视的力量,因为我国近一亿六十岁以上的老年人,把他们的劳动潜力总括起来看是巨大的。由上所述,可以证明,人口老化现象是现代化社会进步和发展的结果。老年人发挥他们的劳动潜力,参加劳动,就能使劳动力资源的年龄界限扩大,加强能量推动各项建设事业的发展。因此,我们的观点是把延长寿命的时间用作延长参加社会劳动的时间,不是看作延长消极的休息时间。

目前,我国根据年龄(男的六十岁,女的五十五岁)实施退休、离休制度,使老年人老有所养、老有所乐、老有所学,这是国家对老年人的关怀和爱护,问题是如何从实际出发,根据老年人的不同情况,安排一定的力所能及的劳动或工作或使其为社会服务。至少将身心健康年龄在六十岁到八十岁的老年人组织起来,予以适当劳动和工作的机会,调动他们老当益壮的积极性。最近,我们在一个偶然的机会中了解一些退休、离休的老年人和老年知识分子的情况,大体上可以分为四种类型:① 尽瘁型的老人,他们有自知之明,懂得改革的目的及其深远意义。便尽量运用退休、离休和消闲时间,不计名利、地位和得失,忘我地做些自己所能做的社会工作,总结自己的工作经验和教训,热情搞传、帮、带的工作;或者从事学习,进老人大学,自学某些科学知识与技能。尤其是老年知识分子,他们更是不遗余力地搞社会活动或著书、立说,传于后世。这种类型的老年人的特点,一般是文化水平较高,科学知识和技术较丰富,经验多,身心健康,有理想,往日担任过较高职务的同志和一些老知识分子。② 中游型的老年人,具有这种类型的人大多是年龄不太大,六十岁到七十五岁之间,他们抱着知足者常乐的观点,文化水平不高,过去做些具体工作,做过干部或处一级的工作人员,言不及意,怕动脑筋,只要物质福利有保障,生活地位很稳定,比上不足比下有余,他们就心满意足了。③ 消沉型,这一类型的老年人,由于失去昔日社会联系和交往,很苦闷,时常回忆在职时,人人奉迎、说话有人听、"画圈圈"、看报纸、克里空、虎虎有生,多威风!今天冷冷清清,不学习、不劳动,卜克、麻将桌前闹轰轰,意气消沉万事空。④ 得失型的老年人,这种类型的老年人,多半是在退休、离休之前就不称心如意。今天离开了自己的办公室,有些留恋,多愁善感、患得患失,深居鲜出,怕见人,怕见过去老朋友,长吁短叹,百无聊赖。虽年龄不太大,身体挺拔,但既不参加社会公益劳动,也不参加家务劳动,整天郁郁不乐。这一类型的人,一般文化修养低,没有远大理想,斤斤计较个人得失。

总之,人口老化与劳动组织结构有密切关系。我们应从实际出发,深入研究如何化消沉为积极,发挥近五分之一的老年人的潜在劳动力,扩大劳动资源。综合利用劳动力,扩大再生产,以适应即将到来的国民经济大发展。

四、"老年学"的形成与发展

老年学是一门新兴的综合性的科学。它是人的科学的分支学科。老年学之所以成为一门科学是近年来世界人口老化结果。但作为老年学的思想却有古老的历史。我国最早的关于老人的养老和安置问题是在夏、商、周三代,那时人以六十五至七十岁为老人,退休之后养于庠、序,即现在的学校。古代的官吏退休叫"致仕",也叫"致事",大夫七十而"致事",朝廷对致事官的安置叫"养老"。后来形成一种"养老"制度。唐、宋以来,对于退休的年龄缩到六十五岁或六十岁,有病者争以俸禄,自去养老。一般退休老年人,视其对国家贡献大小,官位高低而定其休养场所。大体上有四种:① 安置于庠、序,如同现在学校中的老年教职员工退休在学校一样。② 养于馆阁,即翰林院、国史馆、典籍馆等,让老年人边修养,边研究学问。著书立说,整理国故,发创己见。颇似现在的文史馆和文史编纂处。③ 养于道观,方丈或主事,宋代盛行。④ 养于故里,老年解缓后,衣锦还乡,找个风景幽美的地方定居下来,颐养天年。⑤ 有功勋的官爵,朝廷赐以宅第于京师,俸禄颇厚,悠哉悠哉,乐其天年。明、清时代仍沿之。以上这些办法是一些有关老年学的思想,并非是"老年学"。由于时代在前进,国民经济在发展,人民生活富裕,医学和防治术的发达,老年人口比重不断增大,因而不仅开始重视了老年人的问题,而且开始了老年学的研究。目前,我国成立了"老龄问题委员会"和"老年学学会",领导各方面开展了关于"老年学"的探讨和研究。全国各省设立了老年大学。许多老年人从事学习。在西方,比较早的研究老年人问题的是希腊的几个哲学家。如希波克拉底和亚利斯多德,他们在对话中谈到老年问题,但也不能称为"老年学",他们只是对老年人的一种说法。直到廿世纪初美国的霍尔,在分析现代人类行为和人的各种器官功能时,划分了人的发育、成熟和衰老三个阶段,并制成年表。1922年他公开发表《人的后半生》,或称为《人的老年期》一文,论述了"老年"的性质,老年人行为发展及其特点问题。第二次世界大战后,西方一些生物学家、生理学家、社会学家及心理学家等对老年问题,展开了讨论和研究,并发表许多论文,如老年衰退、老年卫生、老年病理、老年养荻、老年营养及老年心理等,形成了老年学的历史文献,充实并发展了老年学的理论体系和内容,使其成为一门独立的科学。

近几年来,由于世界人口年龄结构迅速发生变化,老年人口的比例迅猛增长,因而许多社会科学家都十分重视"老年学"的研究。老年大学如雨后春笋。如法国、瑞士、荷兰、美国、西班牙、联邦德国、民主德国、波兰、英国等都开设了老年大学。有的国家设立了老年学研究院,大学里设老年学系、老年学专业。我国对老年人的关心照顾更加细微周到,除创办老年大学外,还开设了老人学习班,成立了老年人的各种学会或协会,也有的单位设有老年研究院。

总之,世界人口年龄结构的变化,促使着老年学的发展。在内容和理论体系上都有所创新。

五、老年学的性质、目的与任务

老年学是与儿童学、青年学、成年学相对而言的。从人的一生说,它是指人生的后半段,也就是年老阶段。过去,在一个很长的时期,对人的身心发展变化的研究,都是着重成年之前各个阶段,尤其是幼儿、儿童和青少年时期,对老年人的问题很少有专门研究。其原因:① 老年人口在总人口中占的比例不大,计划生育尚未实施,没有迫切感到老年人口增加成为社会的重要问题。因而老年学的研究开展较为迟缓。② 有许多人认为人到了五十九、六十岁以上,生理上和心理上的功能逐渐衰退,有生之年不长,社会效益不大,"夕阳无限好,只是近黄昏"。③ 有人认为只要把老年人的生活保健、医疗卫生做好了,就可以使人长寿,何必作为一门科学去研究它。但是,今天的情况不同了,随着国民经济的迅速发展,人们的生活水平的提高以及医疗、保健、防治等措施日益完善,就会使人健康长寿。一般都能活到八十、九十、百岁以上。在这种情况下,如果能从老龄人口实际出发,把这部分富有社会经验、生产技术、文化科学知识技能和管理能力的老年人组织起来,发动起来,积极地投入各项建设工作,尽其所长,将是推动社会发展的一股很可观的积极力量。

老年学是一门综合性的边缘科学。它涉及到自然科学、社会科学和哲学的理论知识,特别是生物学、生理学、医学、心理学、营养化学、神经学、遗传学等。在社会科学方面主要是社会学、论理学、政治经济学、体育文学艺术及教育等;在哲学方面是关于人生观和世界观的问题。所以说,老年学是一门多科性、综合性的边缘科学,或者说是一门跨学科的科学。

老年学研究的对象,是探讨人进入老年时期身心发展、变化、衰退、消亡的过程及其规律。从老年人的身体方面说,研究老年人的体内各器官的结构、功能、病理等变化的原因,了解老年人的循环系统、消化系统、神经系统、语言与运动系统等方面的病变与保健;从老年人的心理方面说,研究老年人的思想、意识、感情、意志、智能、记忆及创造力等方面变化的特点。其目的在于探索人的寿命的秘密及其进入老年时期的序列。阐明并运用其规律,延长人的寿命与劳动时间,以发展社会生产和生活福利。

老年学的主要任务是激发老年人的达观、理想、创造力和潜在的劳动力。同时解决为老年人的生活、保健、学习、工作等,使其于健在之年竭力发挥他们的积极性和创造性,推动他们老当益壮,做到老有所为,老有所学,老有所贡献。

有人说,人总是要死的,是不可抗拒的自然规律。是的,要长生不老,没有消亡,那是不符合自然规律的。有生就有死,这是自然辩证法。但是,我们在人的生命进程中,采用有效措施,增强老年人的体质及其养护,延缓其衰老的时间,扩展其活动的空间,为社会多作贡献,这也是寿命长的必然结果。究竟有无可能在这科学技术飞跃发展的今天,做到这一步,实际上世界各经济发达的国家的一些实验研究表明了老年人的智慧和才力,还是相当有力的。如美国纽约萱特西奈区医疗中心研究老年病的负责人罗伯特·巴特勒说:"人进入老年期,某些智力活动越来越活跃。老年人所以发生衰退的原因,在于患病。也许有一个内在的蛋白质为基础的生物钟导致了肌肉退化,那可能是不可改变的。但是能吃能喝和经常进行锻炼,就能使这含有血肉的机器加足油,使用更长的时间。"苏联乌克兰著名的老年学家弗拉基米尔·弗罗尔基斯说:"机体生命活动的消退过程的原因,是调节生命各个不同系统工作的基因的作用逐渐衰弱,这种情况,造成破坏蛋白的合成和产生精力的过程。神经细胞脑膜也会发生变化,这就破坏脑的功能、内部器官的神经调节和激素调节。但是,除了这个破坏性外,还有一个稳定机体生命活动的过程。老年学家认为恰恰是这个过程在很大的程度上影响到寿命。"这些学说,指出了长寿的光明前景。在动物试验中用一种特别性质,叫"吸着剂"的东西,可以推迟越来越遭到破坏的新陈代谢。如果用在老年人身上,也能推迟上了年纪的人易得疾病,延长其寿命。

再据大脑生理学家研究表明,正常的老年人,其神经细胞虽然减少了,细胞内褐色素颗粒增多了,使细胞新陈代谢和机能减弱了。但并不影响老年人的智慧发展。这就是说,余留的神经细胞和它的新陈代谢功能,也足以维持其智能活动,而且脑细胞的增殖与消亡,并非到老年时期才有,青年时期就开始了。由此可见,正常的老年人,在合理而富裕的社会主义生活条件下,适当地进行脑力活动和体育锻炼,不仅能使脑细胞维持其活力,有效地从事于学习和工作,而且不会感到衰老。"用进废退"这个进化论原则,对于人的各种能力维持和增长是有实际意义的。例如老年人的语言、认识能力、理解能力、分析能力以及运用经验的能力等方面,所以能到老不衰,比青年时期灵敏、确切、丰富生动,就是由于经常运用这些能力的原因。如果一个人饱食终日,无所用心,抑郁苦闷,天天看着天花板发愁,那就用不了很长时间就衰老、消亡了。当然,人迟早总是要衰老和死亡的。倘若无病无灾,勤劳、乐观,就可能推迟消亡的时间,多为社会谋福利,岂不正是人们所迫切希望的吗?

老年学家表明,人的智能的发展是与人的健康状况、手脑并用有密切关系。有些老人,年龄虽已到八十、九十、百岁以上,其智能仍在继续发展,工作和学习效率不衰。如丹尼斯说,老年人的创造思维和多产可以持续到晚年。美国老年研究所最近进行了关于脑化学的研究,对二十一岁到八十三岁的人进行了扫描,以判断人脑各部位的新陈代谢活动状况,结果发现健康的老年人的脑同健康的青年人的脑同样活跃和有效。例如美国哲学家、历史学家、社会学家的杜兰特发表《哲学史话》,1939年开始《文明史话》(Ehestory of Philosophy),到1957年写完第十一卷。八十岁时发表第九卷《伏尔泰大时代》,八十二岁时发表第十卷《卢梭大命革》,九十岁时发表第十一卷《拿破仑时代》。西班牙著名演奏家巴布罗·卡塞尔斯八十五岁时还演奏,九十四时指挥他创作的乐章。西班牙著名的画家巴布罗·皮索,他的许多创作是在七十岁之后。当代著名的哲学家贝德·卢塞尔,他的《西方哲学史》是七十三岁写的,七十五岁写出《权威个人》,七十六岁出版《人的认识及其广度》,八十岁写出《科学对社会的影响》,八十四岁出版《记忆中的人物》,九十五岁到九十七岁写出三卷《自传》。恩格斯整理出版马克思的《资本论》第三卷时,已七十四岁了,他还学习一种外国语。我国唐朝的医学家孙思邈、甄权、王冰等人都是在八十、九十岁以后写出他们的医学理论。当前,我国八十岁、九十岁的老作家、科学家、医学家、教育学家、心理学家、历史学家及政治理论家是很多的。

总之,老年学是一门新兴的综合性的边缘科学,随着国民经济的发达和人民生活的提高,将逐渐形成一门重要的科学。

至于老年学的研究方法,原则上同于其他科学的研究方法。这里就不详谈了。

(原载《辽宁高等教育研究》1986年第5期)

谈谈老年人心理健康问题

谈到人的健康问题,人们经常谈论的是身体健康问题。对于心理健康却不太关心。尤其是对老年人的心理健康问题,更是缺乏研究。中国有句俗语:"健康的精神寓于健康的身体。"意思是说,一个人身体健康了,心理也会健康的。老年人也是如此。我们常见到老年人早锻炼、晚散步、休养、医疗、饮食起居有秩序等,这都是着重于身体健康的措施。老年人的信条是"勤动身康壮,常乐寿自高"。究竟是否身体健康心理也会健康?它们的关系如何?如何维护老年人的心理健康?本文想就这些问题,谈谈个人的看法。

从生理上说,老年人的体内各器官的结构与功能,正常无损,如大脑神经系统、内分泌系统、循环系统、消化系统、呼吸系统、泌尿系统、生殖系统及运动效应器等虽然有些老化,综合能力弱,适应能力差,但是它们变化是正常的,没有出现变异的现象,能吃、能睡、能学习和工作的人,一般的说,他的心理活动也是正常的,或者说是健康的。有人说,人的身体与心理关系至为密切。先有了生理变化,然后才有心理变化。如美国的心理学家詹姆士与荷兰的心理学家兰格,他们二人不约而同的发表了情绪论,认为不是因为怕而跑,而是跑才产生了怕。其实,生理的变化与心理的变化往往是难以截然分开的。它们是既矛盾又统一,没有无缘无故的生理变化,不是由于外部的影响就是由于内部的影响而引起的。同理,也没有无原因的心理变化。但是心理一旦进行活动,必然会直接间接的影响到生理的变化。如老年人身体的某些器官及其功能发生减弱或衰老的现象,必然会影响到心理的变化,出现消极、内倾、悲观、焦躁、怨天尤人等,反之,理智、乐观、宽宏大量、有远见、有理想的老年人的心理活动,不仅能克服那些不健康的心理因素,而且能使老化的、不适应的现象,减缓或转化为良好状态,促进了身体健康。我们常听到某些意志坚强的病人,以自己的正常的精神力量战胜了病害。古人云:"听君一席话,胜求十年医"、"十剂之功败于一言","医者必先医其心,而后医其身"。这就证明,心理健康不但能增强人的免疫力,而且能增进身体健康。人的精神力量是无价的。从这个意义上说,心理健康的作用是大于身体健康的。因为一个人的身体不健康的现象,往往是由不良的心理因素引起的。例如某一老母亲,对她在外地工作的独生子,时常焦虑他在工作上是否顺心,有无成效,生活上能否克勤克俭,因而引起了头痛病,医生也没妙手治好她的病。正在此时,她的儿子从外地回来探亲,对他母亲说了他的工作情况和成就,还得到领导上的表扬和奖励,同时把节约的钱交给母亲去看病。母亲看到儿子这样健康的成长,心情特别舒畅。因而焦虑的心情变了,头痛病也好了。

应该看到,随着对外开放,对内搞活经济的政策落实,国民经济迅速地发展起来,这就给社会各方面带来了新的变化和发展。医学科学的进步,药品的丰富,治疗技术的完备,无疑地老年人的身体健康得到了一定的保障。为了进一步适应老年人口比例增大,发挥老年人的作用,心理健康的问题,提到科学研究的日程上来了。从各方面重视老年人,尊重老年人,研究老年人。什么是心理健康呢?世界卫生组织曾给健康下了定义:"所谓健康不仅在于没有病,而且在于体内、社会各方面的正常状态。"这就表明身心正常就是健康。身体健康的标志,较为容易识别,而心理健康的标志却是不易的。到目前为止,心理学界对心理健康的标准,是根据个人的观点提出来的。没有统一的标准。如美国心理学家奥尔波特提出了六条心理健康标准:一是人生观的统一,二是力争自我成长,三是能客观的看待自己,四是具有与别人建立和睦关系的能力,五是人生所需要获得知识的能力,六是具有同情心,对一切有生命的事物的爱。有的心理学家认为心理健康的表现应当是积极向上,有面对现实和适应环境的能力,能避免由于过度紧张或焦虑而产生的病态;与人相处保持发展融洽互助的能力,能将其精力化为创造性、建设性活动的能力;有能力进行工作和正常恋爱等四项标准。也有人说,心理健康的标准应该是智力正常,心情乐观,情绪稳定,能自制,自我完善,人际关系协调等。以上所举的这些标准,虽然是指的一般人的心理健康标准,没有具体说明老年人的心理健康,但是从人的心理发展看,它是一个有系统的、有阶段的、有层次的整体。在心理发展过程中,由于内部和外部环境和信息的变化、发展,随着年龄增长,到了老年时期,有些心理活动减弱了甚至消失了,有些心理活动却加强了,还有些心理活动为新发展起来的心理活动所替代。因此,心理健康问题,在老年人身上是一个比较麻烦的问题。究竟从哪些行为表现可以看出老年人的心理健康呢?是值得深入进行研究的。作者认为从以下几方面观察就可以了解老年人的心理活动是健康的:① 乐观、积极,热爱生活,积极操作,认真学习,深刻体验到人生的目的在于为实现社会主义现代化,奔向共产主义而奋斗,表现着"老有所为、老有所学、老有所乐",乐在其中。② 有自知之明。古人云:"知人者智,自知者明。"善于自我认识、自我反思、自我控制、自我完善。③ 团结友爱,爱憎分明,真挚、公正、和谐,正确处理同志间、亲友间、家庭间、子女间、婆媳间的关系等。④ 心胸开阔,情操高尚，主动果断，敏捷有力，劲头十足，神彩奕奕，不急不躁不焦虑，言语简繁皆相宜。据老年人心理健康调查说明，性格开朗，家庭和睦，社会心理环境正常，能使老年人延年益寿。

如何协助老年人发展心理健康？首先要敬老、爱老、尊重老年人，看到他们的优势、特点，及其在精神文明建设中的作用。同时理解到良好的社会生活中，人们的活动能力并不是随着生理机能的退化而下降的，有的能力还在续继发展，到了老年有更多的成就。中外历史上名人中高龄的科学家、文学家、理论家、教育家、美术家等证明了这一点。

实际上，人的社会生活能力是由支配人寿命的生理机能与人的认识能力、经验、熟练及其内在的综合能力相结合而决定的。因此，尽管人的生理机能会随年老而衰退，但仍可发挥自己的知识、经验和能力为社会服务。老年人的心理健康是与其人生观、世界观密切联系着的。要老年人心理健康，最基本的是协助老年人巩固和发展科学的信念与远大理想。坚持四项基本原则，"面向现实、面向世界、面向未来"，更加明确生活的目的与意义，体验到人的后半生的生活是更加充实，更有意义的时期。当然，人生的目的与意义不是老年期所特有，而是每个年龄阶段所共有的。但在老年时期和青年时期这两个阶段中表现的更为突出。因为在这两个时期中，老年人与青年人相同的是对自己的生活目的和意义问题，都会发生疑问，不同的是青年期对人生目的和意义，缺乏认识和体验，感性的东西占优势，难以决定自我的方向，而老年期则因原有决定自我的东西，逐渐消退，感到"夕阳无限好，只是近黄昏"，生活意义不大了。有的老年人感到孤独，生活单调、无趣，像希腊神话中所说的科林斯王西西弗斯那样，日复一日地在山下接收山顶上滚下来的大石头，再从山下推到山顶上去，感到生活毫无意义，失去了继续战斗的勇气。所以我们应协助老年人发展科学的人生观和世界观,使其深入了解自然、社会发展的客观规律和自己的历史任务,从而振作精神,勤奋学习与工作,忘我地为建设美好的幸福社会鞠躬尽瘁。这就是老年人心理健康的基本因素和表现。第二,建立良好的社会心理环境是老年人心理健康的重要条件。据苏联科学院老年学研究所和莫斯科人类学研究所等综合考察人的长寿的结果,除了遗传、地域、气候、民族、社会风俗及饮食外,主要的是与社会心理环境有密切关系。如果群众中充满了一种"热爱老人,尊敬长者"的风气,经常与老人往还,并采用多种适宜的有意义、有趣味的活动形式,欢迎老年参加活动。老人们在这种舒适的心理环境中,不仅个个心情舒畅,欢乐积极,尽其所长,做些有益的事情,而且寿命也大幅度的增长。同时在苏联长寿龄考察中,也从反面进行了考察,认为由于老年人处于一种与世隔绝,无人问津的状况,许多老年人感到孤独、寂寞,感到自己的存在对社会无益、无用而痛苦不安。正是这种有害的心理因素,导致了老年人过早的衰竭。因此,协助并发展老年人的心理健康,就必须改善生活环境和社会心理环境,虚心、耐心、尽心进行疏导,使其感到大有奔头。事实上,在中国社会主义现代化建设中,已多方面为老年人提供了良好的社会心理环境,广大的老年人心情舒畅,"老骥伏枥",正在为社会多作贡献。第三,解放思想,跟上时代的步伐,也是促进老年人心理健康的重要措施。科学研究证明,知识与技能的增加在一定程度上可以增长老年人的乐观心理。孔子说:"发奋忘食,乐以忘忧,不知老之将至。"可见知识技能增加了,就会使心情快乐。换句话说心情愉快了知道的事情就多了,不但能提高科学知识、技能的水平,而且能增强心理健康。知识、技能与经验的不断丰富,生活水平的不断提高,使老年人亲切地感受到社会主义现代化建设给老年人带来的幸福和尊重,更加朝气蓬勃地老当益壮。第四,情绪稳定,精神愉快,是老年人心理健康的显著表现。情绪稳定是表明老年人的神经系统的活动相对平衡,反映了神经系统的协调,证明老年人的心理活动的和谐、满意;愉快的心情,能增进老年人的智能活动,使他们观察细致、想象丰富,加强积极性与创造性。具体地表示了老年人的心理健美。第五,手脑并用,尽可能地参加一定的社会活动。在社会团体活动中,学习、锻炼、陶冶性情,使老年人的心胸开阔,宽厚,光明磊落。生理学家表明,人体生理机能有一个显著的特征,如果某一方面弃而不用的话,便会很快地衰退,其速度与从事正常社会活动的人,随年龄增大而发生生理机能衰退速度相比要快的多。这是符合达尔文所提出的"用进废退"的原则。例如骨骼肌肉,由于关节疾病而有一段时间不加使用,就会很快的发生肌肉萎缩造成机能衰退。人的心理活动也是如此。如老年人的记忆,实验证明,可通过反复练习来减少它的衰退。长时记忆,经过反复练习后有增强的现象。可见,老年人的心理健康与其体内各个器官的功能有密切关系。功能的正常与否,又与老年人的合理的多种多样的活动有关。加强了心理活动能促进功能的效应,功能效应又推动了心理活动向健康方面发展。最后,经常重视身心的科学锻炼,对老年人讲,既要重视他们的身体健康,又要重视他们的心理健康。前者由于老龄人口比重日见增大,已引起了各方面的重视,后者,正在催促人们积极地开展心理保健工作。因而我们要从老年人的实际出发,根据他们的知识、技能、经验、爱好、成就、理想等具体情况,相适应地开展各种有利于心理健康的活动。重新安排老年人的学习、工作和养护的机构,使老年人的生活,更加充实,更加有意义。

(原载《辽宁高等教育研究》1987年第3期)

老年学

一

老年学是一门新兴的综合性的科学。它的研究对象主要是人的老年。人的老年是人的生与死之间最后的阶段,按照生理心理学家的划分,大体上分为胎儿期、婴儿期、儿童期、少年期、青年期、成年期、老年期。从年龄说,一般是指60岁以后到消亡一段。有人认为进入老年期的人,返老还童,像儿童一样,喜、怒、哀、乐一返过去,易闹情绪、话语多、罗嗦、爱评论;有人说,人到了老年,耳聋、眼花、遗三忘四、机能衰弱、四肢无力、生活乏味;也有人说,人进入老年期,虽然生理上各种器官的功能出现老化,机能有些衰退,但与年龄的增长不是同步的,也不是机体上所有的功能一齐衰退的。例如人体细胞增殖与衰退的现象,实际上从生长发育时就存在的,青少年和成年时期,细胞增殖的多而快,消亡的少而慢,到了老年时期则相反,增殖的少而慢,消亡的多而快了。而且细胞内的废物增多,老年人排出的机能却又少了。因而新陈代谢变缓了,出现了老年人的一般现象。近年来有许多生物学家、生理学家、心理学家和社会学家对人的老年这一词持有不同的说法,他们认为老年时期是一个经验丰富、意志坚毅而富有实力的时期,给老年这一概念赋予一个新的内容,而且由于社会结构日趋合理,物质生活与精神生活日渐丰满和高尚,使人的寿命愈来愈高,老年人的队伍也就日益扩大,绝大多数的老年人开始抛弃了过去的传统的"老年观",积极地参加各种力所能及的社会工作和学习活动。据《光明日报》报导,2040年中国老人可达2.6亿。70年代以来人口出生率较长时间下降,出生人数减少,少年人口所占比例降低。中国人口年龄结构,逐渐由年轻型跨入成年型初期,并向老年型较快地发展。中国人口就业研究提供的材料表明,1982年人口普查65岁以上老年人口是0.5亿,按照人口构成推移,1990年可增到0.7亿,2000年可增到0.8亿,到2040年可达到高峰2.6亿,为1982年的5.2倍,与此对65岁以上的老年人口占总人口的比例由1982年的4.9%提高到2040年的17.4%左右,将仅次于瑞典、联邦德国、日本,居于世界比较高的水平。当前,中国社会主义建设的优越性,特别是改革开放十年来,人们的生活条件、社会环境、人际关系、福利待遇、劳动保健、医疗设施、工作秩序等都有很大的改善和提高,这就有力地保障并延长了人的寿命,正如生物学家推算的人人可达到百岁以上。由于寿命的延长,必然影响到社会生产力的结构,重新组织劳动力。除青年、成年劳动力以外,尚有不同年龄、不同层次、强弱不一的老年劳动力,这是一股不可忽视的社会力量,例如把60岁以上的老年人,从实际出发,组成60—65岁,65—70岁,70—75岁,75—80岁,80岁以上等组,分别参加一定的社会活动或生产劳动,事实表明,老年期还有大小不同的潜在力。如何发挥这种力量的效益,都是老年学所要研究的新课题。目前我国各地区新设老年大学、老年学校、老年学会、老年医疗中心、老年教育学会、老年书画协会、老年心理学会、老年体育协会等以满足老年人的学习和工作的愿望,迎接即将到来的老年人口增大的趋势,使老年人学以致用,为社会多作贡献。

二

究竟什么是老年？科学家对这个问题，根据不同，所作的解释也不同，到目前为止还没有把老年这一概念的内容与意义统一起来。摆在我们目前的说法，主要的有以下几种：

（一）社会学的老年说

近年来，社会科学家发表了许多关于老年、年龄、衰老等理论，他们是把老年这一概念与社会结构、社会变化的学说联系起来加以论述。他们认为，人的年龄、老年在安定的合理的社会中有升高的发展趋势，社会动荡或变更，有加速下降的趋势。这就是说，社会制度好，人的寿命就会长，反之就会使人短命。中国在1949年建国初期人口普查结果，人的寿命平均年龄35岁，进入社会主义不到30年的功夫，人的寿命平均年龄已达到70岁。可见人的寿命高低与社会制度优良与否是直接相关的。老年人口比例增大是社会制度逐渐优化的表现。目前一般国家规定60岁为退休年龄，也就是人的生命已进入老年期的标志。随着社会组织和社会制度日趋合理的发展，就有很大的可能把进入老年期的年龄推迟到70或75岁。所以说，老年人是人生最后的而又最美好的一段，它具有深远的社会意义。

（二）生理学家的老年说

他们是以细胞的研究为根据的，细胞是人体形态结构的基本单位。研究人体形态和生理功能，就能理解人体生命现象和老年标志，一般说，细胞减少是老年的表现。当然，人体细胞有增殖也有消亡，经过细胞分裂所产生的新细胞，不断代替体内的逐渐衰老、死亡的细胞。人在70岁时，细胞有显明的减少，而且细胞内废物增多，阻碍着新陈代谢，细胞内的酶过分消耗，失去了调节作用,因而出现了年老的现象。

(三)生物学家的蛋白质变性说

他们认为人随着年龄增长,细胞原生质内蛋白质微粒逐渐合并成为较大的颗粒,生物电负荷减少,分散程度减弱,新陈代谢降低,机体功能减弱,出现了老化,进入了老年时期。生物学家根据他们的实验研究结果,认为人体生长发育成熟期为进入老年的标志。不过由于人体各部器官结构和功能不同,开始出现老年化的情况先后不一。例如人的视力,一般在45岁开始花眼。当然,有个别人的视力到60或70岁还没有花眼。再如听力、记忆力等其减弱的快慢也是不一致的。因此生物学家们认为老年是整个生涯中的一个片段,是属于行进在规定路线上的生命的一部分,也是无法避免的自然规律。

(四)心理学家与社会心理学家对老年问题的探讨是以反映论为依据的

从生理上说,人到老年,四肢软弱,力不从心,感觉迟钝,反映缓慢,这是自然的。但是在智能方面,不会发生衰退的,相反的,人进入了老年期,往往能摆脱年轻时代欲望的桎梏,性格坚毅,观察力、思考力、判断力及分析问题的能力都比较细致深刻、语言简练、善于运用经验解决问题,这些远胜于青年时期。对于生存意义和生活方式的理解与前半生不同,前后判若两人。这是由于人生各年龄阶段所处的自然社会环境和所受的训练不一而形成的。心理学家们认为人的社会活动是由支配人的寿命的生理机能和熟练、经验、潜在能力两方面相结合而决定的。虽然生理机能会随着年龄的增高而逐渐减弱,但是潜在的综合能力仍然是相当强的,对社会服务是颇有可为的。至于生存的意义问题,不是老年期所特有,而是每个年龄阶段的人所共有。不过在青年期和老年期两个人生阶段中是突出的问题。因为人生在这两个时期都是对自己生存意义产生疑问的时期。前者由于人生观还没有树立起来,不知如何决定自己的命运,后者则因原来的决定自我的东西正在消失,有"无可奈何花落去"之感,失去了存在的价值。青年人积极奋斗,争取早日确定自己的前程,使生活富有意义,而老年人在时代的推动下,也不甘落后,努力追求存在的价值,弥补已消失的、有意义的东西。老骥伏枥,壮心不已,重新努力充实自己的生活。正如诗人袁晓园所说的:"夕阳未必逊晨曦,昂首飞鬃奋老蹄。春蚕萦绕千千缕,愿为人民吐尽丝。"所以,老年学家和心理学家称老年时期是具有实力的时期。

三

老年学是人的科学的组成部分,它与胎儿学、婴儿学、幼儿学、儿童学、青年学、成年学是有密切联系的。因为人的生理和心理发展既有连续性、系统性,又有阶段性、个别性。儿童时期的某些活动,往往影响到老年时期,平常所说的"由小看大"就是说,小时聪颖、能干,长大了会有好的成就,老年必有荣誉。老年所忆记的地方或活动,也大半是儿童时期的事情。人的生理和心理的结构是极为复杂的,人生的每一阶段活动有它的一般性和特殊性。老年学是着重研究老年时期的生理和心理发展变化及其社会价值,因此,为老年学的研究涉及到与人体有密切关系的自然科学和社会科学及哲学。具体的说,有生物学、生理学、营养学、保健学、心理学、社会学、教育学、伦理学、人生哲学等。老年学又是一门综合性的科学,也是一门新兴的边缘科学。

老年学研究的内容和范围,不言而喻是研究人的老年时期生理和心理发展变化的规律,研究人的老年、年龄、寿命生理机制和心理机制,研究老年时期的实质及其意义,研究社会结构、社会制度、社会环境、社会活动与老年时期发展变化的关系,研究老年时期的社会价值和作用,研究老年时期的病理、护理、医疗保健的措施,研究老年时期的家庭、社会与人际关系,研究老年学的基本理论和历史发展。

  老年学正式作为一门科学加以研究,还是近几年的事情。美国的霍尔于1920年研究人的发展时,探究了人的老年期的特点,发表了《人的后半生》(The Last Half of Life)。他用问卷对老年人进行了调查研究。介绍了"老年观"的历史。这是比较早的把老年期作为研究课题的人。后来欧洲一些学者便积极开展探讨老年衰老等问题和老年期的丢失(Loss)与补救问题,研究一般健康老年人的体力,反映学习、技能等能力的变化问题,积累了老年期的各种文献,形成为老年学。在中国,建国以来是十分重视老年人的问题,经常开展老年学的学习与研究,特别是近十年来,老年大学、老年学的研究组织,如雨后春笋迅速地开展起来。各地区设有老年大学、老年学校、老年教育学会、老年心理学会、老年医疗中心、老年体育协会、老年书画协会、老年学会等机构,深入地研究老年学的理论、方法、目的、任务问题。

四

  人和其他高等动物一样,寿命有固定的限度。一般说,体形越大,寿命越长。任何一个生物都是由一个个细胞为基础而形成一个整体,其发育、成熟、长寿是由物种的遗传决定的。人的老化也是如此。老年是生长过程的延长,不能以纯粹年龄的数量观点看待老年期的问题。有人说,老年期的实质是丧失(Loss)过程,其实不然,应该说是对丧失的"对抗"或"应战"过程。君不见每天早晚老年人的体育活动吗？"生命在于运动"，争取养护、参加各种社会活动、陶冶自我情趣、自我实现等等，力求使老年时期生活更加充实，更有活力。应该看到具有高度物质文明和精神文明的幸福的社会生活，无疑地会增强人的体质，振奋人的精神，充实人的生活，从而使人的寿命按照细胞和器官一定的安排延长。

老年学研究的任务，主要是深入研究老年期人的机体各种结构及其功能的变化，及时采取有效的培养和养护细胞寿命的科学措施，使人健康长寿；探讨老年时期的各种熟练、经验、智能及潜在能力，使以上二者结合起来，构成综合能力，揭示信息的输入与传出过程所形成的人的主体活动。我们可以看到，人在社会活动中，人的能力并不是随着生理机能退化而下降的。世界著名的大科学家、文学家、哲学家的永垂历史之业绩年龄，高斯22岁论证代数基本规律，爱因斯坦37岁完成广义相对论，歌德则在82岁时完成他的历史性的巨著《浮士德》的。可见，人的社会活动能力、创造能力及对社会的贡献虽有差异，但非因年龄增大而减弱。最近电台广播，日本大学中有112岁、80岁、60岁的大学生在攻读自己喜爱的专业，这又说明了老年期的学习能力仍然是很强的。人是有个别差异的，一般智能较高、经验多，有一定文化水平的老年人，都渴望多做些力所能及的社会工作，并以积极开朗形式参与社会各种活动。而一般文化水平较低而又缺乏远大理想的老年人，则往往悲观失望，患得患失，无所作为。特别是那些失去老伴、经济渐窘、子女不孝的老年人更感到苦闷、孤独、无生存的价值。也有些老年人在无可奈何的情意下，去栽培盆景、养鱼、搞书画、吟风弄月学诗词，对活动内容本身有情趣，使其宽心悦目地度晚年。这些乐此不疲的老年人，主观上寻求乐趣，是一种强烈的自我表现，客观上也是弥补了老年时期所谓丧失的东西。

　　总之，老年时期是富有社会价值的时期。如何使这个时期的老年人的生活更加充实，更有社会效益，是当前老年学所要研究的重要课题。

（原载《教育丛刊》1989年第1—2期）

附录1 怀念文章

回忆在四川省江津县白沙镇二三事

张大力

1937年冬,抗日战争全面爆发,为躲战乱,父母带着一岁的我,从山东省新泰县董家庄出发,辗转河南、湖北、陕西等地,历经千辛万苦,走走停停,迂回曲折,不知何处是家。途中在陕西省安康县母亲生了二力弟,于1941年8月,逃难到了四川。在重庆附近的江津县白沙镇才算安顿下来。当时,母亲在白沙镇留马岗重庆女师教书,父亲同在该校并兼任附小校长,后任教导主任,因为带头抗议省教育厅拖欠教职工工资,被解聘。父亲经友人介绍,到重庆近郊北碚国立编译馆任职,曾编辑全国通用的中小学课本,当时称为《国定课本》。

我刚到四川时才两三岁,我和二力弟的幼年及少年时代是在四川度过的,直到我十岁时才离开。当时我年龄虽小,有些事情仍记忆犹深,至今难忘。

土匪抢劫　被逼迁校

抗战爆发后,为躲敌机轰炸,重庆女师迁到江津县白沙镇。记得在1944年前后,父母所在的重庆女师给职工发薪的前一天傍晚,学校会计乘轿子到镇上银行取钱回校,不慎被当地土匪知道后,多名土匪持枪翻墙进入学校,一边打听会计室的具体位置,一边进教室威胁女学生们不许声张!土匪正在四处打探时,一名土匪与学校体育教员恰好相遇,体育老师抄起棍棒就将他打倒在地,这名土匪被擒获。后来学校相关人员报警,来了地方保安武装人员,土匪见势不好被迫逃走了。事后经过学校领导调查,挖出了学校的"内鬼"(就是抬轿子的一名工人)。土匪抢劫学校时,父亲正领着我和二力外出散步,忽听枪响,赶快回家了。父亲则去学校处理此事。

经过法院介入,还召开了公审大会,将捕获的土匪吊在一棵大树上示众。事后,土匪们还扬言要报复学校,多次来校骚扰,使学校人心忐忑,日夜不安。正好1945年抗日战争胜利了,日本飞机也不轰炸了,最终重庆女师也就迁回重庆了。

在抗日战争时期,国民党统治区的四川兵荒马乱,土匪猖獗,社会秩序混乱,百姓生活艰难,就连一所女子师范学校也难得安宁。

江轮触礁　　灾难不断

长江重庆上游江津段,国民党统治时期,航道长期缺乏疏浚。江中暗礁未除,险象环生,江轮在航行中稍不留意经常会发生触礁、翻船、沉没等严重事故,那时的江轮无安全可言,是百姓心中的"可怕杀手"。

我记得,房东的一位孙子结婚,他们从外地回来,举办了隆重、盛大的婚礼。婚后不久,新婚夫妇乘江轮去重庆,正赶上江轮触礁、翻船,不幸双双去世。只好又操办丧事,为这对年轻的新婚夫妇送葬,真是令人悲痛、惋惜!

我父亲在重庆上班,家在白沙镇,经常要乘江轮往返。我还记得父亲经常对我说过,为了安全,只要一登船立即解开鞋带,紧靠有救生设备(救生圈、救生艇等)的旁边坐下。一旦发生不测,可迅速跳江逃生。母亲和我们经常为父亲的乘船安全而担心,时常打听江轮航行的情况,江轮的不安全像沉重阴影压在我少年时代的心上,直到离开四川。

由此可见,在敌后国民党统治区,不仅物价飞涨,民不聊生,而且人们的生命、财产安全,随时都受到威胁!

旧地重游　感慨万千

四川江津县白沙镇是我 60 多年前生活过的地方,也算得上我人生初识世界的"第二故乡"。多年来我一直很想回去看看,旧地重游。2008 年终于机会来了。我参加一个到重庆的旅游团,到达了江津县白沙镇。重庆女师旧址保存非常完整,没有丝毫破坏。当地政府已作为文物保护单位保护起来,没有人在这里居住和办公,而且粉刷一新,院内花草树木、园林小品非常漂亮。在日寇侵华期间,她培养了一大批国家栋梁之才,这批人在新中国建国后的各条战线上发挥着重要作用。

在白沙镇的期间,我经常想起抗日战争时期父母为了培育我们所付出的艰辛和劳苦。在那兵荒马乱的日子里挣扎、奋斗,实在太不容易。当时父母刚刚从北京师大毕业,正是热血、进步青年,一心想着抗日救国,挽救民族危亡。他们一辈子从事教育事业,教书育人,呕心沥血。他们不仅教给学生知识,还教他们做人的道理,引导学生们向往光明,追求进步。不少进步学生,在我父母的鼓励下,奔赴抗日前线,走上革命的道路。由于身体力行,他们和学生的关系十分融洽,真正成了老师如父母,尤其在逃难的恶劣环境中,建立起的情谊和信任,更显珍贵难得。直到解放后,不断有学生从全国各地专程来我家,看望他们的恩师,令人感动,真是"桃李满天下"。

我们的爸爸

张三力

父亲去世近十年了,我们仍然深深地怀念他。在此,我写了这篇文章,以表达对他老人家的深切思念,衷心地感谢父亲给予我们的慈祥父爱和铭心教诲。

一、对事业的忠诚

爸爸出生在山东新泰的一个农民家庭,从小在教会学校读书。自1935年北京师大毕业后,直到2004年去世,一生从事教育事业。在他70年的从教生涯中,他当过小学教员、中学老师、大学教授,无论何时何地,他都兢兢业业地工作,无限忠诚于他热爱的教育事业。他分别在江苏师院(现苏州大学)、徐州师院和南京师院,从事了几十年的教学和教育管理工作;参与了一些院校和研究所的创建过程;指导过许多本科生、硕士和博士研究生。"桃李满天下",父亲的学生不计其数,我们这代的许多同学、同事、朋友中,经常有人提到"我的毕业证书(学位证书)还是你爸爸亲笔签发的"。

爸爸和妈妈在大学的专业是教育心理学,一门在80年代之前被鄙视为"封资修"的伪学科。特别是在"文革"期间,爸爸被打成"地地道道的资产阶级反动学术权威",被批斗、游街和遭受非人的虐待,经历了常人难以忍受的侮辱和打骂。但在他的心目中,教育心理学是一门地地道道的真科学,他几十年间在极其恶劣的条件下,始终不渝,坚持教育心理学研究工作。记得在 80 年代一次省心理学会恢复建立的大会上,爸爸高兴极了,他情不自禁地哭了。进入 80 年代,他已经 70 多岁了,还一个人常年住在北京的宾馆里,主持编撰了《中国大百科全书》(教育卷)。他夜以继日地操劳,组织上百名专家写了数千条词条、上百万字符,出色地完成了任务,可他最终却病倒了。他为他热爱的事业奉献了毕生的精力。

二、对信念的坚定

爸爸在大学念书时就是一个进步青年,很早就树立了对共产党的信念。抗战期间,他在四川曾多次参加共产党组织的"学潮",并在极其困难的条件下,秘密地加入了共产党。然而,由于突发事件,介绍人失踪,与组织失去了联系。抗战胜利后到了无锡,他又帮助了不少进步青年去跟随共产党。解放后爸爸更加坚定了自己的信仰,1950 年初又重新申请加入了共产党。

爸爸的信念经历了多次政治上的"运动"和"斗争"的考验,特别是"文化大革命"的残酷斗争。"文革"初期,南师的"八三事件"是南京市第一次大学生上街批斗"走资派"的无情"战斗",在这次事件中,吴天石(时任江苏省教育厅长)、李敬仪(时任南京师范学院党委副书记)相继被批斗至死,只有父亲一人得以幸存。"文革"运动,对像爸爸这样的共产党人无疑是一种灭顶之灾。他被关入"牛棚",被剥夺了五年的人身自由,期间饱受了人格上的侮辱和精神上的摧残。记得 1966 年初秋的一天晚上,一伙"造反派"突然闯进家里把正要入睡的爸爸带走,当我们再次见到他时已相隔近一年之久。只见爸爸身穿一件洗得发白、打满补丁的中山装,胸前别了一块写有姓名的白布条。手提的布袋中装着用纸包裹着的一些风干了的米饭,那是爸爸在打扫学生食堂时偷偷积攒下被人倒弃的剩饭,是他果腹充饥的食物。据爸爸说,一次清扫马路的时候他捡到一粒糖果,放进嘴里感到很甜很甜……

这些痛苦的磨难并没有磨灭爸爸坚定的信念。"文革"后再次恢复党籍,他不计前嫌,努力工作。他坚强的心理素质和忍耐力,来自于他那坚定的信念,他是一个真正有信仰的人。

三、对家庭的热爱

爸爸妈妈是大学同学,他们共同度过了 70 多个春秋,这个家庭经历了两个时代多次的政治风雨和生活艰辛的考验,是真正的"钻石婚姻"。爸爸热爱家庭,喜欢儿女,他对每个孩子都充满了爱。爸爸对孩子教育有一定之规,但从不强迫,更无粗暴,让你在平和与温暖中感受教育。他鼓励我们活泼开朗、积极向上,以平日小事和生活细节的潜移默化,让你逐渐明白做人的准则和正确的行为表达。爸爸经常带我们逛公园、看演出、打网球、看画展。他喜欢听京戏,我们从小就看过梅兰芳等名角的演出……爸爸很注重从小培养我们优良的素质和教养。

爸爸希望我们都能得到良好的教育,在大力、二力考上北京的大学,特别是老二上了清华大学时,他十分高兴,鼓励我和老四、老五都要努力学习,上名牌大学。虽然"文革"断送了爸爸的愿望,但我们也都上了大学,受过高等教育。记得在去内蒙插队前夕,我到"牛棚"向爸爸告别,爸爸提了一网兜旧鞋送给我说:"这都是我在打扫学生宿舍时捡的,洗干净了,你或许到农村用得着。"看着一双双缝补过的旧鞋,我心酸了。一位身心正在经受折磨的老人，还惦记着孩子们的将来，爸爸真是一位伟大的慈父！

爸爸对山东老家充满着热爱，他留恋家乡的乡土景色，爱吃家乡的煎饼，经常说起"董家庄的荷花池"，生前多次回老家看看，希望死后葬在老家。他对侄子侄女的成长也十分关心，经常提及"天文、喜乐、流马岗"。

爸爸对每个孩子的成长都十分关心，赞赏每个人的成绩和进步，还要经常点评、总结、鼓励一番。爸爸的教诲让我们五个孩子都成为高级知识分子，其中两位博士、三位司局级干部。爸爸的关爱还影响到第三代，使他们都健康成长，事业发达，家庭幸福，我们这个家族可谓"兴旺发达"。

当我们回忆爸爸对我们的无限关爱的时候，我们更感谢爸爸的精心培养和教诲。我们的爸爸是一个好党员，好老师，好父亲，我们真心为有这样的父亲而自豪，我们要像父亲一样，努力去做个有思想，有追求，有爱心，意志坚强的人。

回忆父亲

张四力

转眼我的父亲已经去世七年了,可是与敬爱的父亲共同度过的那些岁月仍然历历在目,时时唤起一种深沉的缠绵的思念。回忆父亲是一种痛苦和失落,但也是一种欣慰和激励。父亲一辈子从事教育事业,辛勤耕耘,桃李满天下,不愧是一位硕果累累的教育家。但在我的心目中,父亲不仅是一个知名的教育家,他还是一个充满爱心、慈祥、温和、坚韧而又乐观的父亲。

充满爱心又善于诱导的父亲

我是父母中年所得,家中唯一的女儿,受到父亲特别的宠爱。而我,从小也特别喜爱和尊重我的父亲,我觉得父亲高大,英俊,温和,风趣,又充满了活力。父亲特别喜爱孩子,爱和孩子们逗乐,对孩子们从来都是好言相劝,积极鼓励。父亲很少对孩子们发脾气,我从没见过父亲动手打过孩子。现在回想起来,我们年少时和父亲共同度过的时光是那么幸福,和谐,充满乐趣。

在我两岁多时,母亲到外地去进修学习,我和小三被全托到市委的托儿所,每月回家一次。每次送我俩回托儿所时,我们会哭闹一阵,父亲很是于心不忍。他一手抱着小三,一手抱着我,总是好言好语轻声安慰,迟迟不忍离去。好不容易放下我们离去,他也会在门外聆听一会儿,直到听不到哭声了才缓缓离去。

这段经历父亲始终难以忘怀,我们长大以后他还常常对我们提起他当时的感受,还会时时动情。

父亲常常夜间工作,在苏州的时候他的小书房在我和小三睡房的套间里。记得冬天的晚上,父亲会换上他的长棉袍,端着一杯浓茶,来到我们的房间。我们已经坐在各自的床上,准备睡觉了。只见他撩起长袍的一角,迈开八字方步,口里发出京戏锣鼓的鼓点,在屋里来回踱步,亮相,逗得我们捧腹大笑一阵。然后他会一直看着我们钻进了被窝,帮我们掖好被角,关上灯,就躲进他的小屋里去了。

在那些年,每到周末父亲会带我们去苏州的观前街看庙会,给我们买龙虾片和冰激凌;还会带我们去苏州的那些小园林,去喝午茶,看花鸟;还会带我们去工会俱乐部去看拔河、篮球赛和棋赛等等。无论走到哪里,我累了总是依偎在父亲的怀中歇息一阵,困了就趴在父亲的肩头小睡一觉。父亲常常出差,每次外出回来,总会给我带些小吃,比如话梅、香榧子、小胡桃之类。他还给我买许多小人书,其中包括《丑小鸭和美天鹅》、《白雪公主》、《一朵小红花》、《灰姑娘》、《匹诺曹》,等等。更有趣的是,我的那些女孩子的装饰品,像珠珠项链,各种蝴蝶结,等等,都是父亲给我买的,而不是我的母亲。

小时候的我常常会耍小脾气,记得有一次夜里被罚站到屋门外,外面冷飕飕的,四周黑黑的,我站在走廊里,越想越害怕,真有点想哭鼻子了,这时屋门突然开了,一双大手伸出来,那是父亲,他将我抱回屋里,细声规劝我下不为例,才算平息了这场"惩罚"。

从小学二三年级起,父亲就鼓励我给他洗碗筷、洗手帕、缝衣扣和打补丁。到了四五年级的时候,因母亲周末才回来,我每天要去食堂打菜,还学会了烧简单的饭菜,比如焖米饭、炒青菜豆腐、烧南瓜等等,父亲总是边吃边称赞,我也总是心里美滋滋的,乐意去做这些家务事。四五年级的时候,父亲又安排我和小三去他的研究所,帮着整理图书馆书籍。在那段时间里,我阅读了许多外国著名作家的小说,其中包括大小仲马、屠格涅夫、托尔斯泰、查尔迪肯斯、朱柯夫、高尔基、海明威、奥斯特洛夫斯基的作品,真是受益匪浅。

好奇的我小时候也没少闯祸。有一次见到父亲的老花镜放在书桌上,那时的眼镜框是由赛璐珞(一种塑料)制成的。我想试试它是否易燃,哪知那火柴一划着,一条眼镜腿就只剩下一根钢筋棍了。害怕会挨骂,我赶紧将眼镜放进抽屉里就溜走了。那一天,我心里七上八下难以安心。晚上父亲回来了,笑眯眯地问我干什么坏事了没有,我只好"坦白"了。父亲没有生气,只告诉我他在办公室里看文件时,眼镜怎么也戴不合适。当他看到一条钢筋棍的眼镜腿,马上就想到了他的调皮的女儿。

这些都是些点点滴滴的平凡琐事,可是细想起这些往事,我才醒悟到,年少时父亲对我的这种细腻关爱、耐心诱导和积极鼓励,为我后来成长为一个具有爱心、自信、敏感而又细腻的人奠定了何等重要的基础啊。

爱犊胜于爱己的父亲

十年"文革"彻底地改变了每个人的生活和家庭,深深地影响了几代人的思想和行为。我和小三那时正是青少年,像所有出生于临近解放前后的一代人一样,我们那时单纯又热情,对未来充满着信心和追求。在"文革"中,面对父亲被"打倒"、"关押",后来又"解放"、"三结合",一系列戏剧性的政治变迁,使我们对人生的追求有了很大的改变。更重要的是,这十年共患难的经历,深化了我们和父母亲之间的感情,使我们切身体会到了"难解难分"和"相依为命"的含义。

1966年8月3号晚上,我从学校回来,一进南师大的校门,就感到气氛不对。上了西山,只见家门口聚集了不少大学生,吵吵嚷嚷的。进了家门,只见门框上、墙壁上,全糊上了大标语:"打倒×××",屋里狼藉满地,两个大学生正催着父亲跟他们走。父亲穿着白色的汗衫短裤,抖抖索索的,好像连拖鞋也没来得及换,只匆匆地看了我一眼,就被拉走了。家里一下子静下来,母亲在楼上的屋里哭泣,我只觉得头脑昏昏,一片空白,和小三静静地坐在沙发上等着父亲回来。不知到了晚上什么时候,小五哭着回来了(他那时只有11岁),他告诉我们,很多人聚集在学校大操场上(那是学校放露天电影的日子),父亲和吴天石夫妇被浇上墨汁,挂上大牌子,低头弯腰挨批斗,然后又被拖走去游街了。好言安顿了小五去睡觉,我们在焦急不安中等待父亲的归来。大约是半夜时分,父亲被送回来了,他浑身浸透着墨汁,一句话也没说,就进到浴室去洗澡了。送他回来的学生叮嘱我们要好好看好他,以免他想不开寻短见。我们是又惊又吓,把刀剪、绳子、杀虫剂,凡是我们能想到的危险品都尽量地收藏起来。我和小三决定轮流守夜,我是前半夜,他是后半夜。记不清那一晚上是如何度过的了,有幸的是那一夜算是平安地过去了。可是从父亲后来的"反省"之中我们才得知,父亲当时是想到了自杀,还找到了绳子,但是当他站在西山的树林子里时,他想到了他的孩子们,他不能让孩子们为他而背一辈子黑锅,没有前途和发展。想到这儿他的眼泪止不住地流下来。为了孩子们,父亲他活下来了!

"八三事件"以后,有好几个月父亲都是无言无语的,整日待在他的书房和卧室里,反复地阅读着刘少奇的《论共产党员的修养》，静静地反思着眼前发生的这一切。可是他怎么也想不通：他跟随共产党一辈子了，怎么会一下子变成了共产党的敌对分子?! 他痛苦，焦虑，烦闷，又愤怒，但又无处去发泄，他不和我们任何人说话，只是沉默着。那一段时期，我们全家生活在一种非常沉重又压抑的气氛之中。

随着"文革"的深入，"红卫兵"诞生了，他们闯进了各个领域，搞分派搞分类，"打倒一切"，把整个民心搞得惶惶不可终日。每个人在精神上，心灵上，甚至于在肉体上都受到了不同程度的伤害。我们老二被"押送"到江西去"改造"；而小三则因不服"红卫兵"的管制，被押送到南京郊区去"劳动改造"。当时全中学只有两人被送去改造，一个是地主的女儿，一个就是我家小三。记得临行前，小三的心里很不平衡，躺在床上不吃不喝的，母亲竭力劝慰他，很是为他担心。当父亲在饭桌上听到小三因为他是"走资派"要送去劳改时，他的手颤抖得连筷子也握不住了，饭也吃不下了，他满目迷茫地自问道："我的问题为什么要牵连到孩子们？"每当我回忆起这段往事时，就难以平静，我被父亲那温柔的怜悯心肠所感动。

"文革"发展到中期，父亲被关到学校"牛棚"去了，母亲也下到学校农场去劳动，家中只有我、小三、小五和阿姨相依为命。1968年10月，我和小三报名到内蒙古去插队。临行前，父亲被放回来一天和我们告别。那是我永远也不会忘记的一天，只见父亲头顶着一撮破草帽，双裤脚打着绑腿，手里拎着几个破篮子，里面装满了杂七杂八的东西。坐下来后，他从篮子里拿出一堆彩色的袜线，那是他在打扫学生宿舍时，捡的破袜子，洗洗晒干后，他拆了这些袜子，用袜线来缝补被学生扔掉的塑料书包，旧草帽等等。他说："现在的学生太浪费了，好好的东西都扔了，很可惜啊。"他又从篮子里拿出几只破碗，几个报纸包，里面是父亲在打扫学生食堂时,从洗碗的下水道中捡回来的米饭粒。他用水把米粒冲洗干净,又晒干了,说是拿回来可以喂鸡。说到我们要去内蒙古了,父亲有些哽咽,但他鼓励我们,说内蒙古是一个广阔的大草原,我们一定会很有作为的,他真希望他当时也能和我们一块儿去。他让我们等着他,他一"解放"就会来和我们相聚,那时他会给我们拉火做饭,我们去放羊,那将多么快乐啊!父亲还专门叮嘱我:"你从小没有做过体力劳动,要实事求是,不能逞能,弄坏了身体可是大事啊。"后来父亲"解放"了,"结合"了,又回到大学去工作了。有人告诉我们,父亲一直是很"顽固",不肯低头"认罪"的。可在我们去了内蒙古以后,父亲完全改变了,在检讨会上,一提到我们去了内蒙古,父亲就声泪俱下,不可自制。他不能让孩子们失望,他让步了,"认罪"了,争取尽早"解放"、"结合",为了孩子们他愿意去做任何事情!

豁达,乐观一生的父亲

自从离开了父母到内蒙古插队,我就再也没有生活在父母身边。后来我在外地上了大学,成为眼科医生,成家立业了,但我总会回去看望父母亲。每次回家,父亲总是特别高兴。他会和我一起去散步,他迈着大步走得很快,我总是走着走着就跟不上他了。他会停下来等着我,还会在路边的小食品店为我买零食。父亲很关心我的学习、工作和家庭生活情况,问长问短从不厌烦。我生孩子了,父亲去医院接我和女儿回家,又为我生了个女儿而高兴。我坐月子了,父亲会叮嘱我不能受凉,不能久坐,还不能急着看书。我满月第一天,父亲陪着我出去走走,还不让我疾走快行。我中年事业发达,又出国深造,父亲是那样的高兴,希望我能学成后回国,为祖国作贡献。当我拿到博士学位的时候,父亲兴致勃勃地为我作诗庆贺,父亲真心地为我所取得的每一个成就而高兴和骄傲。

虽然我未能回国效劳,可是我理解父亲的心,他爱自己的祖国,爱他的事业,一生追求,毫无怨言。父亲乐观,豁达,很少抱怨"文革"中的往事。他晚年耳听不着,眼看不清,脑血栓造成一条腿行动不便,他还身患多种疾病。但是,父母亲每天谈论的是从抗日战争到解放战争,以及解放以后党的卓越成就,他们赞叹国家的巨大变化,为自己的祖国骄傲。每谈到激动时刻,他俩还会同声唱起许多抗战时期和解放以后歌颂党和祖国的歌曲。即使在父亲临终前住院期间,躺在医院病床上的他还时不时地唱起《我的祖国》等歌曲,充满了激情和欢乐。他的那种乐观情绪给医护人员和其他病患者留下了深刻的印象。

父亲临终前,在病床上曾深情地叮嘱过我,要我不要难过,他觉得他自己已经活得很长了,走了也没有什么遗憾。只是他陪伴不了母亲了,希望我们能好好照顾母亲,让她好好继续生活一段时间。这就是我的父亲,他敢于面对人生的各种挑战,也敢于面对自己生命的结束,这种气魄怎不令人赞叹!父亲并不是一个完人,但他是一个有追求,有理想,有情有义,豁达乐观的男子汉。他又是一个充满爱心,温和细致,善于教导的好父亲。我感谢父亲在有生之年给了我那么深厚的父爱,我更感谢父亲的积极乐观的人生观对我的影响。我希望我能像父亲一样,快快活活,充满信心地生活,直到生命的尽头。

张焕庭老师的革命事迹

林又常

张焕庭老师是山东省新泰县人,他是我30年代的老师,又是一起共度患难的革命战友。我们既有过师生同乐的美好情景,又有过流亡奔波的艰难岁月;既有过完成党的地下斗争任务的喜悦,又有过遭受敌人追捕的险遇。他从一个忧国忧民的爱国知识分子转变成为有无产阶级觉悟的革命者。他是学者,以他渊博的知识和实践为我国的教育事业作出了显著的贡献,无愧于时代,无愧于他的一生。他现在老骥伏枥,余焰增辉。忆昔往情,历历在目,令人心醉。

一

1935年秋季开学时,莱阳乡师的篮球场上出现一位篮球健将,看上去二十六七岁,一身健壮的筋肌和灵动的手脚,使我吃惊。传球、投篮、攻击、防守,快跳如飞,十分引人。

不几天,又看到他拿着点名册,学者风度快步如风地进入我们教室,经教务主任王衷一介绍,原来是新来的教育学教员,北师大的高才毕业生张焕庭。按常规,开学第一堂课是讲教学计划、学习要求,而这位新来的教师上第一堂课,给我们带来的见面礼是讲当前的形势与时事以及青年的使命与任务。

第二天,班上又来了位女教师。女教师上课,这是我校第一位。她朴素的装束、文静的风度,加上她流利的教学语言,显示出是位不平凡的女性。她名肖毓秀,任我们的教育心理学课。原来她是与张焕庭老师一起来的,是张焕庭老师的爱人,与张老师是北师大的同班同学。他们结成伉俪,一是同属北师大学习成绩的佼佼者;二是志同道合,同属爱国忧民之志所驱,决意要为提高民族文化素质共志。来校前才喜结良缘,同来莱阳乡师任教就职。

在当时,日寇进关,奸淫烧杀,国家民族存亡危难的时刻我们青年学生无不摩拳擦掌,义愤填膺。我们在读书,但这投身报国,拼杀敌寇的思想,已贯穿我们的思想和志愿之中,我们要求的是战时教育,爱国教育,到前线驱倭寇。因此,我们对老师的要求是:思想进步,能给学生以启迪,这是我们当时衡量一个教师好坏的前提。

我们的张焕庭老师给我们第一堂课的见面礼是先进,是爱国,使我们心悦诚服。之后,他就像吸铁石一样,吸引着我们几十个同学。我是篮球爱好者,在操场上,对老师似乎格外亲切。我敬爱他,欢迎他,在他身上我学会了很多东西,似乎说话,走路都把他当成楷模。他不是我们班上的班主任(班主任是何其芳),但张老师常去我们学生的自修室,参加学生活动,介绍新的书报。张老师还直接参加我们学生的座谈会,他的发言特别引人注目,既有新的内容,又有独到的见解,使人万分敬佩。

原来张老师有相当高的外语水平,当时我们学校订有英文版的《莫斯科日报》,他是直接阅读,很多我们看不到的新闻和苏联的先进革命思想、革命理论,他口若悬河,滔滔不绝,讲得有声有色,大大提高了我们的思想认识和革命情绪。

课程表上看到今天有张老师的课,同学们的思想情绪格外兴奋,笔记本、钢笔未打预备铃就准备齐全。他讲课从不为课本所限，更不是照本宣科，而是结合当前的形势和国内教育思想基础，以辩证唯物主义的立场观点，批判地讲述国内外的教育学派。特别对风行一时的杜威先生的资本主义教育思想进行严厉的批判，他讲的是苏联社会主义教育，列宁论教育思想。对中国孔夫子的学说，则除其糟粕取其精华，批判地继承接收。这些进步的教育、抗日的思想，最客观地反映了现实，也最符合我们的品味，我们欢迎他的这种讲课。

我们当时存一种异样的感觉，他不同于其他教师，似乎在支持我们的要求、愿望，并循序渐近地把我们的追求进步、渴望光明的纯朴思想，提高到一个理论的高度。他讲课不要课本，课本由我们自阅。如在讲社会科学、讲西洋教育中，经常列举西方的社会痼疾，揭露批判资产阶级的虚伪、反动实质；在讲中国教育时，则联系当时社会上存在的许多问题，如农村经济破产，失学儿童众多，80％的文盲、半文盲，国家科技落后，帝国主义入侵，民不聊生、哀鸿遍野等等社会状况，促使我们这些追求进步、渴望未来的热血青年，把胸怀国家兴亡，匹夫有责之志，上升到必须像苏联那样，进行无产阶级革命，才能建设一个富强的新中国的高度。

他兼任附小校长，在教学实施活动中经常举办展览会、学生表演、家长座谈会等，城内外学生家长来参观者络绎不绝，并欢迎师范部学生去参观学习。

张老师最大的特点是亲近学生，到学生群众中去。不论是操场、宿舍，经常可以听到他与同学们开朗的笑声。我和张老师又加一层是体育操场上的球友，更是格外亲密，虽有师生一层之别，而我们俩的思想感情却很深。他当时是一位任职的普通教师，但他所进行的教学工作，已经超过了仅为提高学生文化的范围，成为无产阶级革命思想的宣传者。

他在莱师当教员的一年里,把爱国主义作为思想和工作的基底。1931年"九一八事变",日本帝国主义侵占了我东北大片国土,而国民党反动派推行"安内攘外"、"不抵抗主义",抑制共产党的抗日主张,企图消灭共产党。为此,张老师对帝国主义及其爪牙十分愤恨,他向我们学生急呼,亡国的条件绝不接受,中国的领土一寸也不能失守。他感到最有希望的是共产党,最可靠的是青少年一代,四亿人口青少年占一半,把这批青少年一代唤醒起来抗战,就一定能保卫我们的祖国。为实现这个愿望,他在我们莱阳乡师,同他爱人肖毓秀合力,采取了两种办法:一是在课堂的内外宣传抗日救国,从帝国主义间的矛盾和斗争、资本主义社会衰退与教育事业的变化中,揭露资产阶级教育性质及其伪骗。分析半封建半殖民地人们的心理动态与人格的形成,批判了国民政府的教育政策。二是凭籍他有外语知识的优势,将英文版《莫斯科日报》作为他从事进步工作主要资料。把报上有关教育、心理、政治、社会等问题的论著和报道翻译出来,并在课堂上结合讲授,介绍取得无产阶级革命胜利后的苏联和苏联的社会主义教育,启发我们认识中华民族的前途和教育事业的出路,指引我们走向救国救民的革命道路。为此,他受到许多同学的爱戴和拥护,尤其受到思想进步学生的拥护,待之如亲友,赞誉他是教学质量最高的好老师,敬为良师益友。我当年作为他的学生,受其良教,走上无产阶级的革命道路。他对我的人生产生了很大影响。

张焕庭同志当年在莱师,从《莫斯科日报》英文版上翻译的《苏联教育政策》、《列宁论文化教育》、《巴甫洛夫生平及实验》,《巴甫洛夫条件反射与高级神经活动》,《巴甫洛夫的实验和猩猩》等译文,都寄到当时的北京《文化教育》杂志上刊登了。他未要报酬,无条件奉献,他希望一个旧中国能像苏联那样转变为一个新中国。

当时,共产党的主张和新的教育思想已深入莱师,焕庭老师纵观这些学生的思想活跃情绪,他也希望自己能像共产党人那样,从事人类的伟大事业。他当时积极接近进步的青年学生外,还积极观察同事的言行和思想,常与当时的王衷一、载伯行、瞿来光等教师一起论谈国家民族的前途和命运。

1935年"一二·九"学生运动消息传到我们莱阳乡师,张老师在课堂上大讲特讲学生运动的作用,声援北京学生;并结合当年在北师大读书时亲历"九一八事变",北京学生到南京请愿和抗日的活动,讲得学生激动泪流。

1936年,他离开我们莱师,任教于山东省立济南乡村建设专科学校。在那里同在莱师一样,他更加积极地与青年学生打成一片。这所学校是在原有的高级农业职业学校、济南乡村师范学校(省立第一师范)及附小的合并基础上,又招收了一些专科学生,而命名专科学校。学生的年龄与他相近,由于他教学内容新颖和进步,受到学生的欢迎。学校缺少训育主任,鉴于张焕庭年轻有为,又受学生欢迎和爱戴,学校当局逼迫他接受训育主任的聘任。他担任训育主任后根本不按国民党的旨意对待学生,对学生们开展的爱国活动不仅积极支持,而且与学生打成一片共同活动。如每周学生主持的《1929年世界经济恐慌》、《西班牙内战》、《洛桑会议的结局》、《爱国运动的发展》、《中国革命的前途》等等座谈会,他不但被青年学生入情入理、慷慨激昂的言论所打动,而且一起发言论理。由于学生们的活动触及了国民党反动统治的戒律,国民党反动派的特务即说学校有共产党活动,突然要搜查共产党和嫌疑份子。校长即把张焕庭找到办公室,向其威逼:"谁是共产党,你经常接触学生,把名字开出来。"张焕庭老师义正严词答复:"经常接近学生、了解学生是本职,谁爱睡懒觉、不上早操、不上自习的人我知道,谁是共产党他们的脸上没有刻共产党三个字,我不知道。"特务们一听发了火:"你训育主任应该知道!"张焕庭老师一听来言不逊,为保护进步学生即与他们大吵起来,接着反动派的特务逮捕几位学生,张焕庭老师趁特务们不注意时离开了学校。那几位被捕的学生后来都成了革命的领导干部,他们视张焕庭老师为革命的启蒙者。

1937年2月,张老师到了山东聊城师范(山东省立第三师范)当了半年的教育学和心理学教员,专为师范生学习小学教学写了一本《小学教学法》(聊城印刷局出版),后因时局变化而离开此校。

抗日战争爆发后,日军逼近山东,山东的学校纷纷南迁。张老师不忍国土沦丧,同胞受辱,决定回老家山区组织小学老师带领群众打游击。他在1936年7月国难日深之时,为保卫国土,曾在济南辛庄第三路军兵营受过一个月的军训,学习步兵操典、射击教范,防化防空,实弹射击及马术等军事知识。他曾想过,日本只几千万人口,我们有四万万同胞,如果村村为营齐上阵,一定能战胜它。他回到老家山区一联络,得知山区一带的小学教师早被国民党反动派的摩擦专家为对付共产党,拉拢去加入复兴社,故无法实现打游击计划。他又去联络村上一个曾在伪军张步云部下混过的亲戚戴焕椿,希望他能去说服张步云部,发给一些枪支组织民众抗日,可这位老表一去未回,知事有变计划难施。面对国土丧失民族受难,他想自己作为中国的知识分子不能无所作为,他与爱人商量,决定同去延安,找共产党,进延安抗日军政大学学习军事。夫妻双双带着一岁孩子大力,踏上离乡背井的征程,我也在奔向延安的路上与老师又相逢于济宁。

二

　　张焕庭老师追求革命,既有时代风云的促使、新思想的感染,又有他遭受过生活磨难的苦遇。我与他相处的时间里,他经常讲他的过去,曾有意地启发教育我。他常说,再苦我不怕,当年吃野菜树叶的日子,终身不可忘。

　　他1910年7月出身于山东省新泰县羊留乡董家庄一个贫农家庭。全家祖孙三代兄弟姐妹十一口人中,唯其父能劳动,冬、春季节靠野菜、山芋叶度日。他六岁就参加劳动,因其聪明,1917年其父送他到本村四年制的初级小学求学,每次期考成绩第一。后因生活所逼,张焕庭随其父到了泰安,进了教会创办的新学制高小,毕业考试成绩最好,全班之冠。其父觉得他有前途,于1924年送他考入泰安美以美耶稣教会创办的完全中学——萃英中学。这所学校设备齐全,师资力量强,可是学费高,一般贫寒子弟难以入学,但这所学校也为贫寒教徒的子女的入学设有"勤工俭学",即有熟皮革、打扫庭院、拖地板等劳动,他就靠拖地板而免交学费。在当时军阀混战的年代,公办学校都关闭了,只有外国教会势力办的学校不受影响。泰安萃英中学在山东全省是独一无二的高级完全中学,这所学校的课堂、书房、食堂、操场以及卫生设备都很讲究,教师也多为美国人,重视文科、外语和体育。学校的布告、通知、课表、作息时间及平时的对话都是以英语为主,当时教会办的学校,虽是具有一定的文化侵略性,但在传授现代科学知识上是有一定作用的。作为穷学生的张焕庭紧紧抓住少年学习之机,充实了自己的知识,他的外语水平就是在这里打下了基础。

　　时代的风云,促使他不得不把自己的命运和国家的灾难联系在一起。1927年,国民革命军北伐到泰安,日本帝国主义这时又侵占了济南,烧杀掠夺,制造了震惊中外的"五三惨案",泰安各界人民召开群众大会,提出打倒列强除军阀,把日本人赶出中国等口号,张焕庭参加了这一系列的游行声讨活动,受到了很现实的爱国主义思想教育,从而对"国家兴亡,匹夫有责"之词产生强烈的现实感受。同年暑假,山东教育厅在萃英中学举办暑假讲习班,受训的对象是全省中小学教师,他也去考入了这个学习班,接触了孙中山的三民主义、建国大纲、建国方略的理论思想。联系目前列强侵略、国事日危的实际,他的爱国热情似烈火般地燃烧。讲习结束,他回到学校继续读书,同学们觉得他受到过新思想的训练,拥护他组织学生自治会,推选他当主席,催促学校当局,在中国的土地上办学校应向中国政府立案,同时发动同学上街宣传抵制日货,打倒日本帝国主义,把日本强盗赶出去。这些爱国主义的行动,引起了学校当局的注意,学校当局对学生会提出要向中国政府立案的问题颇为反感。借此,美国校长以学校应以学习为重之理由,不准学生到校外去活动。学生会没有听他的话,继续上街宣传,高呼取消一切不平等条约,外国人在中国土地上办的学校、医院、慈善机关等均应向中国政府备案,这样引起美国校长、教师的恼怒,下令停止学生自治会的一切活动,并张贴出开除张焕庭等人学籍的通令。

1928年冬,张焕庭不得已离开了萃英中学。次年2月考入了山东省立第二师范学校,即曲阜师范。这所学校的进步老师比较多,如楚图南、陶纯、张郁光等,在那里他阅读了很多的进步书刊,如《彷徨》、《呐喊》、《出了象牙之塔》、《共产党宣言》等,使他的思想境界进入了一个新的阶段。

曲阜师范是反帝反封建的进步学校,为了摧垮封建势力,曾公演了轰动全国的《子见南子》剧,张焕庭是积极的参与者,在实践中,他学习了很多先进思想和革命斗争经验。

1931年7月,他考入了北京师范大学教育学院心理专业和文学院外文系读书。他刚进校不久,爆发了震惊中外的"九一八事变",日本帝国主义侵占了东北,全国人民与爱国之士莫不义愤填膺、同仇敌忾;而国民党反动派政府推行"安内而攘外"的反动政策,秘密与日本帝国主义妥协,签订《塘沽协定》《天津何梅协定》,并集中军力物力围剿共产党,企图消灭共产党。北京学生热血沸腾,坚决反对对日妥协,反对投降,组织了浩浩荡荡的学生队伍南下请愿,敦促国民党政府抗日,张焕庭积极参加了这场爱国运动。南京国民党政府不但没有回答,还出动了一个师的兵力,将南下学生押至浦口推上火车遣回北京。作为学生的张焕庭,对国民党反动派政府不但不抗日反而制止爱国活动、加紧围剿共产党的倒行逆施非常气愤,恨不得将国民党反动政府推翻。在这危难之时,他看到共产党的部队北上抗日的宣言,上海进步人士的国难声明和全国青年学生不可辱的爱国情绪,他相信中华民族是不可侮的,只要唤起全国民众,就能战胜敌人,战败日寇,还我河山。于是,他立下教学救国的宏志,在北师大读书的日子里,他一面学习,一面宣传教育与科学救国的道理。他觉得外文是学习外国资料的工具,很重视外语的学习。在这个时期,他阅读了大量的苏联教育和马克思提出的全面发展的理论。他在毕业实习时,就把宣传救国教育的问题进行实践,做了两件有作为的事:一是义务创办《教育短波》期刊,自编自发给北京郊区和广大乡村小学教师,不收分文。二是参加师大学生义务办的平民学校,接收附近家境贫寒的子弟免费入学。他从大学一年级直到四年级毕业,才离开平民学校,离开学校时,北京社会局与师大校长给他颁发了"服务热心"的奖状。

三

抗日战争爆发后,国土大片沦丧,人民流离失所。在这危难之中,我和张焕庭老师在济南重逢。这次相逢不同于第一次,别有一种滋味在心头,除简述别后之情,在日寇侵略、国民党不抵抗的情况下,我们异口同声爆出心声:"去延安。"

敌人已逼近黄河,人们南撤,兵荒马乱,我们被迫到了河南南阳,也是我们生活苦难之始。我贫无分文只有依靠张老师,而张老师已拖家带口,十分危艰,但待我如同兄弟。在敌人轰炸的情况下,我和肖老师抱着不到一岁的大力,手拿干粮背负行李艰难前进。南阳白河边,我们没有吃过饱饭,我们虽然在逃难的路上,困难、饥饿时刻在威胁着我们,但我们是要去延安,是为争取挽救国家民族危亡而斗争。尽管困难,但学习、工作我们没有放松。我们深知重任,研究《新华日报》社论、分析形势、时时刻刻打开地图寻找去延安的方向和路线,成为我和张老师日夜必谈的内容。

南阳有一个"卧龙岗",此间我确实在"饿龙岗"。适逢春节期间,身无半文的我睡在一间破房内,白天硬着头皮在张老师的临时住处吃两顿饭,可晚上只能凭一件破棉衣护身度夜。张老师一家四口住在小旅店,也没有更多的钱,在这举目无亲的情况下,只有随张老师到山东流亡学生中争取一点生活费。从南阳到湖北的老河口只有几天的路程,我和张老师一起徒步同行。

老河口是鄂北重镇,有生活书店分店,并代售《新华日报》。我同张老师天天来,并有意组织学生来看。满街是我们同学和伤兵,我注意发现进步学生,所结识的同学多引他们来见张老师,张老师善于分析形势,鼓舞学生在艰难的流亡行程中,明确我们的主要敌人是日寇,要抗日救亡;并以《新华日报》为内容,宣传共产党在延安举旗抗日,抗日有希望。因而抗日救亡学生都喜欢他,这样我们结识的进步学生就越来越多。我是"民先"队员,与张老师虽从表面上看是师生关系,可我与肖老师实质上是团结进步学生的组织者。作为民先队员,我在宣传中还要慰问伤兵、唱歌、演戏,张老师便鼓舞我、支持我。此间一批批去延安的学生,不少是受老师的影响和鼓舞去的。

来到均县,我仍无棉被鞋袜,是张老师的爱人肖毓秀老师送我一条棉被。他们住在居民家里生活似乎安定些,在这样一个危难的情况下,肖老师像母亲一样对待我。热天无衫衣,肖老师用土布亲手缝了一件背心给我。此间,他家里来往学生多,无处坐,只有坐在他们的板床和桌子上。他们热情,同学们渴求知识,大家在感情上紧紧凝结在一起。

我同张老师来到山东联合中学(国立六中)后,感到校内情况复杂,封建地区意识深厚。师生以地区形成派系,互不团结,一千多人的行军队伍因吃住往往引起一些纠纷口角,甚至打架。加之少数反动派煽动,有人便提出"只读书,不看《新华日报》,不读生活书店的书"的言论。当时进步力量薄弱,多属安分守己,四十多岁以上的老师多,在此情况下,我同张老师多次分析研究学校的形势。张老师指出"多数流亡出来的师生是不愿当亡国奴的,这本身就是进步力量,只要宣传诱导会起来抗日的"。后来研究决定,为了搞好这里的工作,我们暂缓去延安,决定把六中的抗日救亡工作开展起来。

学校上课后,多数同学并不安心课堂学习。我们是在日寇进犯、步步紧逼的形势下背井离乡流亡后方,前方蒋介石部队节节败退,一个保卫武汉的局面已形成,而且处处吃紧。我校地址在汉水上游,距武汉很近,在此情况下,我组织全校的宣传队、组织学生班会，张老师也主动把简师三级二班（他任班主任）的班会组织起来，成立了宣传、时事座谈、壁报、话剧等小组。各小组的活动张老师都要亲自参加，为班会写出学习讨论提纲，指定阅读材料，启发、诱导学生发言，讨论十分热烈，从而促使其他班会的建立和发展。

张老师对学习抓得很紧，除购置生活书店出售的进步书籍外，还邮订了《新华日报》、《解放》、《群众》等报刊。他学习很认真，对《新华日报》的重要文章，特别是社论，划满了红线和红圈，重要的地方还要加以发挥，并提出自己的见解。他看过的报纸、杂志，都要拿到班上让学生传看，重要的地方要学生讨论学习。

张老师的报告和讲课，总是以《新华日报》的论点和社论为依据。记忆中，在武汉吃紧时，《新华日报》提出保卫武汉的口号，文章中指出"坚持抗战到底，反分裂、反倒退、反对投降，反对大汉奸汪精卫、周佛海等偷偷投靠日本，在南京成立伪政府"。张老师就根据《新华日报》内容，大讲抗战必胜，坚决反对投降，并向学生公开讲：中共在延安举旗抗日，抗战胜利是有把握的。他阅读了毛泽东的《论持久战》，就以论持久战观点，向同学们讲解抗战必胜的道理，在学生中起到了很大的鼓动作用。

当时保卫武汉是全国战区的重要组成部分，也是学生们最关心的问题。武汉上空的空战，是苏联来华志愿军参战并击落日机，这些振奋人心的消息，张老师总是抓住时机，讲苏联社会主义无偿的援助，以此说明我抗日杀敌不是孤立的，有爱好和平的人民和进步力量在支持我们。

由于有丰厚的文化基础，张老师上课作报告都以我党的抗日主张和《新华日报》为依据，讲课有声有色，有很强的煽动性。学生们喜欢听，也很渴望从张老师那里得到知识，得到启迪。学生们常向他提问题，如延安在什么地方，如何去，什么是社会主义、鲁迅的为人等等,张老师都明确予以答复。来到均县初期,部分学生对延安不了解,张老师便公开谈论延安、介绍延安,并号召学生们去延安。在均县第二批去延安的二十多名同学中,有的学生就是在张老师的家里研究走的路线和凑齐费用。张老师不仅道义上支持他们,而且还赠送路费给他们,送他们到汉水边登程北上。

四

在均县时期,是我校革命力量发展进度最快的时期。抗日救亡的进步组织都健全扩大,全校师生多数已加入抗日救亡的洪流中,迫使反动派抬不起头来。全校师生做到言论自由、出版自由,壁报如雨后春笋布满了全校和大街。宣传队、话剧团有几十个,张老师在这些宣传团结教育和发展革命力量的活动中,起了积极的作用。他的思想和行动,早已具备了共产党员的条件,由于他在教师和学生中有较高威望,我党有些宣传工作,党员不能直接公开地出面去做的,而经张老师做了会得到较大的效果。当时上级党组织认为,暂不发展张老师入党,既有利于党的事业,也更能发挥他在革命斗争中的作用,因此,暂未办张老师的入党手续,但我们已把他作为党员对待。

张老师早在1937年前即有参加共产党的要求,在济宁与我相遇时,他抢先提出"到延安去"。他说有共产党领导抗日,一定会胜利。他表示"国民党靠不住,毛泽东是当代伟人、军事家、理论家,我很想见到他"。我们一起分析形势时,他常向我表露心情:跟着共产党、毛泽东才有希望。他常向学生宣传:人各有志,怀有报国大志的青年,最好是去延安。在国难的时候他常说"要是能找到党的领导,就好办了"。1938年夏天在均县时,他在家里同来访的少数学生谈及争取进步时,他讲:"能作为一个共产党员是最光荣的,可惜我找不到党,只有到延安去。"

张老师的爱人肖毓秀,在流亡生活的艰苦日子里承担着繁重的家务,她不仅支持张老师的革命言行,随时准备承担张老师的风险,而且她直接参加了抗日救亡的宣传活动。由于他俩都是大学生,有知识才干,倍受学生的尊敬。当时我们的一些革命活动和工作商讨都在她家进行。她和张老师离开山东,走上流亡的路途,就立志要去延安。那时他们已有孩子,行动不便,她说"要革命带着孩子有困难,只能将孩子送人才能去延安了"。当时,我既要全力以赴进行革命斗争工作,又遭受生活的极度困难,我不仅得到了他们家对我生活的救济和工作的支持,同时从他们的革命思想、夫妻共度患难和志同道合的高尚情操中受到了很大的教育。

抗日战争爆发后,张老师赞成共产党抗日民族统一战线政策,抨击国民党"攘外必先安内"的反动政策。我同他一起到六中一分校,由于我们怀着共同的理想,表面上他是老师我是学生,但实际上他与我在一分校是共同争取进步革命力量的战友。我们曾一起研究如何去延安,动员学生同行,一起积极在校争取发展进步力量的斗争。

张老师在简师任教育课,他结合战时形势以辩证唯物主义的观点,阐明战时教育的内容与实施。结合战时群众的心理讲述心理学,指出青年和知识分子在抗日救亡中的前途和责任。由于张老师具有进步的革命思想,加上他有渊博的知识和流畅演讲的口才,所以他讲课和演说具有很强的宣传鼓动力,常激起学生共鸣,大家热血沸腾、摩拳擦掌要求上前方、上前线。

他讲授教育课和心理学课,总是把我党的主张、政策、路线以及他接触到的毛泽东著作的理论融在自己的演说和讲课稿中。求知识、求进步,追求革命真理的人都愿意来听他的讲课,当时学生们称他是"进步的教育家,讲话讲到我们的心坎上"。

他在一个班级讲课,常引来其他班级的学生来听他讲课,教室内外都是水泄不通。每当这种情况下,他都倍加激昂地讲述毛泽东的《论持久战》和八路军抗日北上的事迹,他曾在课堂上以痛斥之词直指"国民党是假抗日真反共"。

由于张老师教学教得好,旗帜鲜明地宣传我党的抗日主张,抨击国民党顽固派的投降政策,并积极鼓动追求进步、渴望真理的学生去延安,引起了学校内国民党特务注意。当时学校中追求革命真理的学习空气浓厚,张老师在学生中的威望很高,特务们不敢公开对张老师进行抵毁和攻击,而是暗地里在学校内外和大街小巷张贴出侮辱张老师的大标语,说他是破坏军民团结的共产党等。敌人的诬蔑引起了进步学生的反击,为了维护张老师的正义和声望,反击敌人的破坏与捣乱,争取更多的进步力量,我立即组织进步学生联合了十八个班级,写出了十几米长的壁报,大标题为"替张老师辩侮",此事震动了校内外。这次反击斗争不但维护了张老师的声望,而且团结争取了更多进步教师和学生来支持,壮大了进步的革命力量。

虽受到敌人的攻击、造谣、侮蔑,但没有阻止他革命的毅力,他的抗日宣传工作更为积极,而且扩大了工作范围。他深入教师队伍中进行工作,如年近六十的老校长曹香谷,经过多次的宣传教育工作,曹校长也积极支持我党的政策,支持抗日救亡活动。在他的影响下,每次去延安的学生中临沂乡师的学生较多而且参加革命组织的人也越来越多。

我们在学校组织抗日救亡活动,发展革命力量,是在与国民党顽固派不断地斗争中取得的。曲阜师范校长杨书田是个杀人不见血的法西斯分子,一学期就开除了几十个学生,张老师义愤填膺,当场揭露杨书田镇压学生运动的罪行。李冠五是"复兴社"头子,还有宋东甫、王运迟等都在进行破坏活动,为了促使革命力量的顺利发展,我们在各个场合注意敌人的行动,并及时把他们的丑恶面目公诸于众。

国民党顽固派一贯散布抗日三日必亡的悲观论调,扬言"安内攘外",实际节节败退,连日寇都嘲笑国民党部队败退之快飞机都赶不上。顽固派散布的悲观论调,对我们学校部分师生有一定的影响。为坚持我校师生抗战必胜的信念,张老师与我研究,要我在宣传队中加强政治思想工作,有计划地宣传《论持久战》及"平型关战役";宣传抗战英雄张自忠和八路军敌后战斗的胜利;促使学校当局举行悼念抗日英雄范筑先先生的追悼会。范筑先是聊城专署专员,他虽是国民党官员但赞同我党抗日主张,自办军事训练班为我党培养了不少军事人才,有的成为军区司令员。他以无畏的革命精神和民族气质同广大人民群众坚守聊城,打击日寇而阵亡,他具有的民族气质,受到聊城人民的敬仰。张老师是从聊城来的,请他向部分班级专题讲范筑行的英雄事迹,可说是对全校师生进行一次爱国主义教育,提高师生们的抗战必胜信念。

为了发展革命形势,张老师同我沿汉水,拿着干粮走山路一百多华里到中学部去进行宣传。我们分别到教师和学生中开展工作,影响很大。不少原报名去国民党战干团的学生经宣传也就不去了,从而使中学部的革命形势起了变化。

同张焕庭老师在六中一分校的日日夜夜里,他为我们党做的工作我至今记忆犹新。

五

　　武汉陷落后,国民党更加积极地走向消极抗日、积极反共的道路。秉承国民党教育部旨意,更换了校长、主任,大量安插反动党、团员,竭力压制进步力量,张焕庭老师首当其冲,被撤职解聘,学生闻之万分气愤。在党的领导下,我们掀起了一个很大规模的反杨书田校长的运动,赶走了杨书田又打跑了新校长胡干青。由于形势所迫,学校迁回了四川,张老师一家人乘船到白河时正值肖老师分娩,张老师和肖老师商量,为了便于去延安只有忍痛把刚生下来的二力送人,但由于对抚养人要求高,送子未成,生活所迫只得随校到了四川。

　　张老师被解聘后到教育部第五服务团三台分团。三台是川北政治、经济、文化中心,东北大学也暂设在这里。张老师来三台后仍然在坚持抗日活动,反动派也注意到了他。我随校迁驻梓潼后不几天就到成都转党的组织关系。为了尽快地解决张老师的党籍,我特来三台介绍对他的考验情况,经地下党组织的批准他加入了共产党。张老师为了开展东北大学的工作,特约我组织篮球队到东北大学内进行友谊比赛,从而又结识了更多的进步学生。张老师的马列主义学习抓得紧,《资本论》、《列宁文选》天天在精读,他的联共党史、马列书刊,尽属英文版本,张老师的英文水平高,读起来不吃力的,而敌人却不知道他在读什么书。

　　1940年春敌人制造了"成都抢米事件",造谣川陕公路沿线共产党暴动,以此为借口破坏我党的组织并将我逮捕。经学校营救获释后,我日夜兼程赶到三台张老师的家中暂时隐蔽。为了安全,组织上要求我离开三台,张老师介绍我暂到川东大竹县找曹香谷安排工作,可是那里也在大肆搜捕地下党,曹身为县长怕我牵连到他,要我到别处去,我只得又返回三台在张老师家住了两个月之久。

我在中江土门寺工作时,张老师为了更好地开展党的工作,徒步二百华里由射洪到中江与我交换工作经验,研究下一步的工作。在这里,张老师同我读了苏联的革命史,读了斯大林的英勇事迹,我们从中受到极大的鼓舞和教育。

张老师对党的"隐蔽政策"、统战工作理解深透,他在反共高潮中,转移到射洪任小学教师。射洪佛保场地处偏僻的山区,封建思想浓厚,帮会"哥老会"占绝对优势,而校长既是封建把头,又是地方乡长。张老师和肖老师等人以最大的努力先搞好本职工作,争取地方群众的信任。他们在不长的时间里办起了初中班,通过学生家庭访问、开家长座谈会、将学生的成绩进行展览等系列活动,得到了人民群众的好评。校长为巩固他的政权亦在多方拥护张老师,这样就为张老师开展进步教育,在学生和家长中宣扬我党的抗日救亡主张提供了有利条件。

后来,由于张老师的身份暴露,三台党组织通知他转移至遂宁。在遂宁师范教书不到半年,由于学校当局镇压学生而引起学生反抗,爆发学潮,敌人怀疑张老师是幕后指挥。危急中,在一位女学生及家长的掩护下,张老师悄悄地潜离遂宁脱险,到了江津县白沙镇。

在国民党反动派掀起的第三次反共高潮的严酷时期,我们中江三台一带的党组织相继遭到破坏,党组织及时传达指示:党员应迅速转移隐蔽、断绝通讯。在这种形势急剧转变的情况下,我与张老师失去了联系。

我与张焕庭老师在国家民族遭受危难之时,为了追求革命真理、解救人民,从山东到四川千里奔波,经受了喜悦的重逢和悲切的分离。在共同为党和人民的事业进行战斗、工作的几年里,我深感他是一位意志坚定的革命战士,无论是在艰难困苦的情况下,还是在遭到敌人迫害和追捕中,他总是不停地工作,壮志不移,坚定实践着他立下的"我是为真理而奋斗,什么都不怕"的誓言。

1945年抗战胜利后,他在重庆上清寺第十八集军代表团办事处找到李登之同志,李叫他速回山东老解放区工作。他积极筹办路费,打算取道南京而后经青岛转入解放区。但到达南京后,这时国民党蒋介石已积极准备发动内战,封锁了解放区。他经朋友介绍落脚在无锡的省文教学院,担任心理学、教育学教授。在国民党发动内战的形势下,他感到虽然不能去解放区,这国民党统治区也是斗争的战场。他翻译了《列宁论文盲》,编写了《实践教学方法试论》、《哲学的用途》,先后发表于《民众教育》和《大公报》上。他积极参与进步学生的"反内战,反迫害,反饥饿"的三反运动,抨击学校当局以成绩为由退除进步学生,抨击反动派迫害、逮捕进步学生。他的进步思想和言行引起敌特的注意和监视,并于1948年遭到国民党教育部的密令将其解聘。

六

1949年南京解放伊始,在党的领导下张老师全心全意地扑在发展我国的教育事业上。在之后四十年的教育生涯中,他有过取得成就的兴奋喜悦,也经受过住"牛棚"、挨批斗的非人遭遇。然而,他为我国教育科学事业所进行的教学和研究,则已对学科建设和发展产生了重要影响。

1949年秋,苏南行政公署教育处任命他担任筹建苏南文化教育学院的工作,委派为教导部副主任。1952年任苏南师范学院(同年更名为江苏师范学院)心理学、教育学教授,副教务长兼外语系主任。编写了《杜威教育思想批判》、《全面发展的学说》、《科学研究与交流》的论著。1957年授命筹建江苏师范专科学校(后改名为徐州师范学院),任筹委会主任。1959年被调至南京中国科学院江苏分院,筹建江苏教育科学研究所,任研究员兼副所长,从事研究心理学和教育学的科学理论。在江苏省委的指导下,协助创办全国闻名的"农业中学",编写了《农业中学丛书》、《江苏教育十年》、《毛泽东思想学习参考资料》、《中小学十年一贯制各科教科书》、《师范教育史》。1961年春,在中央宣传部召开的高等学校文科教材选编会上,张老师参与制定教育教学方案;评议凯洛夫教育学的优缺点;担任《西方资产阶级教育论著选》主编,此书为教育专业外国教育必修课本。在教育科学理论研究中,他在《江苏教育》杂志上发表若干篇论文,如《提高教育质量》、《如何进行儿童教育问题》、《量力性与可接受性问题》、《如何贯彻教育方针》等,为提高教师业务,培养人才作出了贡献。"文革"十年的动乱结束后,张焕庭老师焕发了青春。在十一届三中全会的鼓舞下,他重点研究社会主义特色的教育理论与心理学理论。去年出版了《十年来教育理论研究的成果和问题》一书;1975年到1985年在北京主编了《汉英实用词典》、《中国大百科全书》教育卷;主编了高等师范院校教材《心理学》。1986年受华东七所师范大学委托主编了《师范院校公共课心理学》。

张焕庭老师老骥伏枥,发挥余热。在近十几年中,除主编书籍外,撰写了数十篇心理学与教育学的论文,为改革心理学、教育学的旧式理论体制,建立适合中国实际的心理学、教育学研究体系,身体力行建立了功勋。最近还主编了约百万字的《教育词典》,着手撰写了"老年心理学",这将给我国老年人带来福音。

(该文写于1988年,作者曾任中共梓潼特支书记,解放后任成都某军工厂厂长。)

怀念张老焕庭
——纪念张焕庭同志诞辰一百周年
周立人

张焕庭同志是南京师范学院的副院长,我们总习惯称他为"张老"。他离开我们已经有好多年了,可是我们仍时常怀念他。在他诞辰一百周年之际,我校出版社准备出版《张焕庭文集》,向我征稿,我感到义不容辞,许多往事令我终身难忘,我理应将对张老印象最深刻的几段经历写出来,用事实说明这位长者的可敬之处,并以此纪念他的百年诞辰。

一、在教科所

1958年秋,我从北京师范大学教育系研究生毕业回到江苏,当时江苏省教育厅正在筹建教育科学研究所,厅长吴天石兼任所长,我就被派到教科所工作,后又调来吴又明、杨瑟等同志。这年12月,张焕庭同志也从徐州师范学院调来教科所任副所长。他是专职,所内的日常工作,主要由他负责。他来后的第五天,时近年底,我将初步拟好的要订购的来年的报刊及图书清单请他审批,他签字后请我坐下谈谈。我按通行习惯称他"张所长",他笑着说:"不必称什么衔头,叫我老张就行了。"我说:"我也不主张称官衔,那就称你张老吧!"他说:"我才50岁,称不上老。你在解放区工作过,听说解放区上下级和同事之间都是互称同志或老张、老李等等,这样不是很好嘛?"我当然表示赞同,但他毕竟是老前辈,我们仍习惯称他张老。他又谈到我是北师大研究生毕业,他说他也是北师大教育系1935年的毕业生,算是老校友了。他还对我说:"听吴厅长介绍,你在《江苏教育》杂志社当过编辑,能写文章。听说你在北师大写的毕业论文很好,北师大已决定将你留校。江苏省教育厅写信给教育部据理力争,因为你是带薪学习的,才把你要回来,后来北师大又派王策三等同志来教育厅协商调你去北师大工作,教育厅还是没有同意。这些情况,你都已知道了。现在留你在教科所工作,不知你意见如何?"我知道他是做我的思想工作,要我稳定下来。我当时衡量"去"与"留"各有利弊,既已留下来,就不必犹豫。因此,明确表态:"一切服从组织安排,既然这儿需要,就在这儿干。"我心里明白,他对我的情况,事先已有较多的了解。所以第一次谈话就一见如故,亲切而自然,毫无生疏感。

当时,全国教育界正大力掀起学习贯彻党的教育方针和毛泽东教育思想的热潮,在那特定的历史条件下,教科所必须全力配合。张焕庭同志根据吴天石厅长的指示,和我商量,要我编辑一本《毛泽东教育思想学习资料》的书,要对毛泽东教育思想的主要观点加以概括提炼,并用醒目的标题加以指明。资料力求丰富全面,除了毛泽东本人的论述外,党中央的有关文件和《人民日报》的有关社论等都可入编。根据张焕庭同志的要求,我大量阅读了毛泽东有关教育的论著,经过反复研究,确定将毛泽东教育思想分列为六个专题:① 教育必须为无产阶级政治服务;② 教育必须与生产劳动相结合;③ 教育工作必须由党来领导;④ 教育工作必须贯彻群众路线;⑤ 教育工作必须多快好省;⑥ 知识分子必须又红又专。每一专题又分列若干小标题,然后将有关资料分别编排到各个专题和小标题之中。这样看起来眉目清楚,条理分明,容易掌握要领。全书约20多万字。书稿送给张焕庭同志审核,他看了之后,非常满意。连声说:"好、好,特别是六个'必须',概括的很精确、很全面,基本上将毛泽东教育思想的主要观点都提炼出来了,这在国内还是第一次提出来的,这本书必须尽快出版,以适应当前学习的需要。"我立即再次精加工并写了编者说明。此书由江苏人民出版社于1960年6月正式出版,受到各方面的好评。现在看来,当时有些提法明显有"左"的倾向,这是那时的历史条件使然,也是毛泽东有关教育的论著中确实存在"左"的思想的反映。

接着,张焕庭同志又和我商量,他建议我将概括出来的六个"必须",分别加以深入研究,写出六篇专题论文,送有关刊物发表,将来再汇合起来,编成一本论文集。这也说明我们教科所有了初步的研究成果。按照他的意见,经多方面研究,我连续写了三个专题论文,分别在《江海学刊》和《江苏教育》等刊物上发表,其中《论教育与生产劳动相结合》一文还曾被《人民日报》摘要转载。张焕庭同志看了很高兴,鼓励我继续写下去。可是1959年写到第四个专题《论教育工作中的群众路线》时,正值庐山会议错批彭德怀。接着又在全党掀起了反右倾斗争的狂风恶浪。由于我对当时狂热的极"左"的"大跃进"讲了几句要提倡实事求是的话,便遭到教育厅少数负责人的种种迫害,他们恶狠狠地说:"讲实事求是就是右倾",并下令教科所不让我发表文章。我写好的第四篇专题论文,无法发出去。张焕庭同志见到我,只是摇摇头,见旁边无人,他对我说:"教科所实际上只是教育厅的一个科室,没有独立地位,更没有学术自由,我实在爱莫能助。你写好的文章不发表很可惜。那就用张焕庭的名义发表吧。"我当然表示同意。文章终于由他寄出去在《江海学刊》1960年第2期上发表。寄来40元稿费,张焕庭同志立即个别交给我,并轻轻地对我说:"真是不得已而为之,这是什么世道!"1960年8月,我被教育厅下放到农村劳动一年。我向张焕庭同志告别时,他沉默良久,然后轻声说:"编论文集的计划落空了,请多保重。"1961年8月,我又被下放的当地政府分配到师范学校当教导主任。1962年中央召开七千人大会,这时"大跃进"的严重恶果已充分暴露,生产力遭到极大破坏,几千万人被活活饿死。因此,中央发出文件,对1959年反右倾斗争中受迫害的同志进行甄别平反。1963年8月,教育厅才将我调回到师范教育处任视导员,但并没有彻底平反。这时,教科所早已搬到南师,张焕庭同志也到南师工作。紧接着又是"四清"运动和空前浩劫的"文化大革命"。在那荒唐的年代,斗来斗去,人人自危,朝不保夕,我与张焕庭同志十多年完全没有联系。

二、到南师大

1978年5月,当时我在江苏省汽车配件公司工作,到镇江参加一个会议。在宾馆早餐时,突然发现对面的餐桌上坐着张焕庭同志,我连忙走过去问好。他笑着说:"太好了,我正到处打听要找你呢,今天真是巧合。"他是来镇江招生的,当时他是南京师院的副院长,同来的还有王龙河同志。他说:"现在高校恢复招生,南师很多系科缺少教师,教育系更缺,所以想请你到南师教育系来。你怎么搞到汽车配件公司去工作?这与你的专业完全不对口嘛!"我告诉他:"这完全是极'左'思潮造成的。'文革'期间,我随着教育厅的干部到'五七干校'劳动几年,分配工作时,当时的省委书记竟然指示,认为教育厅的专业干部都是执行刘少奇的教育路线,不能再搞教育工作,必须让他们改行。所以就将我分配到汽车配件公司,一干已经四年多了。现在如果南师需要,我当然愿意归队。"他说:"那很好,我回校后,马上就为你办理商调手续。"果然,不几天,南师教育系的总支书记兼系主任陈岚同志就来到珠江路口的省汽配公司,会见了公司负责人顾正方同志,商谈调我到南师的事宜。顾很通情达理,当然同意。陈岚同志当时就直接告诉我,公司已同意。但调动手续很繁琐,汽配公司属省机械厅,因此要通过教育厅、人事厅、机械厅三个部门公文履行,才能办好,可能要等一段时间。她还说:"欢迎你来南师教育系,张焕庭同志大力推荐,说你很能写文章,教育系正想编一本新的《教育学》,正好可以增加编写力量。"此后,陈岚同志又派当时教育系的人事秘书张卫东同志来公司办理具体的调动事务。直到1978年9月19日,我才拿到省人事厅的介绍信到南师人事处报到。在办公楼我顺便就近告知了张焕庭同志,然后到教育系正式上班。此后,我忙于教学和科研任务,与张焕庭同志平时很少联系。

1978年12月党的十一届三中全会后,党中央全面进行拨乱反正,纠正历次政治运动中的冤假错案。1979年中央发出49号文件,为1959年反右倾斗争中受迫害的同志平反。江苏省教育厅党组终于在1979年8月21日发出书面通知,宣布为我彻底平反,恢复政治名誉,并从档案中清除有关材料。接着又派人来南师商谈,要将我调回教育厅工作,传闻准备安排处级职务。学校组织部门征求我本人意见。我将这些情况告诉了张焕庭同志,让他看了平反通知,并请教他,我要不要回教育厅工作。他深有感慨地说:"这是迟到的正义,1959年到1979年整整20年了,才正式彻底平反。已有多少人被迫害致死,多少人流离失所,多少人无用武之地,浪费人才,浪费青春实在太多了,党和国家的损失太多了。教训是极其深刻的。往事不堪回首。幸存者还算是幸运的,我们只能向前看,今后可以放开手脚好好地干自己的专业工作了。至于回不回教育厅工作,主要是你自己做决定。只是觉得你是书生型的人,对官场的一套完全是外行,比较适合在学校搞专业工作。这只是供你参考。"我本来就无意向再回教育厅工作,经他这样点明,更坚定了我原来的想法。当即向学校组织部门明确表态,不想回教育厅了,决定留南师工作一辈子,而且我已年过半百,不搞行政,专搞教学与科研工作。

1987年,张焕庭同志应江苏教育出版社的聘请,担任《教育辞典》的主编,他邀请我参加编委和执笔编写教育管理的有关辞条。我撰写的辞目和释文共150条,约七万字,他看了很满意。同时,他还一再鼓励我将自己编著的教材《学校管理学》讲义,尽快加工修改定稿,争取早日正式出版。在他的鼓励下,我集中精力抓紧将该书反复修改充实,终于将40多万字的《学校管理学》一书于1989年正式出版,七千册很快销售一空。当我将出版的新书赠送给他时,他非常高兴,并向我祝贺。我觉得他对后辈学人是十分关心和爱护的,确有长者风范。

三、去老年大学

张焕庭同志很重视老年教育。1988年春,金陵老年大学发起成立南京老年教育学会,他积极支持,并邀请我和程希贤老师作为兼职的特约研究员参加学会的工作。学会举行成立大会时,他请学校派了一辆车,约我和程老师还有在老年大学兼课的美术系谭勇老师共四人乘车去参加了成立大会。他在会上讲话时强调:"随着我国社会老龄化的发展,老年教育必须大力倡导,才能更好地满足老年人老有所学、老有所乐、老有所为的要求。"在回来的路上,他又循循善诱地对我们说:"老年教育是个新生事物,改革开放以后,确立了干部离退休制度。退下的大批干部,希望有继续学习的机会,进一步发挥自己的特长和满足自己的爱好,同时希望增长养生保健知识和其他新知识。因而老年大学的兴办和发展,是必然趋势。有了老年教育的实践就必然会产生老年教育理论,并用理论去指导实践。过去我们教育理论工作者只研究青少年教育,现在根据形势发展,也应该研究老年教育,它们有共性,又各有特殊性。教育是终身的事业,没有老年教育,何谈终身教育。希望你们重视老年教育的研究。"我知道他是江苏省老年学会的副会长,关注老龄事业,自然对老年教育也特别重视。

在他的倡导下,我对老年教育的研究逐渐产生兴趣。先后发表老年教育的论文二十多篇,其中《略论老年教育基本规律》、《老年教育与素质教育》、《我国老年教育的主要特色》、《构建我国终身教育体系刍议》等多篇论文被多家报刊转载,有的还被南京地区老年大学协会评为一等奖。我把这些情况告诉张焕庭同志,他非常高兴,连声说"好,很好",并鼓励我对老年教育继续研究下去。他住在匡庐路15号时,因年事已高,很少外出,我们有时去看望他,他仍然很健谈,有时看到他练毛笔字,精神也很好。后来他搬到河西新居,距离远了,就很少见面。他2004年3月去世,终年94岁。遗言一切后事从简,不发讣告,不通知亲友,不举行遗体告别仪式。因此,我们好多人都不知道他去世的消息。好几天以后,一位同事告诉我,我才知道,既深感悲痛,也更加尊敬这位为人低调的长者。终于我还是和几位教科院的同事赶到他家中,在他的遗像前,向这位终身为教育事业勤奋工作的老前辈深深地三鞠躬。

在张焕庭同志百年诞辰之际,回忆往事,感慨颇多,谨赋古风一首,以表达崇敬怀念之情。

张老德高众仰望,有幸共事著文章。
每有成果必鼓励,研讨指点颇有方。
寒流滚滚凋春草,患难之中诉衷肠。
狂风吹散巧相遇,助我归队情难忘。
正义言论出肺腑,编著新书勤商量。
老年教育特重视,促我开辟新战场。
风雨人生多指引,长者风范永留芳。
寿终后事皆从简,为人低调美名扬。
百年诞辰深怀念,献此诗文代心香。

纪念张焕庭老师

朱菊芳

张焕庭老师离开我们已多年了,但是他的音容笑貌、他对教育事业的满腔热忱却永远留在我们心中。

张老把自己的一生献给了祖国的教育事业。他长期从事高校教学、科研和教育管理工作,担任过江苏师范学院、徐州师范学院、南京师范学院等校的领导,为师范院校的建设作出了贡献。他十分重视教育理论、教材的建设。为了让师范院校教育系的学生和教育科研人员了解、分析现代西方教育思想,有书可读,他奔波于沪宁杭之间,组织编写《西方资产阶级教育论著选》。80年代,他以古稀之龄主编《中国大百科全书》教育卷。这是中国第一部有关教育的百科全书,比较详尽地叙述和介绍了马克思主义教育理论和教育学科所有分支学科如教育心理学、中外教育史、教育经济学、教育管理学等等的基本知识和历史,反映了当代教育科学的最新成就。主编这本书的困难是可想而知的。张老几年时间吃食堂住招待所奔波劳累,书编成,人也进了医院。

我认识张老是在60年代初。1960年暑假,我从南师教育系毕业,分配在江苏教育研究所工作。那时教科所刚成立不久,招募人员、添置图书设备、从事教育科研、配合教育厅工作等等,百事繁忙。张老身为领导,在百忙之中非常注意抓青年人的科学研究。

记得刚到教科所不久,张老就指导我从事教育科研。他告诉我,才开始从事教育科研,最好要沉到实践中去,抓具体课题,从实践经验总结、升华到理论。在张老的指导下,我开始了我的教育科研实践。几个月的时间,我一课不落地听优秀教师长江路小学王兰的语文课,听其他老师的语文课,学习有关教育学、心理学理论,终于写成了我平生第一篇论文《一年级识字教学》,后来被刊登在《江苏教育》杂志上。第一次写论文,第一次被正式刊物录用,心里那个喜悦劲儿,至今记忆犹新。我,一个大学毕业不久的学生,是在张老的指导下,才懂得了如何从事教育科研的。

那时,教科所的年轻人比较多。张老很注意年轻人的思想教育,也关心大家的生活。带领大家出差的路途中,他讲自己在旧社会颠沛流离的遭遇,讲国民党贪官污吏的腐败。如果有人生病了,他都要到床前探望,派人陪同看病。我参加工作的第二年怀了孕,反应很严重。自己的家在外地,生产、带孩子都困难。由于参加工作不久,爱人又远在北大荒,不好意思向组织开口。有一天张老主动找我询问:"怎么样?把大魏调回来吧。"在张老和所里其他领导的关心下,我打了报告。后来我爱人得以调回,全家团圆。

此后,由于"文革",由于机构变迁,工作变化,我在张老身边工作的机会很少。但是,只要有机会遇到,或我上门探访,他总是热情地关心我的学习、工作和家庭。

张老虽然离开我们了,但是对他的怀念和纪念却是永志心中。

细微深处见真情

程昌柱

张焕庭教授是我国著名的教育学家和心理学家。他不仅学识渊博,成果累累,而且也是一位生活简朴,为人正直、厚道,深受大家尊敬和爱戴的学者。

1989年,江苏教育出版社委托张老主编《教育辞典》一书,全体编委在连云港市集中研讨期间,张老特地抽空对我语重心长地说:程老师,你是多年从事心理学教学的,在这方面你应该下些功夫,多写些辞条,这些对你今后的科研和教学都是很有帮助的。听了张老发自肺腑之言,我内心十分感动。1992年南京大学出版社委托我们几位教师编写一本《家庭教育辞典》,接受任务后,我们一致希望聘请张老担任本书的主编,但张老对此事却一再推辞,并亲切地说:"我年龄大了,你们年轻教师应该把这一任务承担下来,我相信你们有能力把它完成好。"张老的鼓励给大家增添了无限的信心和力量。

20世纪80年代前后,江苏省心理学会正式恢复活动,张老连续三届担任学会理事长工作。他热爱心理学事业,为学会的发展倾注了大量的时间和精力。他一再提醒我,要把学术活动放在学会工作的首位,不断提高学术活动的质量和水平。由于当时学会活动经费十分紧张,我们就积极采取与学校、医院、企业联合办学的形式,使学会学术活动正常有序的开展得到了保证。张老还十分关心学会组织的发展,当得知我省各省辖市中只有南京市建立分会后,他一再叮嘱我要抓紧解决。在各省辖市科协和当地会员的努力之下,两年之内,我省 10 个省辖市都先后成立了分会。

多年来,在张老的领导和督促之下,我省会员由恢复初期的 50 多人发展到 1 200 多人,各专业学术组织也发展到 10 个以上。由于我长期担任学会秘书长工作,与张老交往和接触的机会很多,我十分清楚地记得,每当我向张老请示或汇报工作之后,他总是亲切地安慰我说:"程老师,你辛苦了。你为学会做了大量的工作,我要向你表示感谢。"听了张老这番动情的话之后,我内心总是久久不能平静,并觉得在张老身边工作确实是一种幸福,为学会工作再多,我也深感值得。

张焕庭教授虽然离开了我们,但他的学术思想和为人的崇高品质将永远留在我们心中,我们将永远怀念他。

身体力行的学会元老
——张焕庭理事长理事小记
郭亨杰

张焕庭教授是江苏省心理学会的元老。他于1979年底接替陈鹤琴教授出任江苏省心理学会第二届理事长时,尚肩负着南京师院副院长的重任。当时他已跨上古稀之年,但干劲丝毫不亚于年轻人。在心理学会的重大事情上,他不仅拿主意,而且亲力亲为。像他这样高年资且重要行政职务在身的领导者,如此倾心于学会工作,在学界并不多见。我作为当时的年轻理事,有幸在张老领导下为会员服务,合作共事10年,见证了他为江苏省心理学会的复苏和发展所做出的诸多贡献。举其大者,四件事最为难忘。

一、他创办了《江苏心理学通讯》

1980年,国内的心理学事业刚摆脱"四人帮"的桎梏不久,学术信息相当匮乏。此时,张老果断地创办了江苏省心理学会的内部学术刊物《江苏心理学通讯》,并亲自主编了创刊号和第二期,为全省会员和心理学爱好者提供了一个宽口径、高水准的学习与交流园地。当时这一举措在国内心理学界是相当先进和引人瞩目的。《江苏心理学通讯》的"心理学理论问题"、"心理学史"、"医学心理学"、"儿童心理学"、"教育心理学"、"运动心理学"、"心理研究与实验报告"、"心理学教学经验"和"心理学译文"等栏目,发表了许多在今天看来仍很有意义的文章,其中包括高觉敷、张焕庭、丁祖荫、肖毓秀、刘恩久、吴增芥、黄乃松、赵兴中、高汉声、陶国泰、翟书涛、洪士元、鲁龙光、许梦虞、何敬文和祝汉文等老一辈学者有分量的文章,也包括中年学者王振宇、郭亨杰、李绍珠、麦进昭等和刚崭露头角的年轻学者朱永新、张建秋等的文章。后来由于张老工作繁忙,这个刊物由其他同仁接手主编,但我们不会忘记首创者和引领者张老的薪火相传之功。

二、他撰写了《江苏省心理学会的 35 年》

江苏省心理学会到 1985 年已有 35 年发展史,但此前从未有人对其发展过程做过梳理。这一状况因老马识途的张老和肖老(毓秀)1985 年合作撰写了《江苏省心理学会的 35 年》(1950—1985)而得以改变。这篇史略性质的文章虽然只有八千言,但写来字字艰辛,因为越是往前的历史越是史料难觅,故堪称弥足珍贵,无可替代。我之所以能在 2012 年完成《值得回味的往事——江苏省心理学会 60 年》一书,就是因为有张、肖二老的《江苏省心理学会的 35 年》奠了基,才有信心做这件事的。我十分感佩他们这一奠基性的贡献。要知道,二老是以相加近 150 岁的年龄完成这一艰辛之作的啊,这样的老人多么可敬!

三、他带头开展了心理学研究

在 1979 年至 1989 年这 10 年(三届)理事长任上,张老作为跨越教育学和心理学两大学科的知名教授,除了在教育学方面与学术大家董纯才、刘佛年共同主编出版了《中国大百科全书》教育卷外,更在心理学上带头开展了多方面的研究,充分显示了一位年近八旬的学术老人思想的活跃性。这一时期,他就心理学学科体系问题、意识问题、弗洛伊德精神分析心理学问题、个性形成与发展问题、老年心理问题、老年心理健康问题和服装心理学问题等,撰写了一系列论文,其中有些研究,如关于意识和个性的论述,受到国内学界的高度重视,而服装心理研究则可以说是相当新潮的。此外,在撰写研究论文的同时,张老还主编和出版了两本使用面很广的《心理学》教材,影响遍及华东乃至边远地区。其心理学教材研究与编写之成就,由此可见一斑。

四、他促成了全省各地级市心理学会的普遍成立

江苏省现在有 12 个省辖市有市级心理学会,其中 9 个是在张老直接倡导和促进下于 1985 年底之前成立的。他深知省心理学会的工作若要发展,唯有走出省会,普及到各地,这就要求各地有自己的心理学会,使之与省心理学会相互呼应、相互支持。因此,他早在 1980 年代初,就在理事会上向来自各地的理事提议:"尽快协助各市成立市级心理学会。"由于张老的威望和各地心理学工作者的渴望,这一提议得到了热烈的回应。从 1983 年 1 月至 1985 年 12 月,镇江、徐州、盐城、淮阴、南通、常州、无锡、苏州、扬州九市的心理学会相继成立。其中多数学会成立以来运行良好,成为当地学会系统内的先进学会。而尤其令人高兴的是,张老倡导的省市两级心理学会相互关心、相互支持的传统,一直传承至今。

仁者张老,智者张老。他为江苏省心理学会所做的一切,深深地印刻在我们心里。我们感谢他,怀念他。

满庭芳
——敬献张焕庭先生
尹宗利

泰岳巍峨，
泗洙悠清，
韵含锦绣风光。
鸾翔凤集，
日月造华章。
吸纳天人正气，
集祥瑞，
德媲圭璋。
韶音奏，
李桃天下，
孔墨杏坛香。

红黄。
鹏万里，
丹心壮志，
情激飞扬。
念师恩永恒，
地远天长。
驾鹤腾云归去，

满庭芳　敬献张焕庭先生

玉兔迎，
弦乐笙簧。
兴华夏，
人间天上，
齐颂满庭芳。

附录 2

张焕庭生平大事年表

1910 年 7 月	生于山东省新泰县(现新泰市)羊留乡董家庄。
1917 年 8 月	进入董家庄四年制初级小学就读。
1921 年 9 月	考入羊留镇县立第二高级小学,后因其父在泰安教会做佣工随转入泰安教会小学就读。
1924 年	考入泰安耶稣教会创办的萃英中学。(由于家境贫困,靠课余打扫校舍卫生、拖地板抵充学费)
1928 年	因违反校方规定,参加声讨上海"五卅"惨案暴行的抗日示威等活动,被勒令退学。
1929 年	转入山东省立第二师范学校(现曲阜师范学校)就读。 与学校进步师生积极参加反封建历史话剧《子见南子》的演出活动。(该剧触怒了以孔府为代表的封建势力,在社会上引起轩然大波,引发了轰动全国的"子见南子案")
1930 年	考入交通大学北平铁道管理学院(现北京交通大学)。由于学费高昂又无宿舍,翌年转考管吃住的北平师范大学。

1931 年	考入北平师范大学（现北京师范大学），主修教育学院教育系心理专业和文学院外文系英语专业。（1931 年 7 月，北平师范大学与北平女子师范大学合并，定名国立北平师范大学，下设教育学院、文学院、理学院及研究院） "九·一八"事变后，参加了北平大学生南下请愿的学生抗日民主运动。 在校四年期间，参加了师大学生创立的"平民学校"，利用课余时间开展义务教学。自主创办了《教育短波》期刊，免费提供给郊县乡村小学教师。
1935 年	大学毕业，获学士学位。毕业论文为《意识之研究》。 7 月，与师大同学肖毓秀结为伉俪。 同年年底，任山东省立莱阳师范学校专任教员兼附小校长。
1936 年 8 月	任职于山东省立济南乡村建设专科学校。
1937 年 2 月	山东省立聊城师范专任教员兼附小校长。编写出版《小学教育》一书。
1938 年	任国立湖北中学师范部专任教员（四川均县）。
1939 年	任教育部第五服务团《战时教育》编辑部编辑（四川三台）。
1940 年	1 月，由林英纯、吴兆光介绍，经三台地区党组织负责人黄又凡批准加入中国共产党。 同年，因中共三台地区党组织遭破坏，被迫

	辗转至四川遂宁县（由于环境复杂，之后与党组织失去联系）。后任遂宁师范学校专任教员。 在实地调研的基础上，撰写调查报告《遂宁小学教师生活待遇的调查研究》。
1941年—1945年	任重庆女子师范专科学校教师兼附小校长（四川江津县白沙镇）。后任职于教育部国立编译馆（重庆北碚），负责编写中小学课本、教材。 1944年5月回重庆女子师范专科学校任教导主任。
1946年—1949年	任江苏省立教育学院心理学副教授、教授。撰写论文《实践教学法》、《列宁论文盲》发表于《民众教育》杂志，《哲学的用途》发表于《大公报》。
1949年—1951年	任江苏省立教育学院总务行政部主任。参与负责苏南文化教育学院的筹建工作（1950年江苏省立教育学院、中国文学院、苏州国立社会教育学院合并组建苏南文化教育学院），并任苏南文化教育学院教导部副主任。 1950年重新加入中国共产党。（关于之前的党籍问题，虽多次反映但因种种原因始终未获确认） 当选无锡市第一届人大代表、市政协委员。中国教育工会苏南筹委会副主任兼无锡市教育工会主席，中国教育工会第一次代表

	大会代表、主席团成员。
1952年—1956年	任江苏师范学院教育学、心理学教授,副教务长兼外文系主任。(1952年全国院系调整,东吴大学文理学院、江南大学数理系与苏南文化教育学院合并为苏南师范学院,同年定名为江苏师范学院,现为苏州大学)按照教育部有关大学院系调整的要求,拟定了《师范学院组织规程》、《专业设置计划》、《科学研究计划》和《学生实习计划》等规范性文件。撰写发表了《杜威教育思想批判》、《科学研究与交流》、《全面发展的学说》(该文被光明日报转载)等文章。任苏州市教育工会主席。
1957年—1958年	任江苏师范专科学校筹委会主任。(1957年6月15日,省人民委员会决定:在江苏省无锡中学师资训练班的基础上建立江苏师范专科学校。学校初建于无锡,后迁至徐州。1959年与徐州师范专科学校合并,成立徐州师范学院,现更名为江苏师范大学)1958年随江苏省教育厅组织的教育参观团赴外省考察。
1959年—1961年	奉调至南京中国科学院江苏分院,筹建教育科学研究所,并任研究员兼副所长。1959年初,按照江苏省委、省教育厅指示,赴盐城地区对江苏首创、全国推广的"农村中学"办学模式展开调研。编写了《农村中

学丛书》，规划了农村中学的课程设置、教学内容和实践要求。（农业中学 1958 年首创于江苏，属人民公社设立的农业职业学校，系半农半读的性质。主要任务是为农村人民公社培养有社会主义觉悟、有文化、有现代科学技术的农民以及初级的农业技术和管理人才）

编写有《江苏教育十年》、《毛泽东教育思想学习参考资料》、《中小学十年一贯制各科教科书》、《师范教育史》等。

1961 年调任南京师范学院教育系系主任。参加中央宣传部召开的高等学校文科教材选编会，参与制定了全国高校教育系科的教学方案和课程设置。

1962 年—1965 年	1962 年 9 月任南京师范学院（现南京师范大学）副院长、党委常委、教授兼中科院江苏教育科学研究所所长。

主编《西方资产阶级教育论著选》，1963 年人民教育出版社出版，1979 年再版。这是一部以开放的视野介绍西方教育理论观点的书籍，它为教育领域的改革提供了研究资料和理论借鉴。

著作《心理学》1964 年由海军学院出版。

撰写、发表的文章有：《提高教学质量问题》、《如何进行儿童教育问题》、《量力性与可接受性问题》、《坚持把教育与生产劳动结合起来》等。

	1963年底至1964年10月,时值中央开展"反对修正主义",中央宣传部、高等教育部联合组织了"反修正主义教育理论小组",被抽调北京,任组长、党支部书记。 编写审定《江苏教育十五年》(二稿)。 1964年10月返回学院,赴句容开辟建立了南师"半耕半读基地"。 1965年率队赴江宁参加"农村社会主义教育运动"。 1965年底中共江苏省委党校学习。
1966年—1969年	"文化大革命"开始,被作为"反动学术权威、走资本主义道路当权派、反革命修正主义分子"批斗抄家、关入"牛棚"三年之久。 (1966年8月,与江苏省教育厅厅长吴天石、南师党委副书记李敬仪遭"造反派"极端分子围攻施暴,吴、李二人相继死亡,造成震惊全国的"八·三事件") 1969年底解除隔离重获自由。
1970—1977年	逐步恢复工作,先后任南师"教育革命组"组长、革委会副主任。 1975年参加全国词典规划会议,承担主编《实用汉英词典》工作。该书于1983年4月江苏人民出版社出版。 1976年率队赴江西共产主义劳动大学。 1977年秋,参加江苏省组织的学习参观团赴大庆。
1978年	5月,复任南师副院长。

	10月,全国工会第九次代表大会代表。
1979年	增补为江苏省第四届政协委员。
	4月,任中国教育学会常务理事、学术委员。
	9月,江苏省教育学会举行成立大会,作筹备工作报告,任副会长。
	出席全国教育学研究会第一届年会(甘肃兰州)。
	任江苏省心理学会(第二届)理事长,中国心理学会理事。
	出席江苏省科协常委会。
	《论结构主义教育》发表于《教育研究》1979年第1期。该文2010年被评为《教育研究》创刊30周年杰出论文。
1980年	江苏省陶行知教育思想研究会成立任理事长。(1985年更名为江苏省陶行知研究会)
	参加中国心理学会基本理论学术会议。
1981年	任《中国大百科全书·教育》编辑委员会副主任,编写办公室主任兼教育心理学主编、综合编写组主编。(1985年《中国大百科全书·教育》出版发行)
	江苏省科协第二次代表大会代表。
1982年	南师获学位授予权,任学位评定委员会主席。
1983年	当选江苏省第五届政协委员。
	5月,出席全国教育科学规划会议。
	10月,参加中国心理学会基本理论学术年会。

任江苏省心理学会(第三届)理事长。

同年,南京师范学院更名南京师范大学,退出行政职务。

《德育问题刍议》发表于沈阳师院《教育丛刊》1983年4期。

《意识新论》发表于江苏社科院《理论研究》1983年第6期。

《个性形成与发展问题刍议》刊登于《江苏省心理学会第三届学术年会论文选》1983年。

1984年　　1月,因辞书组编工作繁忙劳累,突发脑血栓住进北京邮电医院,后转入309医院。4月回南京休养。

4月,任南京师范大学文科学术委员会主任。

《如何建立具有中国特色的教育心理学》发表于《心理科普园地》1984年第1期。

1985年　　成立江苏省老年心理学会任会长。

任南京师范大学教师学衔委员会主任。

《教育哲学研究中的几个问题》获"江苏省哲学社会科学优秀成果"三等奖。

《老年学》发表于沈阳师院《教育丛刊》1985年4期。

1986年　　主编高等师范院校《心理学》,江苏教育出版社1986年6月出版。

《略谈职业教育问题》发表于《教育与职业》1986年1期。

《漫谈心理健康问题》发表于《昆明师范高等专科学校学报》1986年1期。

《老年心理学初探》发表于沈阳师院《教育丛刊》1968年2期。

任南京师范大学教师职务任职资格评审委员会主任。

任江苏省出版系统高级职称评审委员会副主任。

任江苏省心理学会(第四届)理事长。

1987年　被授予"中国教育学会荣誉会员"称号。

省科委《南京地区一千名中年知识分子心理、社会、健康调查研究》课题负责人。

《谈谈老年人心理健康问题》刊登在《辽宁教育研究》1987年第3期。

为《中等学校美术教学法》作序。该书由蒋荪生著,江苏教育出版社1987年12月出版。

1988年　江苏省筹建老年学会任筹备组副组长,中国老年学会理事。

江苏省政协文教卫体委员会教育组成员。

受华东七所师范大学委托,主编师范院校公共课教科书《心理学》。河海大学出版社1988年5月出版。

1989年　主编《教育辞典》,江苏教育出版社1989年出版。

任江苏省心理学会(第五届)名誉理事长

1990年　任《教育大辞典》顾问。该书是"七五"期间

	国家教育科研重点项目,由上海教育出版社 1990 年出版。
	《服装心理学初探》发表于《心理学探新》1990 年第 1 期。
1991 年	任《家庭教育辞典》名誉主编、编委,南京大学出版社 1991 年出版。
1992 年	任江苏省心理学会(第六届)名誉理事长
	《学习雷沛鸿的教育思想》刊登于《雷沛鸿教育思想研究》,辽宁教育出版社 1994 年出版。
1995 年	任《中国小学各科教学史丛书》顾问并作序文。该序转登于《教育研究》1995 年第 5 期。
1996 年	任江苏省心理学会(第七届)名誉理事长
2004 年 3 月 26 日	因病在南京去世,享年 94 岁。

附录3

张焕庭主要论著目录

篇名/书名	刊名/出版机构	发表/出版时间
成人心理特征与教育	教育与民众	1947,11(9—10)
实践教学方法试论	教育与民众	1948,12(1—2)
苏联的成人教育	教育与民众	1948,12(3—4)
师生关系与提高教学质量	中学教师	1959(4)
略论教师在教学中的主导作用	江苏教育	1961(22)
西方资产阶级教育论著选	人民教育出版社	1963
坚持把教育与生产劳动结合起来	江苏教育	1963(18)
谈谈教育孩子的方法	江苏教育	1963(7)
心理学	海军学院出版社	1964
冯特心理学简评	南京师大学报（社会科学版）	1978(3)
谈谈教育与生产力的关系	人民教育	1979(1)
论"结构主义教育"	教育研究	1979(1)
教育哲学研究中的几个问题	教育研究	1979(2)
瓦龙学派关于心理发展基本观点简介	教育研究	1979(5)
谈谈教育本质问题	教育研究	1980(6)
淡谈意识问题	江苏心理学通讯	1980(2)

后 记

2010年张焕庭先生诞辰100周年，其子女提出编辑出版《张焕庭文集》的想法，在学校领导文晓明书记的关心、支持下，获得了南师大出版基金的资助，于是我们便开始着手编辑《张焕庭文集》的工作。卞少之和刘艺婷负责查找、收集文字资料，张五力负责收集、整理图片资料，全书由高谦民负责，张五力协助编定。此外，郭亨杰老师也提供了不少材料，林又常、周立人、朱菊芳、程昌柱、郭亨杰、尹宗利等老师撰写了怀念文章，在此一并致谢！经过近四年时间，今年正值张焕庭先生逝世十周年之际，我们终于将文集编辑完成，以此告慰张先生的在天之灵。最后，衷心感谢南师大文晓明书记和出版社徐蕾总编及责任编辑张莉老师！由于我们缺乏经验，选编中失当之处在所难免，敬请读者指正。

编　者
2014.8